国学公开课系列

韩非子公开课

刘亚玲 编著

当代世界出版社
THE CONTEMPORARY WORLD PRESS

图书在版编目（CIP）数据

韩非子公开课 / 刘亚玲编著. —北京：当代世界出版社，2016.11
ISBN 978-7-5090-1142-3

Ⅰ.①韩… Ⅱ.①刘… Ⅲ.①韩非（前280—前233）—哲学思想—思想评论 Ⅳ.①B226.5

中国版本图书馆 CIP 数据核字（2016）第 266479 号

书　　名：韩非子公开课
出版发行：当代世界出版社
地　　址：北京市复兴路4号（100860）
网　　址：http：//www.worldpress.org.cn
编务电话：（010）83907332
发行电话：（010）83908455
　　　　　（010）83908409
　　　　　（010）83908377
　　　　　（010）83908423（邮购）
　　　　　（010）83908410（传真）
经　　销：新华书店
印　　刷：北京时捷印刷有限公司
开　　本：710毫米×1000毫米　1/16
印　　张：17.5
字　　数：260千字
版　　次：2017年3月第1版
印　　次：2017年3月第1次
书　　号：ISBN 978-7-5090-1142-3
定　　价：39.80元

如发现印装质量问题，请与承印厂联系调换。
版权所有，翻印必究；未经许可，不得转载！

前言

春秋战国时期是中国历史上一个大动荡的年代，诸侯争霸战乱不休，同时也出现了思想异常开放活跃的盛况。在这段并不算太长的时间里，涌现了老子、孔子、墨子、韩非子等一大批影响极为深远的思想大家，他们的智慧和思想在中国几千年的历史长河中不断沉淀和演化，成为中国文化的最重要的源头和起点。

由于特殊的历史背景，百家争鸣的那段历史时期之后，封建王朝的大一统开始对思想实行控制，从汉王朝开始，儒家学说逐渐成为统治者的首选，这一思想便影响了以后中国的历代王朝，也影响了中国人的文化性格。

中国古代统治者在坐稳江山后虽然非常尊崇儒家，但"五百年而王者兴"的历史铁律注定了改朝换代的必然，一个新王朝建立初期，旧的秩序被打乱，新的秩序尚未建立，仅以儒家的思想为主流来控制天下显然是不够的，中国思想的另外一支"潜流"法家思想便会在这特定的时代更加显性地重现于历史舞台。

实际上，中国古代统治者的治国之道手腕基本上可以用"外儒内法"来概括，儒家是治国的门面和装点，法家才是保持统治者地位和权势的核心所在。因此，在汉武帝"罢黜百家，独尊儒术"后，法家思想不但没有消亡，反而在封建统治者的权术和谋略中不断被运用。

由于时代的进步，韩非子的法家思想和现代的依法治国存在着本质差别，前者的立足点是为君王服务，重在御民和保持统治者的地位和权势，与今天保护全体人民利益的依法治国不可同日而语。但是历史为我们提供了许多借鉴，国学大师钱穆在谈到如何看待历史时有过这样的提法，即：站在古人立场的"历史意见"和站在当代人立场的"时代意见"。从当代人的立场出发，我们当然不能接受韩非子的一系列与当今时代已经格格不入的思想，但当我们站在古人的角度时，我们依然能够理解这位思想大家的智慧所在。

"取其精华，去其糟粕"，一直是唯物主义者研究历史所提倡的观点。对于韩非子的思想，今天的我们一方面需要了解，同时更加着重其对于现代的意义，寻找其中的积极因素，为我们所用，这才是我们研究韩非子的意义所在，也是我们编辑此书的目的所在。

目录

第一章 法家智慧——法家学派与《韩非子》

中国历代统治者的治国之道基本上可以用"外儒内法"来概括，法家是保持统治者地位和权势的核心所在。因此，在汉武帝"罢黜百家，独尊儒术"后，法家思想不但没有消亡，反而在封建统治者的权术和谋略中不断被运用。重视法家智慧，研究法家智慧，运用法家智慧，对当今时代依然有着积极的意义。

法家学派思想概述 …………………………………………（2）
法家主要代表人物及其思想 ………………………………（4）
韩非子的生平及其著作 ……………………………………（12）
韩非子的法家智慧 …………………………………………（17）
韩非子的哲学思想 …………………………………………（22）
法家智慧对于现代社会的意义 ……………………………（24）

第二章 精明为人，积极处世——韩非子的为人处世

为人处世是一门学问，也是一门艺术。关于为人处世，韩非子为我们留下了许多至理名言，如"小信成则大信立""私怨不入公门"等，这些为人处世的基本准则影响甚为深远，直到现

代，这些都是广为遵循的道理。

信用第一 …………………………………………………… (28)
君子求名要取之有道 ……………………………………… (32)
决定大事时要慎重 ………………………………………… (34)
锋芒不可毕露 ……………………………………………… (37)
谦虚是人生进步的阶梯 …………………………………… (41)
莫为小利失大利 …………………………………………… (43)
宽以待人 …………………………………………………… (46)
私怨不入公门 ……………………………………………… (49)
识人识物，需洞若观火 …………………………………… (51)

第三章　运用之妙，存乎一心——韩非子的心计谋略

　　重视谋略是中国文化的传统智慧，尤其是在百家争鸣、诸侯混战的春秋战国时代，谋略是立身、立国必不可少的手段。韩非子在《存韩》一文中提到："计者，所以定事也，不可不察也。"强调计谋是决定事情成败的关键所在，不能不明察。可见计谋的运用在两千多年前的中国已经十分受重视了，它在韩非子的思想中也占有相当重要的地位。

胜者为王败者寇，阵前不嫌伪诈多 ………………………… (54)
击虚避实，以静制动 ……………………………………… (58)
计谋是决定事情成败的关键之一 ………………………… (61)
做人要懂得进退之道 ……………………………………… (64)
见人所未见，思人所未思 ………………………………… (66)
以物治物，有胜即为大 …………………………………… (68)
巧诈不如拙诚 ……………………………………………… (71)

第四章　得人才者得天下——韩非子的人才观

　　"得人才者得天下"，这句话无论是过去、现在还是将来，永

远不会过时。中国过去讲"千军易得，一将难求"，可见人才对于一个国家的意义所在。韩非子的人才观由于受时代的局限，更多地体现在服务国君上，但对于现代人来说，依然有着很大的启发。

给下属以足够施展才华的机会 …………………………… (74)
以恰当的方法去使用人才 ……………………………… (77)
成功必得人相助 ………………………………………… (79)
将最好的人才安排到最合适的岗位上 ………………… (81)
集众人之智来成就大业 ………………………………… (84)
不拘一格用人才 ………………………………………… (88)
物尽其用，人尽其才 …………………………………… (92)
任用人才要不避亲仇 …………………………………… (96)

第五章 让下属甘心为你服务——韩非子的领导艺术

如何更好地驾驭部属，是古今中外每个领导者所面临的问题，两千多年前的韩非子对此有着深刻的理解，在其论著中有许多精彩的论述。韩非子强调，领导下属要从情、义、利等方面着手，还应做到人尽其才，用其所长，使之更好发挥才能。

用好下属的长处才能发挥最大效益 …………………… (100)
喜怒不形于色，不以貌取人 …………………………… (104)
领导者管理好下属的诀窍是激励 ……………………… (107)
宽以待人 ………………………………………………… (110)
不可过分信赖自己的下属 ……………………………… (114)
奖励手段十分重要 ……………………………………… (116)
不可使自己的下属过于显贵 …………………………… (119)
领导者要懂韬晦之策 …………………………………… (122)
恩威并用，赏罚分明 …………………………………… (126)

第六章 统御臣民，富国强兵——韩非子的"法制"思想

韩非子的"法制"思想与现代的法制思想有本质上的区别，

由于受时代的限制，韩非子的"法制"思想表现为其手段是统御之术，其目的是富国强兵，这里面涉及统治者的手腕以及御民的途径。对统治者本身的修养，韩非子也提出了自己的见解。虽然法家思想没有成为两千年来的正统思想，但实际上历代统治者基本上是遵循了"外儒内法"的治国方略来实现其统治的。

君主要威严但不可过度 …………………………………… （130）
明君要能辨忠奸 ………………………………………… （132）
王子犯法与庶民同罪 …………………………………… （134）
信赏必罚，言出必践 …………………………………… （137）
执法不应避开权贵 ……………………………………… （139）
刑过失民，以德服人 …………………………………… （142）
君主以铁腕来维护自己的统治 ………………………… （144）
国君不可玩物丧志 ……………………………………… （147）
君王沉迷于女色是国之大害 …………………………… （150）
得人心者得天下，失人心者失天下 …………………… （154）
君主要能纳忠言 ………………………………………… （156）

第七章 说话说到点子上——韩非子的说话艺术

说话人人都会，但怎样说好却不是件容易的事。韩非子口才并不好，但在他的著作中对说话艺术的探求却是其思想的一大闪光点。在对上司的进言方面，韩非子强调技巧和忠诚，在说服别人时，他强调"灭其所耻"，即不让对方感到羞愧。韩非子的这些说话艺术，对于今天的我们依然有着巨大的魅力。

说服别人要讲究技巧 …………………………………… （160）
迂回出击，巧妙说服 …………………………………… （164）
说话讲究实效，不做无用之功 ………………………… （166）
赞美的语言别人最爱听 ………………………………… （169）
谬论还需歪理治 ………………………………………… （172）
直谏不如婉谏 …………………………………………… （174）

事以密成，语以泄败 …………………………………… （177）
批评的语言是苦口良药 ………………………………… （181）

第八章　谋事在人，成事也在人——韩非子的办事技巧

人们常说"谋事在人，成事在天"，但韩非子的思想里却透露着这样一种观念，即"谋事在人，成事也在人"。韩非子在《外储说》中有"因事之理，则不劳而成"的说法，意思是遵循事物的规律办事，则会达到事半功倍的效果。按规律办事，集中众人的智慧办事，则能达到"人定胜天"的境界。

善于借助朋友的智慧 ……………………………………（186）
做事要有好点子 …………………………………………（189）
创新才会赢 ………………………………………………（192）
遵循事物的规律去办事 …………………………………（197）
利用同仁的力量成事 ……………………………………（200）
办事要灵活 ………………………………………………（203）
办事要注重细节 …………………………………………（207）
从细微之处寻找机遇 ……………………………………（211）
立足自身，敢于冒险 ……………………………………（215）

第九章　小人是针，沾着穿心——韩非子的防小人术

世间小人难防且难对付，尤其是城府极深、深藏不露的小人，其杀伤力更是非比寻常。韩非子在《制分》一文中提到："夫至治之国，善以止奸为务。"也就是说，治理好国家，应该把禁止奸邪的活动视为最紧要的任务。可见，韩非子对防小人、治小人认识之深刻。

千万不要"与狼共舞" ……………………………………（220）
小人不会风光一辈子 ……………………………………（223）
远离小人为上策 …………………………………………（226）

5

小人猖獗是国家的祸害 …………………………………（228）
小人是针，沾着穿心 ……………………………………（232）
小人兴风作浪，忠臣补漏填缺 …………………………（235）
忠臣当道，小人便销声匿迹 ……………………………（239）
对待小人要勇于斗争、巧于斗争 ………………………（242）

第十章　知人者智，自知者明——韩非子的智慧箴言

　　老子的朴素唯物主义思想是中国思想史的一朵奇葩，而以法家思想著称的韩非子也在中国思想史上占有重要地位。韩非子的法家思想不仅体现在治国之道上，也体现在他对人自身的修养、生活的感悟以及对事物的洞察上。

自信人生二百年 …………………………………………（246）
把苦恼丢一边，快乐要靠自己找 ………………………（250）
凡事要留有余地 …………………………………………（255）
以子之矛，攻子之盾 ……………………………………（258）
参天大树生于毫末，百尺高台起于垒土 ………………（261）
防止小错酿成大祸 ………………………………………（264）
有大志向才有大作为 ……………………………………（266）
贪心不可取，知足者常乐 ………………………………（269）

第一章　法家智慧
——法家学派与《韩非子》

中国历代统治者的治国之道基本上可以用"外儒内法"来概括，法家是保持统治者地位和权势的核心所在。因此，在汉武帝"罢黜百家，独尊儒术"后，法家思想不但没有消亡，反而在封建统治者的权术和谋略中不断被运用。重视法家智慧，研究法家智慧，运用法家智慧，对当今时代依然有着积极的意义。

法家学派思想概述

法家是先秦诸子百家中对法律最为重视的一派,因主张以"法"治国而闻名。法家提出了一整套的理论和方法,为中央集权的秦朝统治提供了有效的理论依据,但由于秦始皇极端地使用这种方略来治国,秦朝很快就灭亡了。后世的封建王朝虽然不像秦朝那样极端,但没有一朝不用法家思想的。汉朝具有较强的代表性。汉朝确立了独尊儒术的国策,宣称"以孝治天下",却很好地继承了秦朝的集权体制和法律体制,形成了我国历代封建王朝政治法制的体系结构,这一结构的简单描述就是"外儒内法"。所以,法家思想在我国历史上从来没有消亡和真正被冷落过。

法家在法理学方面作出了贡献,对于法律的起源、本质、作用,法律同社会经济、国家政权、伦理道德、时代要求、风俗习惯、自然环境以及人口、人性的关系等基本的问题都做了探讨,而且卓有成效。

法家的思想简略介绍如下:

1. 反对礼制

法家重视法律,而反对儒家的"礼"。认为当时的新兴地主阶级反对贵族垄断经济和政治利益的世袭特权,要求土地私有和按功劳与才干授予官职,这是很公平的、正确的主张。而维护贵族特权的礼制则是落后的、不公平的。

2. 法律的作用

第一个作用就是"定分止争",也就是明确物的所有权。法家代表人物之一慎到曾做了很浅显的比喻:"一兔走,百人追之。积兔于市,过而不顾。非不欲兔,分定不可争也。"意思是说,一个兔子跑,很多的人去追,但对于集市上那么多的兔子看也不看。这不是不想要兔子,而是所有权已经确定,不能再争夺了,否则就是违背法律,要受到制裁。

第二个作用是"兴功惧暴",即鼓励人们立战功,而使那些不法之徒感到恐惧。兴功的最终目的还是为了富国强兵,取得兼并战争的胜利。

3. "好利恶害"的人性论

法家认为,人都有"好利恶害"或者"就利避害"的本性。最早的法家代表人物管子就说过,商人日夜兼程,赶千里路也不觉得远,是因为利益在前边吸引他。打鱼的人不怕危险,逆流航行,百里之远也不在意,也是追求打鱼的利益。有了这种相同的思想,所以商鞅才得出结论:"人生有好恶,故民可治也。"

4. "不法古,不循今"的历史观

法家反对保守的复古思想,主张锐意改革,认为历史是向前发展的,一切法律和制度都要随历史的发展而发展,既不能复古倒退,也不能因循守旧。商鞅明确地提出了"不法古,不循今"的主张。韩非子则更进一步发展了商鞅的主张,提出"时移而治不易者乱",把守旧的儒家讽刺为守株待兔的愚蠢之人。

5. "法""术""势"结合的治国方略

商鞅、慎到、申不害三人分别提倡重法、重势、重术,各有特点,而法家思想的集大成者韩非子提出了将三者紧密结合的思想。"法"是指健全法制;"势"是指君主的权势,要独掌军政大权;"术"是指驾驭群臣、掌握政权、推行法令的策略和手段。历代皇权均处心积虑地运用"法""势""术";其目的主要是察觉、防止犯上作乱,维护君主地位。

法家主要代表人物及其思想

商鞅的生平及其思想

商鞅（约公元前390—前338年），战国中期政治家。出身于卫国（今河南省内黄县）贵族，名公孙鞅，亦名卫鞅。公元前340年，因有功于秦，秦孝公封卫鞅于商（今陕西省商洛市）十五邑，号为商君亦称商鞅。商鞅少年时代喜读刑名之学，到了青年时期，他已经成为一个有学问有才干的人。最初，他在魏惠王的相国公孙痤手下做小官，深得公孙痤重视。公孙痤临死对魏惠王说：如果不用卫鞅，就把他杀掉，绝不能让他离开魏国。魏惠王把公孙痤的话当成耳边风，既不重用，也没有杀他。商鞅听说秦孝公下令招贤，就来到秦国，通过秦孝公的亲信景监引荐，与秦孝公面谈了三次。前两次商鞅讲的是帝王之道，孝公不感兴趣，听听就睡着了。第三次讲"霸道"，富国强兵，孝王听得很高兴。从此商鞅受到秦孝公的赏识和重用。

商鞅的一生，可谓是大有作为的一生，人们称赞他是思想家、改革家、军事家。他对人类历史的主要贡献有两大成就：一是首次提出并建立了法治思想体系；二是在中国形成了官僚政治体制。因此，商鞅变法被看作是中国从奴隶社会向封建社会过渡的标志。

商鞅的法家智慧可以从以下两点来理解：

1. 以"法"治国的法治思想

实行以"法"治国是商鞅思想的核心。他认为实行法治是历史发展的"必然之理"，也是现实社会"必为之时势"。为了推行法治，首先必须"立法分明"。法是判断是非功过和施行赏罚的唯一标准，万民百姓都得一体遵行。

其次，颁布成文法，并解释清楚，力求做到家喻户晓。"为法，必使之明白易知。""万民皆知所避就"，"吏不敢以非法遇民，民不敢犯法以干法官。"（《商君书·定分》）

再次，法令颁布后，严格执行，使人们对法有信心。"民信其赏，则事功成；信其刑，则奸无端。"（《商君书·修权》）

总览商鞅的法治思想大致包括以下四个方面：

第一，法是治国三要素——法、信、权中的要中之要。商鞅认为，法是君臣需共同遵守的；信是君臣共同确立的；只有权属于君主，由他单独掌握。君与臣，无论是谁，都不能"释法而任私"，不能"以私害法"，如果出现这种情况，国家必乱。权属于国君，但要依法用权。法与信，为君臣共有，谁都不能违背，这样，国家就会有良好的政治秩序。

第二，君主以法为准绳来行使自己的权力。商鞅主张君主要有绝对的权威，君主必须牢牢掌握权力，并对全国实行有效的统治。他说："权制独断于君则威。"这就是说，君主的权力是不容许旁落的，国家的大计必须由他一个人说了算。虽然他还没有明确提出对君权的制约问题，但他主张以法来限制君权。在商鞅看来，君主只能依法行事，与民众一样，无权做任何违法的事情。

第三，使民知法、守法。商鞅之法，对于民众的原则是"求过不求善，借刑以去刑"，强调刑罚，主张严厉。商鞅倒也并不讳言于此，他承认法的目的是胜民、制民，而绝不能让民胜法，"民胜法，国乱"。为了让民众知法、守法，商鞅主张在法的问题上不搞神秘主义，而提倡公开。

第四，设置法官。商鞅主张，在中央即天子周围设置三法官：一设于宫廷中，即最接近国君的一个；二设于御史和丞相那里；三设于诸侯、郡、县。这些法官的职责有二：其一，"吏民（欲）知法令者，皆问法官"，群众读书少，甚至不识字，要知法就去找法官；其二，如果有官吏为非作歹，"遇民不修（当为循）法，则问法官，法官即以法罪告之"，做官的不好好为官，法官就可以对其提出起诉。这实际上就是法律咨询、法律监督的思想。

商鞅在法律思想上的独特之处在于，他以重刑著称于世，公开主张

"禁奸止过，莫若重刑"（《商君书·赏刑》）；并针对儒家的"以德去刑"，提出"以刑去刑"的主张。在他看来，禁奸止过，不但不能用轻刑，即使重罪重罚、轻罪轻罚也不行。商鞅的重刑思想为实行严刑峻法创造了理论依据。秦始皇具体实践了这一理论，并将商鞅的片面性、绝对化的重刑理论推向了极端，结果导致秦王朝二世而亡。

2．"不法古、不循今"的社会发展观

法家是在新兴地主阶级推翻奴隶制，建立和巩固封建制的斗争中产生和发展起来的一个思想政治派别。因此，他们在哲学上首先面临的课题是如何看待历史、如何看待古与今、如何对待社会变革等重大问题。法家主张，历史上没有永恒不变的制度，时代变了，制度也应该改变。法家既反对复古，又要改变现状，那么就得创新，只有这样，社会才能进步，才能发展，否则社会将停滞不前。

商鞅的观点最具有代表性。他认为历史是一个发展的过程，不应法古。商鞅把是否符合时代的要求和历史的趋势，作为反对循礼守旧、坚持变革的理论依据。

他说："圣人知必然之理，必为之时势，故为必治之政，战必勇之民，行必听之令。"（《商君书·画策》）这是强调社会历史的发展具有必然之理，据此来"为必治之政""行必听之令"，实际上是认为一切社会制度的建立和改革，是顺应不以人的意志为转移的客观规律。

"不法古、不循今"，就必须改革，改革的整个过程充满了激烈的斗争，这种斗争是新旧制度矛盾发展的必然结果。商鞅变法首先遇到的斗争是与甘龙、杜挚之争。甘龙认为：圣人是不改变人民的礼俗来施行教化的，智者是不搞变法来治理国家的；按照人民的习惯来进行教化，不费工夫而功效明显。依据成法来进行统治，官吏熟悉而人民安定。如今要变法，不按老规矩办，换一套办法约束人民，恐怕天下都要议论甚至笑话国君的。

商鞅则针锋相对，认为常人安于守旧，学者为有限的知识所束缚，凭这两条，都只能当官守法，而难于超越于成法之外，再有较高明的见解。夏、商、周三代，礼制不同，但都可以为王；春秋五霸，做法不同，但都称了霸。所以智者制定了法度，而愚者为法所制，跟拘泥于礼制的人是不好谈大事的，和为法所束缚的人是讲不通变革的。

杜挚又认为"利不百，不变法"，即没有百倍的利益，就不变更法度，没有十倍的功效，就不更换器具。商鞅则反击道：前世的教化并不一样，我们效法谁呢？古时帝王的做法也不是因袭的，我们又以谁的礼法为准呢？商鞅在变法过程中也遇到重重阻力和反对，尤其是和王公贵族的斗争几乎到了白热化的程度。贵族们为了破坏变法，竟煽动成千人到京城闹事，并唆使太子犯法。商鞅不顾冒犯太子，竟果断地对太子的两个老师分别处以"劓""黥"刑，同时严厉地镇压了破坏变法的顽固势力，把那些"乱化之民"尽迁边地，从而保证了新法的贯彻执行。最终商鞅变法在秦孝公的支持下取得了胜利，但他因变法而得罪了众多的王公贵族，成了这场斗争的殉葬品。

商鞅因变法而死，但"秦法未败"，变法为秦始皇的统一事业奠定了基础。商鞅不仅是先秦变法卓有成效的政治家，而且是法家思想体系形成的重要奠基者。他以重法著称，自成一派。辑录、记述商鞅思想的《商君书》从秦末一直流传至今。

慎到的生平及思想

慎到（约公元前395—前315年）是赵国（今河北省邯郸市）人，曾与田骈、接子、环渊等人同在赫赫有名的齐国稷下学宫讲学，号称"稷下先生"，他的学说见于其著作《慎子》。《慎子》一书，司马迁在《史记·孟子荀卿列传》中介绍说有"十二论"。班固的《汉书·艺文志》说有四十二篇。慎子的著作今存七篇，为清道光年间金山钱熙祚所整理。

慎到的思想发端于道家黄老学派，庄子在其《天下》篇中讲到"公而不党，易而无私，决然无主，趣物而不两，不顾于虑，不谋于知，于物无择，与之俱往。古之道术有在于是者……慎到闻其风而悦之"，抓住了慎到思想的出发点。

受慎到思想影响较大的是申不害与韩非。申不害讲究势，受到慎到的启发。韩非维护和发展了慎到的"势治"学说，提出了"抱法处势"的理论。在韩非子的著作中，特辟了《难势》一篇，对慎到的势治学说进行辩难。

慎到主张治理国家必须实行"法治"，而实行"法治"就得尊法、尚法。作为法家的主要理论家，其"势治"理论，备受人们关注。他认为君主持国的奥秘不在别的，而在于"势"。"势"是由法权构成的，一有权，二有法。君主拥有了权和法，也就拥有了"势"。他把君主与权势比喻为飞龙和云雾，飞龙有了云雾才能高飞，君主有了权势，即使像桀那样昏庸，也能令行禁止；如无权势，即使像尧那样贤能，也无法管理百姓。君主没有权势，法律就不能得以推行，推行法令只能靠"势"，而不能靠"德"，所以他反对儒家的"德治"。他还主张，国君不做具体工作，具体工作在"事断于法"的前提下应按其所能让臣下去做，以充分调动臣下的积极性。

慎到的尚势思想，不但为推行当时新兴地主阶级的"法治"提供了理论根据，而且对法理学的发展也具有重要意义。历代统治者都知道"势"的重要性——严格的等级制度，巍峨的宫殿，高置的龙座，威严的仪仗，动辄让三公九卿下跪的圣旨，无不是"势"的具体化。

慎到有较成熟的法治理论。他说："法制礼籍，所以立公义也。凡立公所以弃私也。明君动事分功必由慧，定赏分财必由法，行德制中必由礼。"（《慎子·威德》）"故治国无其法则乱，守法而不变则衰，有法而行私谓之不法。以力役法者百姓也，以死守法者有司也，以道变法者君长也。"（《艺文类聚》）

慎到的法治思想，既要顺应自然，又强调法的作用，反映了时代的需要。

慎到主要侧重于思想理论方面的阐发，因此在法理学方面有突出的建树，对于法家思想体系的形成产生了重要的作用。

首先，慎到认为法是"至公"的准则。"法者，所以齐天下之动，至公大定之制也。"他把"法"看作规范一切人的行为的最公平的制度。

其次，慎到指出，"法"的最大作用和目的就在于"立公弃私"，从而把公与私、国与家、法令与个人爱好明确地区分开来。他说："法制礼籍，所以立公义也，凡立公而弃私也。"

再次，慎到提出了"立公弃私"的具体方法，即"事断于法"和以法"定分"。

所谓"事断于法"，即严格按照法令规定办事。所谓以法"定分"，就是确定各种职责、行为和权利、义务的界限。

慎到主张"法治"，又很重视权势和君主的作用。在权势、君主、策略手段等因素中，他把权势放在首位，认为权势是尊君和尚法的前提。

慎到认为，从事政治和推行"法治"的关键不是君主道德的高低或者才能的优劣，而取决于君主权势的大小，因而对于权势的重要性和权势的运用提出了自己独到的见解。

总之，慎到的尊君、贵势和尚法都有其独到之处。尊君在于强调集中权力，又反对专制；贵势在于推行"法治"，却并非权力至上；尚法在于"立公"，坚决反对"行私"。这种立法为"公"、以势行法的观点成为了法家"法治"学说的思想基础。

申不害的生平及思想

申不害（约公元前385—前337），亦称申子，郑国京（今河南省新郑市）人。战国时期韩国著名的思想家，曾在韩昭侯时任相15年。为政期间，内修政教，外应诸侯，曾使韩国一度"国治兵强"。作为法家代表人物之一，以"术"著称于世。

申不害的学术思想，明显地受到道家的影响，他的哲学思想与慎到有极相似之处，他们都遵循老子的大统一哲学，"人法地，地法天，天法道，道法自然"。申不害认为，自然运行是有规律的，也是不可抗拒的。他认为宇宙间的本质是"静"，其运动规律是"常"。他要求对待一切事情应以"静"为原则，以"因"为方法。"因"指"因循""随顺"，"贵因"指"随事而定"，"贵静"的表现就是"无为"。

申不害把这些原则用于人事，构成他的社会哲学思想。"无为"主张的渊源即《老子》的"绝圣弃智"，申不害的"无为"，要求的是君主去除个人作为的"无为"，以便听取臣下的意见。但是，申不害仅仅把这种

"静因无为"的哲学思想用于"权术"之中。为了完善这种方法，他进一步发挥《老子》"柔弱胜刚强"的思想，要求君主"示弱"，绝不是指君主无所作为，只是君主决策前的一种姿态。在关键时刻，申不害要求君主决断一切，独揽一切。申不害的哲学思想，是君主哲学，也是政治哲学。这种哲学由道家的"天道无为"演化发展而来，是他的法家"权术"思想的基础。

申不害主张"术"，但他所说的"术"是在执行法的前提下使用的，而"法"又是用来巩固君主统治权的。因此，他并不是不讲"法"与"势"的。

关于君主的权势，申不害认识得很清楚。在战国诸侯争霸的情形下，君主专制是最能集中全国力量的政权形式，也是争霸和自卫的最佳组织形式。他说："君之所以尊者，令也，令之不行，是无君也，故明君慎之。"令是权力的表现，是一种由上而下的"势"能。"权势"是君主的本钱。

申不害提出："君必有明法正义，若悬权衡以秤轻重。"为了说明"法"，他提出"正名责实"的理论。"正名"主张，首先由孔子提出。申不害吸收了这个主张，是名分等级，不得错乱。与孔子"正名"不同之处在于包括责任、分工的内涵。申子"正名"的意义在于确定了"主处其大，臣处其细"的大原则，而且把这个原则具体化，即把名分按实际情况规定下来，然后进行任命，听取意见，检查监督。

什么是"术"？申不害没有明确规定。"术"是君主的专有物，是驾驭驱使臣下的方法。"法"是公开的，是臣民的行动准则，而"术"却是隐藏在君主心中，专门对付大臣的。申不害说，"君如身，臣如手"，既然如此，君主仍要对付大臣是由复杂的社会斗争所决定的。春秋战国时，臣下弑君，酿成习气。现实告诉申不害，人君的主要威胁不是来自民众或敌国，而是来自大臣。所以他一再告诫君主，对君臣关系要有清醒的认识，那就是不相信所有的大臣。

申不害认为，君主有了"势"，定了"法"，其地位还不是稳固的，必须有两面之"术"，不然"势"与"法"就会变得威严而不受用，刻板而不通达。如果以"术"来连通"势"与"法"，就如虎添翼，无论动静，都会使臣下慑服。他的"术"分两类，一类是控制术，像前面提到的"正名责实"，就是讲规定职责，考校监督的。还有如君主以静制动的，无为而治的，这些属于领导管理方法，有一定的合理性。另一类是搞阴谋，耍手腕，弄权术。

玩弄权术，当然不是自申不害开始，但他是第一个在理论上系统研究者，这在官场的政治斗争中，很受历代统治者的喜爱。但从本质上说，无补于稳固政权。因为既然有驭臣之术，必有欺君之方，尔虞我诈，你争我斗，加剧了政权的不稳定性。

申不害研究"术"，有正面的领导控制方法，也有阴谋诡计，我们现在不去评述是否道德，但可以说，他的思想和研究是可以启迪后人的。

韩非子的生平及其著作

韩非子生平及其著作

韩非子（约公元前280—前233年）是战国时期著名的哲学家、散文家和法家学说的集大成者，他创立的法家学说为中国第一个统一专制的中央集权制国家的诞生提供了理论依据。

韩非子出身于贵族世家，韩国新郑（今河南省新郑市）人，是韩国的公子，也是著名儒家大师荀况的学生，和后来做了秦王朝丞相的李斯一道学习、切磋过。不过，他没有继承荀子的儒家思想传统，而受法家前辈的影响，吸取、综合他们思想的精华，成为那个时代法家学派的最杰出代表。

韩非子生活的时代，韩国国势日益削弱，他出于一片爱国之心，屡次上书韩国国君，建议变法，以富国强兵为主要任务，但韩国国君并没有采纳。《史记》对此这样描述道："非见韩之削弱，数以书谏韩王，韩王不能用。于是韩非疾治国不务修明其法制，执势以御其臣下。富国治兵而以求人任贤，反举浮淫之蠹而加之于功实之上。以为儒者用文乱法，而侠者以武犯禁。宽则宠名誉之人，急则用介胄之士。今者所养非所用，所用非所养。悲廉直不容于邪枉之臣，观往者得失之变，故作《孤愤》《五蠹》《内外储》《说林》《说难》十余万言。"司马迁的这一评述道出了韩非著《韩非子》的原因。

韩非子的文章说理缜密，议论透辟，文锋犀利，处处切中要害。比如《亡征》一篇，分析国家可亡之道达47条之多，实属罕见。《难言》《说难》二篇，深入浅出地揣摩说者心理，以及如何趋避投合，周密细致，无以复加。

　　韩非子的文章描写大胆，语言幽默，于平实中见奇妙，具有耐人寻味、警策世人的艺术效果。韩非子还善于用大量浅显的寓言故事和丰富的历史知识作为论证资料，说明抽象的道理，形象化地体现他的法家思想和他对社会人生的深刻认识。在他的文章中出现的很多寓言故事，因其丰富的内涵、生动的故事，成为脍炙人口的成语典故，至今为人们广泛运用。

　　虽然韩非子没有纵横家口若悬河的演讲之能去谋取高位，但他那文采飞扬的文章却给自己带来了施展才华的机遇。他的著作传到了秦国，得到了秦王的欣赏。《史记》中说："人或传其书至秦。秦王见《孤愤》《五蠹》之书，曰：'嗟乎！寡人得见此人与之游，死不恨矣！'李斯曰：'此韩非之所著书也。'秦因急攻韩。"意思是说，韩非的《孤愤》《五蠹》传到秦国，秦王嬴政读了以后十分赞赏，感叹："我要是能见到此文的作者并和他交个朋友，死也无憾了。"刚巧李斯在他身边，听了这话，顺势说："这是韩国的公子韩非写的。"秦王嬴政于是紧急发兵攻打韩国，只有一个要求，就是得到韩非子。韩非子在韩国不受重用，韩王有他无他没什么关系。在秦军兵临城下之际，韩王便拱手把韩非子交给了秦王。

　　在秦国，秦王很喜欢韩非子，但却并不信任他，更谈不上重用他，他就像秦王的一件稀世古玩，被陈设在架子上，只是茶余饭后观赏一下，或来人之时作为炫耀之用。然而即使这样，仍有人怕他、恨他，希望将其置于死地而后快。这人就是姚贾和李斯。姚贾对韩非不满，是因韩非曾批评他不应该用财物贿赂燕、赵、吴、楚四国，并嘲笑他出身卑贱。李斯忌妒他，是因为李斯自认为才能不及韩非，怕秦王重用韩非而轻视他。李斯、姚贾联合起来在秦王面前诋毁韩非道："韩非，韩之诸公子也。今王欲并诸侯，非终为韩，不为秦，此人之情也。今王不用，久留而归之，此自遗患也，不如以过法诛之。"（《史记》）秦王听信二人的谗言，将韩非子打入监狱。李斯抓住这个绝好的机会，派人送毒药给韩非，让韩非自杀。韩非想见秦王为自己申诉，李斯、姚贾从中作梗而不能，不得不含愤自杀，在异国他乡结束了自己的生命。

　　韩非子的一生，虽没有辉煌的政治业绩，但却留下了十余万言的政治理论、治国方略，后人辑为《韩非子》，又称《韩非》。韩非子的法家学说坚决反对复古，主张因时制宜。他批评主张"仁爱"的儒家学说，主张法治，提出重赏、重罚、重农、重战四个政策。还提倡君权神授，这些都对秦以后中国封建专制主义极权统治的建立颇有影响。

《韩非子》是一部帝王书，在这本书里，春秋以来的法家思想得到了高度的融合和创造性的发展，它劝诫帝王应该怎么样，不应该怎么样，宗旨只有一个：大到天子，小到诸侯，如何才能雄踞君主之位，不发生动摇，并避免自己身亡国灭。全书共分55篇，但据考证，有几篇不是韩非子所著，可能是后人纂集《韩非子》时，修改凑合成篇的。不管怎么说，《韩非子》一书大部分是出于韩非子之手是肯定的。

韩非子年谱

公元前280年（韩釐王十五年），1岁

韩非子出身于贵族之家。《史记·老子韩非列传》："韩非者，韩之诸公子也。""诸"为"众多"之义，是韩姓众多公子中的一员，也可能是韩王的同宗公子。

公元前278年（韩釐王十七年），3岁

秦强大，在七雄中具有举足轻重的作用。周君朝秦。毗邻的韩国直接受到秦国的威胁。

公元前275年（韩釐王二十年），6岁

韩为秦所败，斩首四万余。韩国难深重。韩非子始读"家有之"的商、管之书和孙、吴之书，也读各类杂书。

公元前270年（韩桓惠王二年），11岁

秦任范雎为客卿，定远交近攻之策，指出："闭关十五年，不敢窥兵于山东，穰侯为谋不忠""穰侯越韩、魏而攻齐，非计也"。进攻的矛头直指韩。

公元前262年（韩桓惠王十年），19岁

此前接连三年秦对韩攻城略地，这一年，秦将白起率兵攻韩，一下攻取五十城。韩国上党郡守降赵。韩国统治层开始分崩离析。估计也在此前后，青年韩非子开始上书，所谓"非见韩之削弱，数以书于韩王"（《史记·老子韩非列传》)。

公元前 257 年（韩桓惠王十五年），24 岁

韩非"数以书于韩王，韩王不能用"，我们假定这个历程为五年。韩非子愤怒于"治国不务求人任贤，反举浮淫之蠹而加之功实之上"，于是开始埋头著述。

公元前 253 年（韩桓惠王十九年），28 岁

荀子离开稷下后，来到楚国，春申君任命其为兰陵令，继续收徒教学。在此前后，韩非子投奔荀子门下，"学帝王之术"，同学者有李斯等人。

公元前 247 年（韩桓惠王二十五年），34 岁

李斯学成告辞老师荀子，西行入秦。估计在此前后韩非子也返回韩国，潜心于写作，积之年月，成"五十五篇，十万余言"。此年，秦国全部占有上党郡。

公元前 246 年（韩桓惠王二十六年），35 岁

秦王政元年。韩王欲疲秦，使之无力伐韩，使郑国赴秦，作郑国渠。此事直接关系到秦王痛下灭韩之决心。

公元前 237 年（韩末王一年），44 岁

韩入郑国间秦事发，秦王迁怒于一切士人，下逐客令。李斯力谏，取消逐客令。这时"李斯因说秦王，请先取韩以恐他国"（《史记·秦始皇本纪》）。

公元前 236 年（韩末王二年），45 岁

李斯奉秦王命到韩国，促其速降。在这次出使韩国过程中，会见到十五六年未见的韩非子。韩非子出示《孤愤》《五蠹》等篇章，李斯看后，把作品带走，传至秦王手中。《史记》说的"人或传书至秦"，这"人或"就是李斯。韩王在危急关头召见韩非，"与韩非谋弱秦"。

公元前 235 年（韩末王三年），46 岁

秦王见《孤愤》《五蠹》之书，曰："嗟乎，寡人得见此人与之游，死不恨矣！"李斯曰："此韩非之所著书也。"秦因急攻韩。韩王安在无可奈何的情况下，只得派韩非子出使秦国。

公元前234年（韩末王四年），47岁

韩非子到秦国，上《存韩》书，批评李斯，揭大臣姚贾之短。由此得罪了李、姚二人，二人在秦王面前说："韩非，韩之诸公子也。今王欲并诸侯，非终为韩，不为秦，此人之情也。今王不用，久留而归之，此自遗患也，不如以过法诛之。"

公元前233年（韩末王五年），48岁

秦王下令治非。李斯使人遗药，令非自杀。"韩非欲自陈，不得见。秦王后悔之，使人赦之，非已死矣。"（《史记·老子韩非列传》）

韩非子的法家智慧

韩非子集法家之大成，形成了法、术、势相统一的理论体系。法、术、势有机结合的法治思想在秦践行，取得了很大成功，在中国历史上具有深远的影响，秦王嬴政十分赞赏韩非子的这种思想，践行这一思想的结果，使秦国开始强大起来，最终统一了中国，建立起了中国历史上第一个大一统的王朝，秦王嬴政也因此称为秦始皇。从秦始皇到清朝的末代皇帝，虽然朝代改了又改，京城迁了又迁，治国之法变了又变，但秦朝形成的官僚帝制没有发生根本改变，法、术、势相结合的法治思想没有变，始终成为帝王将相统治民众的思想武器。

从汉武帝"罢黜百家，独尊儒术"开始，儒家学说逐步成为封建统治阶级的正统思想。两汉后，法家思想融入儒家，德刑并用成为地主阶级的统治工具，独立的法家逐渐消失。

1. 韩非子的历史观

韩非子继承了商鞅等前期法家关于古今异势、因时变法的思想，并深入吸取了老子和荀子等人的观点，提出应根据盛衰存亡之理来"变古易常"，主张"美当今"，反对"法先王"。

韩非子讲了两个讥笑儒家"法先王"的故事。一个叫"守株待兔"，另一个叫"尘饭涂羹"。在韩非看来，历史条件发生了变化，统治措施也要做相应的改革。他说"世异则事异，事异则备变""古今异俗，新故异备"，应该看到"事因于世"，做到"备适于事"（《韩非子·五蠹》）。韩非子的这些观点，对于商鞅以来地主阶级的变法活动，做了有力的理论论证，反映了历史发展的某些实际和战国时期社会变革的客观要求，是符合历史发展的辩证法的。

2. "法""术""势"相结合的法治思想

韩非子继承了商鞅的"法"、申不害的"术"、慎到的"势",集法家之大成,构成了一套以"法"为主,"术""势"相结合的政治学说。他说:"人主之大物,非法则术也。法者,编著之图籍,设之于官府,而布之于百姓者也。术者,藏之于胸中,以偶众端,而潜御群臣者也。故法莫如显,而术不欲见。"(《韩非子·难三》)意思是说,"法"是国家的成文法令,应该公布全国;"术"是君主驾驭群臣的权术,只能藏在心里。有"法"有"术",还要有"势"。强调没有"势"位,"法"和"术"都是空的。

"法",旨在富国强兵。

治国要有"法",行法就要有刑有赏。韩非子认为,国家与法律就是在"民众而货财寡"的历史条件下,适应制止争夺的需要而产生的。因为人人都是自私自利的,这种自私的本性不能通过后天人为的力量加以改变,"德"不足以止乱,所以治国必须用"法"。

什么是"法"?韩非子总结如下:"法者,编著之图籍,设之于官府,而布之于百姓者也。"就是说,"法"实际上是一整套成文的行为规范,它是公布给民众,让民众遵守的;但同时也规范政府行为。在历史上,将刑律条文"独瞒于堂"的情形是确实存在的。在那种情形下,刑律实质上由执法者内部掌握。在"贤人"当政时尚可信任,而在更多时候则难免酿成大量冤案。而且随着社会发展,人们迫切需要知道法律允许干什么和禁止干什么,继续将法律"独瞒于堂"是不合时宜的。

法家的法治强调的是"法"的镇压功能。法家崇尚严刑峻法,认为对付小错轻罪也应该从重从严,以迫使老百姓循规蹈矩,严格服从统治者的意志,反对把任何同情心用于治国之道,这就难怪后来人们批评他们"刻薄少恩"了。然而,韩非子对于法家的"刻薄"之道却有他的解释。他说,用重刑治百姓,才是真正的爱护百姓,用轻刑治百姓无异于诱使百姓违法犯罪,那才真正是害百姓。重刑能止者轻刑未必奏效,轻刑能止者重刑更能止,所以刑治必须立足重与严。只有把刑治推到极端,使百姓望而生畏不敢作奸犯科，才能使刑律本身高悬而不必动用，这就叫"以刑去刑"，这才是真正的爱民。这一套辩证法，听起来不无道理，但也有些使人毛骨悚然。

"术"是谨防大权旁落的方法。

何为"术"？韩非子在《定法》中说："术者，因任而授官，循名而责实，操生、杀之柄，课君臣之能者也。"所谓"循名责实"，就是要求名实相副，臣下做的实际工作，做少了是失职，做多了是越权，都不算名实相副。君主对名实相副者行赏，反之则施罚。"术"这里是指任免、考核臣下的方法。韩非子在《难三》中又说："术者，藏之于胸中，以偶众端、而潜御群臣者也。"这里是指君主在进行统治时，可以用各种不可告人的阴谋权术。对帝王的阴谋权术，韩非子论述得是很精当的，如"疑诏诡使"，用诡诈的手段来使用臣下；"倒言反事"，说反话，做反面的事，以此探得奸情(《韩非子·内储说》)。他主张建立情报网络监视大臣的行踪，甚至不惜用暗杀手段对付臣下，而且美其名曰"此谓除阻奸也"。(《韩非子·八经》) 这就是他所谓的"固术而不幕信"(《韩非子·五蠹》)。但韩非也反对"徒术而无法"，认为"君无术，则弊于上；臣无法，则乱于下，此不可一无，皆帝王之具也"(《韩非子·定法》)。

韩非子认为"术"包括两个方面的内容：

一是君主掌握任免和考核臣下的方法。韩非子认为，考察一个人的工作能力，必须把"言""事""功"放在一起，加以"审合"，而以"功"为根本的依据。对于臣下，君主要"以其言授之事，专以其事责其功。功当其事，则赏；功不当其事，事不当其言，则罚"，这样就可以"臣有其劳，君有其成功"(《韩非子·主道》)。不仅要考察官吏的智愚，而且还要考察他们的忠奸，这一项更为重要。因为臣下无能顶多只是"滥竽充数"之类而已。奸臣则不同，他们是野心家、阴谋家，他们不择手段地想控制君主，左右局势，用一切机会图谋不轨，甚至借君主之刀杀人；更严重者，可能架空君主或取而代之。他们是君权最主要的危险。

二是"术"的基本特征是不公开不透明。令臣下揣摩不透君主的意思，只好各行其是，现出其本来面目，这样便于君主对臣下更好地进行观察和了解。君主必须显得神秘无端、高深莫测。君主在听言时可以装糊涂，听完汇报，要管住自己的"唇乎齿乎"，千万不要先开口。君主还要替臣下的有关汇报保密。臣下有密奏，尤其不能泄露，否则臣下必有顾忌，谁还敢近前？"浅薄而易见，漏泄而无藏，不能周密，而通群臣之语者，可亡也。"（《韩非子·亡徵》）不善保密那是要掉脑袋的，政治斗争从来都是残酷无情的，这对君主亦不例外。可见，玩弄政治权术，诀窍全在于"隐秘"二字。"事以密成，语以泄败"，该公开的要公开，该隐秘的要隐秘，隐秘是更深层的东西，它是成功的关键，只有深藏，才能在权力和利益的角逐及人际的钩心斗角中高屋建瓴，掌握主动权。

"术"的运用之妙，完全存乎己心。"法"愈透明愈好，"术"愈隐秘愈佳。正因为"法"与"术"分别具有透明性与不透明性两种相互对立的基本特征，所以二者才能在强化权势的过程中相互补充，共同发挥作用。法家之"术"是阴谋之术，体现着封建政治生活中的阴谋面，同时又包含着重效验、不自恃等合理原则。

"势"，是强权理论的核心。

韩非子的所谓"势"，其实质是指国家政权来说的，君主要做到令行禁止，就必须以掌握权势为前提。关于势的重要性，韩非子在《难势》中说："尧为匹夫，不能治三人；而桀为天子，能乱天下；吾以此知势位之足恃而贤智之不足慕也。"在《功名》中他又说："夫有材而无势，虽贤不能制不肖。故立尺材于高山之上，下临千仞之溪；材非长也，位高也。桀为天子能制天下，非贤也，势重也。尧为匹夫，不能正三家，非不肖，位卑也。千钧得船则浮，锱铢失船则沉，非千钧轻而锱铢重也，有势之于无势也。"势既然如此重要，所以他主张君主要集权于一身，只要"人主处制人之势，有一国之厚"（《韩非子·五蠹》），手握赏罚大权，就可以洞悉一切，不管多么凶险狡猾的臣子也不敢欺骗君主了。在法与势的关系上，韩非子强调："抱法处势则治，背法去势则乱。"（《韩非子·难势》）这说明他主张"法"与"势"要互相结合。

行法有"术"，都靠紧握权势。"势"就是力，内可镇压反抗，外可抵御侵略。所以法家说："国之所以重，主之所以尊者，力也。"（《商君书·

慎法》）"是故力多则人朝，力寡则朝于人，故明君务力。"（《韩非子·显学》）法家认为政权实质就是暴力，国家实际是暴力体系，这些话在当时历史背景下应该说是客观的、准确的、深刻的。

"势"与"法"、"术"是内在相通的。"势"离不开"术"，有"势"就有"术"，无"术"则难免大权旁落，丢权失势。"势"也不能离开"法"，有严法才有威势。所以说"抱法处势则治，背法去势则乱"。

正像不主张效法先王一样，韩非子吸取前人的法治思想，也没有简单地照搬，而是用一种批判的精神，继承发展了前期的法家思想。他说商鞅知道用"法"而不懂得用"术"，说申不害懂得用"术"而不知道用"法"，将商鞅、申不害的优点和慎到的势位思想融为一体，就构筑了"以法为本"，"法""术""势"结合的完整思想体系。正因此，他的理论被后人评价为集法家思想之大成，丰富和发展了法家理论。

"法""术""势"在治理国家的过程中，缺一不可。社会不断发展变化，国家兴盛衰败的现象总是存在。任何一个君主保持国家在发展变化中长盛不衰的途径是执行法令。法令是国家的根本，就像人们所说的那样，家有家规，国有国法，没有规矩不成方圆，没有法令不成国家。"术"是手段，是技术技巧，是君主掌握的。有了它，君主就能操生杀大权，考察群臣的才能；没有它，君主就会受群臣的蒙蔽，从而掌握不了臣民。"势"是指权势和威势。作为君主必须凭借自己的德行、能力和权势才能统治国家，在这里权势大于人的德行和才能。君主没有权势，有德行和才能也形同普通百姓一般。

很显然，韩非子"法""术""势"的学说是适应当时由诸侯割据向专制君主中央集权过渡的需要而产生的，而且是行之有效的。其原因不在这三字秘诀，而在于他所主张、推行的法治内容。在战国时代，法治所以起了进步作用，是由于他们所制定的耕战政策适合于客观社会发展的要求，是由于他们对腐朽的贵族进行了生死斗争。韩非子所坚决排斥的是所谓"五蠹"，其中特别重要的是"儒"与"侠"这两蠹。韩非子以为，禁绝"五蠹"，用他的"法""术""势"来治国，就可以做到国富民强，在兼并战争中无往而不胜。

韩非子的哲学思想

韩非子的哲学思想主要反映在《韩非子·解老》《喻老》两篇中。

韩非子借解释道家《老子》一书,对《老子》哲学体系的核心"道",进行了唯物主义的改造,赋予了客观物质性的内容。他说:"道者,万物之所然也,万理之所稽也。"(《韩非子·解老》)在这里,韩非子第一次提出了"理"的概念范畴。"理者,成物之文也。……物有理,不可以相薄,故理之为物之制,万物各异理。万物各异理,而道尽稽万物之理,故不得不化。"

"道"是"理"的依据,"理"是"道"的体现。各种事物所以客观存在,都是由它的特殊规律即"理"决定的,而各种事物的特殊规律即"理"又必然受总规律即"道"的支配。各种特殊规律即"理"的总和,就构成了总规律的"道"。

在"道"和"德"的关系问题上,韩非子主张"德"是"道"的功效,这标志着人们的抽象思维水平又有了飞跃,对客观规律性的认识更加深刻了。

在认识论方面,韩非子受荀况的影响最大。他认为,人们的认识都必须依赖于感觉器官,人的眼睛能看东西,耳朵能听声音,心能思考问题,这都是人具有的自然属性,这就清楚地说明了人的感觉和思维器官与认识对象的关系,坚持了唯物主义的认识路线。在认识方法上,韩非子主张"去喜去恶",切忌主观偏见和先入为主的成见来左右人们的认识。

韩非子的认识论,虽然还属于朴素唯物论的范畴,但他的理论思维水平无疑是先秦思想家中最高的。韩非子的朴素辩证法思想也比较突出,他首先提出了矛盾学说，用"矛和盾"的寓言故事，说明"不可陷之盾与无不陷之矛不可同世而立"的道理。虽然韩非子的主观意图是说明法治与礼治的根本对立，着意批判儒家宣扬的礼治思想，为法治战胜礼治制造理论根据，但它确实客观地揭示了当时儒法两种思想根本对立的现实。

韩非子对矛盾的转化条件，也作了辩证的解释。如国家的强弱，他认为关键是是否实行法治。"国无常强，无常弱。奉法者强则国强，奉法者弱则国弱。"（《韩非子·有度》）又如祸福的转化条件，他认为关键是"行端直"和"骄心生"这两个条件。"行端直"，则祸能转化为福；"骄心生"，则福能转化为祸。他还以水火为例，说明矛盾转化的条件性。水本来是能够克火的，但若把水盛在锅里，火就可以反过来克水，把水烧干，这是因为条件不同的缘故。韩非子又用他的朴素辩证法思想解释历史现象，形成了他的进步历史观。他认为时代在变迁，社会在发展，因循守旧、复古倒退是没有出路的。他用"守株待兔"这个寓言故事，猛烈抨击顽固守旧的陈腐思想，为推行他的革新变法主张寻找理论依据。

法家智慧对于现代社会的意义

韩非子的法家智慧虽然已隔千年，但对当今时代来说依然有着借鉴意义，尤其是用人和管理方面更是如此。韩非子认为要管理好国家必须做到以下几点。

一是因能授官，也就是说依据人的能力授给他官职。

二是"循名责实"，这是"术"的要点。法家是典型的功利主义和实用主义，非常注重实物，循名责实是法家考察官员的一个基本原则，强调表面情况和实质要互相加以验证，综合来考察一个人。韩非子说君主要驾驭约束好臣子，就一定要考察形和名是否相符，一定要看臣下说的话跟他做的事是否一致。

三是"叁五之道"，这是法家考察群臣言行的一个具体方法，主要意思是：利用多方面的情况进行检查，以追究责任人的过失；利用多方面的情况进行分析，以找到取得成功的原因。

四是在领导谋略上，要使用"七术"，也就是七种策略。这七种策略是：（1）众端参照，即通过多方面的观察来验证臣下的言行；（2）必罚明威，一定要惩罚那些犯错误的人来树立威信；（3）信赏尽能，在奖励方面一定要守信用，鼓励那些有才能和取得成果的人；（4）一听责下，就是一一听取臣下的意见然后进行评判；（5）疑诏诡使，指君主表面上和一些人亲近，让他们长期在自己身边工作，但是不给他们任务，别人感觉这些人是受了秘密指令，所以做坏事的人就会害怕，心里疑心不敢胆大妄为；（6）挟知而问，这是考察下属忠诚度的有效手段，就是用已经知道的事情来询问下属，看看下属怎么说，用以对照核查下属的态度，从而举一反三地了解许多隐情；（7）倒言反听，就是本来想说一件事情，但却说一个与本意相反的事情，以获得下属的真实态度。

五是在管理过程中，韩非子强调要防微杜渐，从细节上消除消极因素。《内储说》中提出了要查"六微"。管理中有六种微妙而隐蔽的情况：（1）"权借在下"，要防止权力分散和被架空，核心权是不可以借给别人的，它是领导者的专利。（2）"利异外借"，就是防备内外勾结，组织内的人由于和领导利益不同会借助外力来削弱和反对上级的领导。（3）"托于似类"，这是一种用相关的事情欺骗上级、掩盖事实真相以达到个人私欲的手段，必须要加以防范。（4）"利害相反"，就是利和害总是同时出现，有利必有害，有害必有利，所以若国家受害就要看谁从中得到了好处，如果下属受害，也要看谁从中得到了好处，通过这种审查利害就会找到事情的前因后果，找到处理事情的关键所在。（5）"参疑内争"，权力斗争不可避免，而臣下争权夺利是产生变乱的根源，领导者对此要给予关注和控制。（6）"乱国废置"，敌对国家插手本国重要官员的任免这一点要极力避免，一旦中了圈套，后果不堪设想。

"势"是法家提出的一个概念，与兵家提出的有所不同。广义的"势"指客观形势，狭义的"势"是指权势。韩非子非常重视"势"，认为"抱法处势则治，背法去势则乱"。这里谈的"势"，就是领导者通过"法"和"术"营造的一种权力状态。一位统治者能否树立权威、行使职权、获得下属支持，主要在于他的地位与权势是否稳固。

得势的主要方法：一是依靠术驾驭局势，管理下属。韩非子说："人主使人臣虽有智能，不得背法而专制；虽有贤行，不得逾功而先劳；虽有忠信，不得释法而不禁，此之谓明法。人主有诱于事者，有壅于言者，二者不可不察也。"（《韩非子·南面》）二是靠制度权力，领导者只有牢牢把握赏罚的权力，才能确保"势"的稳固。领导者要抓住要点、核心问题，把细节的东西交给下属去做，自己牢牢把握核心权力。

韩非子的"法""术""势"实际上就是告诉领导者，要管好一个组织的核心问题是权力的问题。"法"是权力的表现形式，"术"是权力的手段，"势"是权力的归属。要制定严明的规章制度、清晰和强有力的奖罚措施。规章制度和奖罚措施要明确，让每个人都看到，而且每次奖罚也要公开，这样，领导者下的命令才有人服从，权力才能有效行使。同时领导者要有一些技巧和计谋，这些计谋要做得恰当周密，不能让下属知道，以此保证其实施的效果。这样才能够控制局面，掌握下属的言行，发现问题及时解决，确保管理顺利进行。同时一个领导者一定要懂得树立自己的权威，牢牢地把核心权力控制在自己的手中，确保自己的领导地位，要善于利用环境去造势，然后因势利导去管人做事，从而实现自己的宏图大业。

第二章　精明为人，积极处世
——韩非子的为人处世

为人处世是一门学问，也是一门艺术。关于为人处世，韩非子为我们留下了许多至理名言，如"小信成则大信立""私怨不入公门"等，这些为人处世的基本准则影响甚为深远，直到现代，这些都是广为遵循的道理。

信用第一

【原文】小信成则大信立。(《韩非子·外储说左上》)

【大意】小的信用能够遵守，大的信用才能确立起来。

诚信是为人处世的一个基本立足点，"人而无信，不知其可也"。战国时代的韩非子亦提出了"小信成则大信立"的观点，可见诚信思想对中华文明影响之深远。大到国家，小到个人，诚信都是不可或缺的，诚实守信的人总会得到上天更多的眷顾，而欺诈撒谎的人迟早要受到惩罚，让我们来看一个寓言故事。

有一个年轻人跋涉在漫长的人生路上。到了一个渡口的时候，他已经拥有了"健康""美貌""诚信""机敏""才学""金钱""荣誉"七个背囊。渡船开出时风平浪静，不久便风起浪涌，小船上下颠簸，险象环生。艄公说："船小负载重，客官须丢弃一个背囊方可安渡难关。"可年轻人哪一个都舍不得丢。艄公又说："有弃有取，有失有得。"年轻人思索了一会儿，把"诚信"抛进了水里。

艄公凭着娴熟的技术，乘风破浪，终于将年轻人送到了彼岸。艄公淡淡地说："年轻人，我跟你来个约定：当你不得意时，就回来找我。"年轻人随意地答应着，却不以为然。他以为，有了身上的六个背囊，他是不会有不得意的一天的。

确实，不久，他就靠"金钱"和"才学"拥有了自己的事业；凭着"荣誉"和"机敏"，他睥睨商界，所向无敌；而"健康"和"美貌"更是令他春风得意，娶得如花美妻。他逐渐地忘记了摆渡的艄公，忘记了被抛弃的"诚信"。

当他人到中年时，总是做着同一个梦：他坐在一艘小船里，正惬意地游荡，突然风起浪涌，他被掀入急流之中，但并不下沉，只是水向他的七窍冲来。耳、眼、鼻皆安然无事，水却冲他的口中猛灌。

他无数次在梦里惊醒。但这次却是被电话铃声叫醒，电话那头传来惊恐急躁的声音："老板，最近风声太紧，那事是否先停一下？"他似乎也开始慌张失措："不行，不行……停不了了……"也不知怎么挂的电话。他知道电话那头的"那事"是什么。多年来，他欺骗了所有的人，包括他的对手和亲人：他多次将商品以次充好，他承包的建筑全是豆腐渣工程；他透支着他的荣誉和才能，劝说身边所有人投资于他，却把资金用于贩卖毒品和军火走私；他出入高楼大厦，天天花天酒地，热衷于夜生活，他的健康和美貌悄然飞逝；他一掷千金，豪赌无度；他背着妻子，频频出轨……这一切都只能解释他失去了做人最重要的一个准则——诚信。

因为没有诚信，他失去了荣誉、金钱、事业、爱情等一切，这时，他想起了那个渡口，想起了艄公的话。

从监狱里出来，他直奔渡口。艄公已不在，只有一条小船依稀还是当年模样。此时的他已垂垂老矣，深深后悔自己当年的选择。

事实上，无论是谁，无论你是否取得成功，要想让别人信任，绝不是一朝一夕就能做到的，必须要在很长的时间里，用自己的行动证明给大家看，兑现自己的每一个承诺，诚心诚意地去做每一件事。

应该谨记的是，诚信的养成固然极为艰难，但要将其毁掉却是轻而易举的事情。长期守信得来的信用，很可能只因为一次失信就被破坏，所以一定要谨慎行事，千万不可走错一步。

人们常说"无商不奸"，然而事实上商人如果不讲诚信，则不会有立足之地；诚信的商人更能走向成功。松下公司的成功便是一个很好的例子。

1927年，松下公司开始同住友银行建立合作关系，这全是住友银行一位业务员的功劳。在此以前，松下和另一家银行合作，而且十分顺利，按理来说，根本不必再与住友银行合作，只是由于这家银行的业务员太热心，松下才被他说动。

虽然有合作的意思，不过松下还是提出了一个条件：能否在开始合作之前先约定给他的公司两万元的贷款，如果可以的话，就和该银行合作。

这个业务员说："本银行开户的先决条件是，只要开始合作就可充分地融通。"银行要求先合作，松下则说应该先约定可以贷款。业务员很伤脑筋，他对松下先生说，要回去和分行经理好好商量再回答。

为什么松下先生希望先有贷款的约定呢？这就是信用问题。银行要他跟他们合作，是基于他们认为松下公司有前途，可以继续成长、发展，所以来劝松下跟他们合作。因此，相对地，他们也应把信用贷款这件事表现在实际的行动上。换句话说，假如不能够表现在实际的行动上，银行对松下的信用就变成嘴上讲讲而已，并没有信用的实体。

四五天之后，这个业务员又来了。他说："我们分行经理说他非常明白松下先生的意思。无论如何，希望松下公司和住友银行合作。至于贷款这件事情，在开始合作三四个月之内，一定可以实现。"

松下觉得很奇怪，这跟上次讲的话一样，完全没有任何进展，难道他们不了解他的心意吗？如果是这样的话，关于信用这一点，不是说根本没有考虑到吗？于是他就把他的意思再详细说明。他在解释的时候，对方一直点头，好像了解了。

但是，他一讲完，这位业务员马上就说："我非常明白。松下先生所说的一点都没有错。可是，我们银行对于任何有信用的公司，在还没有合作之前，都很难约定近期内可以贷款。事实上，过去也没有这种例子，至少我没有听说过。所以，我希望您先和我们开始合作。"

松下觉得对方说得也有道理，尤其银行对信用一向都非常谨慎，站在银行的立场来说，这种做法是理所当然的。因此，如果就这样答应他先开始和他们合作，那么事情就结束了。一般看来，这么做也并不影响松下公司的信用，更何况住友银行颇有名气。松下公司跟大银行合作，在信用上算是相当有利的，这一点也不值得忧虑。

然而，如果仅仅是建立合作就没有必要了。因为松下也正在和另一家银行合作，并且一切都非常顺利，所以，根本没有和其他银行重新合作的意义。现在既然对方非常信赖松下公司，就应该把他们的信赖表现在实际行动上。他们做不到这点,是个很重要的问题。

于是松下先生说:"银行的立场我非常明白,可是现在我觉得完全是信用问题。贵银行要和我合作,就是说贵银行信任本公司。既然是因为信用,那么在开始合作之前做贷款约定,或者在开始合作之后贷款给我们,完全是一样的。如果不能接受这个条件,不就等于没有办法真正信任松下公司吗?所以我希望贵银行再一次彻底地调查松下公司,重新调查之后,如果满意的话,只要约定将来可以贷款就够了。请你跟你们经理好好商量,由我跟你们的经理见一次面也可以。"

这位业务回去后,没多久就打电话来了,说他们的分行经理想跟松下见一次面。松下来到这家银行,重新把想法告诉了这位经理:

"交易这事,不管是大是小,都必须有信用才能达成。就以现在来说,小小的松下公司只要客户信用足够的话,一开始就能把5000元或10000元的产品借给客户。住友银行是个大银行,不能约定将来贷款是不可能的,如果不能约定,等于没有真正信任我,如果真是这样,就没有合作的必要了。"

这位经理静静听松下说完话,点点头说:"我非常明白,但这不是我一个人就能够决定的。我再跟总行商量一下,一定要做到与松下合作的目标,而且,一如以前你所说的,让我们好好地再调查一次。"

银行紧接着做了调查,分行经理也到处奔走。在20000元无条件约定贷款之下,1927年,松下公司开始和住友银行合作。

合作开始之后两个月,银行发生了周转不灵的恐慌,接着蔓延到全国。松下公司原来合作的那家银行开始不给予资金支持,松下公司陷入困境。但是由于和住友银行有过约定,松下公司最终克服了这次难关。后来松下公司和住友银行维持了长久的合作关系。

因为彼此双方对诚信的追求,使松下和住友最终走到了一起,这也成就了日后松下的辉煌。

君子求名要取之有道

【原文】祸难生于邪心，邪心诱于可欲。(《韩非子·解老》)

【大意】祸难的产生是由于心生邪念，之所以产生邪念是受了欲望的诱惑。

追求名声的欲望大概每个人都会有，如果靠自己的努力正当获取应受鼓励，如果心生邪念，则罪莫大焉了。

俗话说：人过留名，雁过留声。谁也不想默默无闻地活一辈子，但是，在求取功名利禄的过程中，还是要君子爱名，取之有道，不能为名利遮望眼。

自古以来，胸怀大志者多把求名、求官、求利当作终生奋斗的三大目标。三者能得其一，对一般人来说已经终生无憾；若能尽遂人愿，更是幸运之至。然而，从辩证法的角度看，有取必有舍，有进必有退，任何获取都需要付出代价，问题在于付出的值得不值得。为了公众事业、民族和国家的利益，为了家庭和睦、自我人格完善，付出多少都值得。否则，付出越多越可悲。

客观地说，追求名利并非坏事。一个人有名誉感就有了上进的动力；有名誉感的人同时也有羞耻感，不想玷污自己的名声。但是，古今中外，为求虚名不择手段而最终身败名裂的例子很多，确实发人深省。

有的人已小有名气，还想名声大振，于是邪念膨胀，连原有的名气也遭人怀疑，更是可悲。他们错在哪里？错在放任欲望极度膨胀，从而产生了邪念，不是通过正常途径来获得，正是因为邪念才招惹来祸乱，有的身败名裂，甚至亡命歧路。韩非子真是一语中的。

在中世纪的意大利，有一个叫塔尔达利亚的数学家，在国内的数学擂台赛上享有"不可战胜者"的盛誉。他经过自己的苦心钻研，找到了三次方程式的新解法。这时，有个叫卡尔丹诺的人找到了他，声称自己有千万项发明，只有三次方程式对他是不解之谜，并为此而痛苦不堪。善良的塔尔达利亚被哄骗了，把自己的新发现毫无保留地告诉了他。谁知，几天后，卡尔丹诺以自己的名义发表了一篇论文，阐述了三次方程式的新解法，将塔尔达利亚的成果据为己有。他在相当长的一个时期里欺瞒住了人们，但真相终究还是大白于天下了。现在，卡尔丹诺的名字在数学史上已经成了科学骗子的代名词。真是"偷鸡不成反蚀把米"。

俗话说"钱迷心窍"，岂不知名也能迷住心窍。一旦被迷，就会使原来还有一些才华的"聪明人"变得邪恶，使原来还很清高的文化人变得既不"清"也不"高"，做起连老百姓都不齿的肮脏事情，以致弄巧成拙，美名变成恶名。

求名并无过错，关键是不要死死盯住不放，盯昏了头。那样，就一定会走上沽名钓誉、欺世盗名之路。

苏轼说得好："苟非吾之所有，虽一毫而莫取。"美名美则美矣！只是对于那些还有一点正义感、有一点良知的人，面对不该属于他的美名，受之可以，坦然却未必办得到！靠邪门歪道得来的美名，是一座沉重的大山，一条捆缚自己的锁链，早晚会被压垮，压得喘不上气来。

决定大事时要慎重

【原文】不在所与居,在所与谋也。(《韩非子·外储说左下》)

【大意】不在于跟什么人相处,而是在于跟什么人决定要事。

韩非子在此篇中写道:"今季孙养孔子之徒,所朝服而与坐者以十数,而与优侏儒断事,是以遇贼。故曰:不在所与居,在所与谋也。"其中"不在所与居,在所与谋也"是流传至今的处世名言。它要求人们在与人交往时要慎重,在决定大事时更应如此。韩非子早在两千多年前便提出了这个深刻的命题,值得我们去反思。常言道:"物以类聚,人以群分。"一般诚实守信的人交的朋友也会守信。交到真友,并与之共谋大事,的确是人生成功的一大关键点。包玉刚在20世纪70年代收购九龙仓的经典案例便说明了这一点。

世界著名船王包玉刚,主要经营航运、地产、公共交通、酒店、控股投资和有线传播等。1991年9月他因病去世,家产由4个女儿继承,估计其财产总值已逾100亿港元。包玉刚一生充满了传奇,最为人称道的是几次大收购行动,尤以收购九龙仓著名。收购九龙仓使包玉刚事业前进了一大步,这次大收购正是在与商界领袖李嘉诚共同谋划与努力下而成功的。

包玉刚1918年出生于浙江宁波,父亲包兆龙是个商人。1949年包氏父子从上海到香港发展,当时他们怀揣数十万元的积蓄,主要做土产生意。

1955年,37岁的包玉刚花了70万美元买下一艘8200吨的旧船,改名为"金安"号,迈出了做船王的第一步。靠着诚信和过人的经营手腕,他赚了不少钱,第二年年底他就拥有7艘船了。到1980年,他的环球航运公司旗下的船只已达200多艘，总吨位达2100万吨，包玉刚成为了名副其实的船王。

早在20世纪70年代末，国际航运业便开始衰退。目睹了航运业多次变迁的包玉刚，深知该行业存在的危险，便果断决定把经营重点从海上转向陆地。而要向陆地发展，必须有相关产业。从陆地与海运的衔接考虑，他盯上了九龙仓。

1978年初，包玉刚收购九龙仓股票，后来又在市场上大手吸纳。其实打九龙仓主意的又岂止包玉刚一人。此时华人首富李嘉诚也在悄悄吸纳九龙仓股票，他已控得九龙仓股票近2000万股，约占总股份的18%。

获悉华资双雄盯上九龙仓，怡和、置地两公司立即意识到不妙，两家公司的九龙仓股份合起来不到20%，怡和老总纽璧坚心急火燎地向香港首席财团汇丰求援，准备调集资金与华资双雄抗衡。

1978年9月下旬的一天上午，李嘉诚主动约见包玉刚，两个商界巨头在香港中环文华阁的一个高级客房里进行了一次短暂而秘密的会晤，所谈正是如何让九龙仓那块风水宝地回到华人手中的问题。李嘉诚并不转弯抹角，他说他准备放弃九龙仓而把目标转向和记黄埔，希望包玉刚从中"搭桥"，为此他愿意将自己所掌握的九龙仓股票全部转让给包玉刚，以帮他购买九龙仓。

包玉刚也表现出极大的诚意，说："这样最好，为了华人的尊严，我们要打赢这两大收购战。既然李先生鼎力助我，我也助您一臂之力，我可以用我手中的9000万股和记黄埔股票，换您手上的2000万股九龙仓股票。"

李嘉诚知道这样成交自己占的便宜太大，坚决不肯这样交换。无奈船王一片诚心，恭敬不如从命，他对包玉刚说："关于九龙仓的事，我一定会帮忙，你随时可以与我联络。"

由于从李嘉诚手中换到不少九龙仓股票，加上原有的那些九龙仓股票，包玉刚已握有20%的九龙仓股票，不久他向外界宣布了这一消息。这个消息不啻晴天霹雳，惊得纽璧坚出了一身冷汗。1979年1月，当纽璧坚发现包玉刚所持的九龙仓股已近30%时，恨得咬牙切齿，却又不得不按照有关条例，邀请最大股东进入董事局。这样，包玉刚和女婿吴光正正式出任九龙仓董事。

1980年初，包玉刚提出，依例环球航运应在九龙仓董事会占四席，但纽璧坚立即反对，双方争执不下。结果环球增加两席，置地行政总裁贝德福亦进入董事局。纽璧坚要包玉刚出售九龙仓股票，换取置地的部分物业，结果又没谈成，双方矛盾加剧。

全面收购已成弦上之箭，置地与包玉刚双方抢购九龙仓股权，九龙仓股票大涨，升至每股67元。6月20日，置地公开宣布增购九龙仓股份，由20%增至49%。根据有关规定，拥有51%以上的股权，就必须全面收购。

为了争取主动，置地作了精心安排。以每股100港元的代价来换一股九龙仓股票。增购建议书当天寄出，九龙仓股票在四间交易所同时停止持牌。这一天刚好是星期五，包玉刚正在欧洲参加独立油轮船东会议，并准备在下周一与墨西哥总统会晤。置地要打他个措手不及。

包玉刚的财务顾问获多利等获悉置地的险恶计划后，立即致电包玉刚。包玉刚立即取消与墨西哥总统的会晤，从巴黎飞往伦敦部署反击措施。他算了一下，至少要20亿港元才能打败置地，可星期六、星期天银行不上班，到哪去弄那么多钱？

6月22日，包玉刚飞回香港，四处向朋友筹钱，最终还是筹到了20多亿港元的巨资。据说暗中资助他的，是汇丰银行，该行给他贷款20亿港元。晚上7点半，包玉刚召开记者招待会，提出以每股105港元现金收购2000万股九龙仓股份，但限期只有星期一、星期二这两天。

最终包玉刚动用了22亿港元巨资，打赢了这场收购战。置地也没吃亏，卖出1000万股给包玉刚，套现10.5亿港元。商界朋友的鼎力相助，使包玉刚获胜，夺取九龙仓为他向陆地登陆大开方便之门。

以诚信经营而著称的包玉刚，凭借朋友的支持而完成了一场漂亮的收购战，成就了商战中的一大经典案例，这也印证了韩非子的"不在所与居，在所与谋也"的观点。

锋芒不可毕露

【原文】慎而言也，人且知女；慎而行也，人且随女。(《韩非子·外储说右上》)

【大意】言语谨慎，别人就会了解你；行动谨慎，别人就会跟随你。

韩非子认为，锋芒毕露的人固然风光一时，但却很难风光一世，只有那种胸怀大志又善于韬光养晦、行动谨慎的人，才能真正地脱颖而出。

古人云"木秀于林，风必摧之"，真正成大事的人是不会锋芒毕露的，他们善于在必要的时候暂时隐藏智慧，一方面和旁人维持和谐的关系，避免受伤害；另一方面透过冷静的观察，掌握大环境的脉搏，等各方面的条件成熟了，自然便可英雄大显身手了。

大到国家，小到个人，韬光养晦同样是一条颠扑不破的真理。埃及前总统萨达特便用这一策略成功地实现了自己的梦想和抱负。

埃及前总统萨达特是1952年埃及"七·二三"革命的组织者和发起者之一。在革命成功以后，领导者相互之间争权夺利十分激烈，只有他不图大权，恬淡自若。对于大权在握的纳赛尔，他非常尊敬；对纳赛尔所提的建议，他从来没提过不同意见；对于纳赛尔的话，他也总是点头称是。为此，纳赛尔称萨达特为"毕克巴希萨萨"（即"是是上校"），甚至不满意地讲："只要萨达特不老说'是'，而用别的话来表示他的赞成意见时，我就会觉得舒服些。"在日常工作中，萨达特不露声色，表现也是平平常常。对于内政问题和外交大事，他从不拿出主见，偶尔自己的公开态度稍有出格，他就会立刻纠正过来，与纳赛尔的一批信徒保持一致。

在1967年的第三次中东战争以后，纳赛尔想隐退，将扎克里亚·毛希丁提名为继任者。但是，三年之后，考虑到顺从及危险性大小等理由，权衡再三，纳赛尔出人意料地选萨达特为继任者。出于易于控制和为人温和的考虑，埃及军方也支持萨达特。

1970年9月纳赛尔去世，埃及开始了一场激烈无比的权力之争。一批既有潜在势力，又都大权在握的实力派人员之间谁都互不相让。后来基于政治妥协，这些人把平日不起眼的萨达特推上了总统的宝座。

当萨达特继任总统的职位以后，一反平日之态，大刀阔斧地进行了一系列改革。他自然是先把毛希丁、萨布里等潜在对手革职或者降职，以稳固自己的权力和地位。接着，他又在政治上实行民主、经济上实行改革。特别是在外交方面，1972年7月，他下令驱逐了在埃及的两万名苏联专家；1973年10月，向以色列发起了"十月战争"；1974年6月与美国恢复了外交关系；1977年11月亲自访问以色列，打破埃及、以色列关系的僵局；1978年与美国、以色列签订《戴维营协议》，由此获得"诺贝尔和平奖"等。这一系列外交上的惊人之举，使他一跃而成为20世纪70年代世界政治舞台上叱咤风云的大人物。

正是萨达特深知"木秀于林，风必摧之"的道理，他才隐其锋芒，韬光养晦，后来终于登上总统宝座，表现了非比常人的智慧。

萨达特能够隐其锋芒而有所作为，但人世间总会有那么些不知天高地厚的人恃才傲物，不知收敛，到头来丢了自己的性命。中国历史上的杨修便是个典型。

三国时期，杨修在曹操手下任主簿，起初曹操很重用他。杨修却不安分起来，起先是耍耍小聪明，如有一次有人送给曹操一盒奶酥，曹操吃了一些，就又盖好，并在盖上写了"一合酥"三个字，大家都弄不懂这是什么意思，杨修见了，就拿起匙子和大家分吃了。曹操知道后问他，他说："盖上不是写着一人一口酥吗？"

还有一次，建造相府，才造好大门的构架，曹操亲自来察看了一下，没说话，只在门上写了一个"活"字就走了。杨修一见，就令工人把门改窄些。别人问为什么，他说门中加个"活"字不是"阔"吗？丞相是嫌门太大了。

总之，杨修其人，就是不看场合，不分析别人的好恶，只管卖弄自己的小聪明。当然，光是这些也还不会出什么大问题，谁想他后来竟渐渐地搅和到曹操的家事里去了。

在封建时代，统治者为自己选择接班人是一个极为严肃的问题，而那些有希望接班的人，也不管是兄弟还是叔侄，简直都红了眼，所以这种斗争往往是最凶残、最激烈的。但是，杨修却偏偏要不识时务地挤到这场危险的赌博里去，而且还忘不了时时地卖弄自己的小聪明。

曹操的长子曹丕、三子曹植，都是曹操选择继承人的对象。曹植能诗赋，善应对，很得曹操欢心。曹操想立他为太子。曹丕知道后，就秘密地请歌长（官名）吴质到府中来商议对策，但害怕曹操知道，就想把吴质藏在大竹片箱内抬进府来，对外只说抬的是绸缎布匹。这事被杨修察觉，他不假思索，就直接去向曹操报告，于是曹操派人到曹丕府前盘查。曹丕闻知后十分惊慌，赶紧派人报告吴质，并请他快想办法。吴质听后很冷静，让来人转告曹丕说："没关系，明天你只要用大竹箱装上绸缎布匹抬进府里去就行了。"结果可想而知，曹操因此怀疑是杨修帮助曹植来陷害曹丕，十分气愤，就更讨厌杨修了。

还有，曹操经常要试探曹丕、曹植的才干，每每拿军国大事来征询他们的意见。杨修就替曹植写了十多条答案，曹操一有问题，曹植就根据条文来回答，因为杨修是相府主簿，深知军国内情，曹植按他写的回答当然事事中的，曹操心中难免又产生怀疑。后来，曹丕买通曹植的随从，把杨修写的答案呈送给曹操，曹操气得两眼冒火，愤愤地说："匹夫安敢欺我耶！"

又有一次，曹操让曹丕、曹植出邺城的城门，却又暗地里告诉门官不要放他们出去。曹丕第一个碰了钉子，只好乖乖回去；曹植闻知后，又向他的智囊杨修问计，杨修干脆告诉他："你是奉魏王之命出城的，谁敢拦阻，杀掉就行了。"曹植领计而去，果然杀了门官，走出城去。曹操知道以后，先是惊奇，后来得知事情真相，愈加气恼，于是准备除掉这个不知趣的家伙了。

最后机会果然来了，建安二十四年（公元219年），刘备进军定军山，他的大将黄忠杀死了曹操的臂膀夏侯渊，曹操亲自率军到汉中来和刘备决战，但战事不利，要前进害怕被刘备打败，要撤退又怕被人耻笑。一天晚上，护军来请示夜间的口令，曹操正在喝鸡汤，汤中有些许鸡肋，就顺便说："鸡肋。"杨修听到以后，便又耍起自己的小聪明来，居然不等上级命令，只管教随从军士收拾行装，准备撤退。曹操知道以后质问，他竟说："魏王传下的口令是'鸡肋'，可鸡肋这玩意儿，弃之可惜，食之无味，正和我们现在的处境一样，进不能胜，退恐人笑，久驻无益，不如早归，所以才先准备起来，免得临时慌乱。"曹操一听，大怒道："匹夫怎敢造谣乱我军心！"于是喝令刀斧手，将其推出斩首，并把其首级悬挂在辕门之外，以为不听军令者戒。

后人看到这里，多为杨修所感慨万分：尽管杨修才高八斗，学富五车，可是其高傲、自负乃至锋芒太甚，最终落得个丢了自己的性命的下场，实在是有些可惜。

谦虚是人生进步的阶梯

【原文】挟智而问,则不智者智;深智一物,众隐皆变。(《韩非子·内储说上七术》)

【大意】怀藏着已知去询问事情,那不知道的事情也就可以知道了;深刻地去了解一件事情,许多不知道的事情都可以分辨清楚。

韩非子的思想一直是比较激进的,但同时却不乏理智,深入了解事物的本质,也是韩非子的思想精髓之一。

我们常说"尺有所短,寸有所长"。尽管每个人身上都有难以克服的缺点,但更重要的是每个人身上都有闪光点。因而虚心学习别人的长处,借鉴他人的经验,这才是成功人士能够立于不败之地的法宝。

1. 自认无知

学习他人的一个最重要的方法是自认无知。对于大多数人来讲,这样做很难。因为人人都有虚荣心,不愿意承认自己无知。

恰恰是这些虚荣心变成了你前进道路中的最大障碍,如果你坚持认为自己是多么有本事,如何有才能,你的话都可以成为权威和经典,那么你只能遭到别人的唾弃。相反,如果你能承认自己的无知,反而容易引起别人的共鸣,从而得到别人的支持与帮助。

承认无知吧!你会获得意想不到的帮助,这有助你创造成功人生。

2. 学会倾听

俗话说:"忠言逆耳利于行",假若我们能够放下那颗虚荣心,认真听取别人的意见,肯定能够从别人的意见里发现自己的许多弊端,这些弊端又是成功人生所必须克服的,所谓"以人为镜"正是这个道理。

知道怎样听别人说话以及怎样让他开启心扉谈话，是制胜的法宝。

人的能力毕竟是有限的，肯定有许多东西仅靠个人是无法了解的，通过倾听别人的谈话我们可以获取许多有用的信息，学习他人的知识和经验，而你所得到的是别人的好感与支持。没有人喜欢别人总是驳斥自己。

对于很多人来讲，一生中大多数经历是容易忘怀的，记忆中深深烙下的往往是宝贵的经验。所以，如果你能有幸倾听他那最宝贵的东西，无疑会极大地丰富自己。

学会倾听，绝对不是一言不发，那样对方马上会感觉到是在对牛弹琴、索然无味，因此更恰当地说，你应该学会与对方交谈，诱导他说出他想表露的一些真实的东西和看法。

由于虚荣心理，许多人害怕别人发现自己的不足，害怕会遭到拒绝。要想让对方开启心扉，应该首先让他消除顾虑。一旦别人发现和你在一起很安全，而你又打心眼里赞赏他时，他便会向你敞开心扉。

每个人都希望有人一起分享他的感受，可又害怕一旦向人诉说，会得不到共鸣，甚至会被人看作悲惨、残酷和自私。假若你相信自己也是自私的，对别人冒犯你的个别行为，站在同一立场上，即使不能接受，也应加以考虑。因为人们的基本情感都是大同小异，无非爱、恨、恐惧等，还不时掠过一些自私的念头。接受这些并不可怕，因为这才是人的本来面目。

如果你能做到这一点，无形之中便赢得了对方的心，因为对方会觉得自己的情感有人理解，便会全身心地支持你。这对你的成功将起到不可估量的帮助。

3. 肯定他人的长处

虚心学习他人最重要一条是肯定他人的长处。当我们真心实意地向他人学习时，首先应该对别人的长处加以肯定，每个人身上都有闪光的亮点，每个人都期待别人来发现并欣赏他的闪光之处。一旦你能够做到这一点，相信他会把这些东西展现给你。因为大多数人都有一种共同的心理，期待别人的肯定和赞赏。所以，他不可能对自己的长处也加以隐藏，他甚至还会加一些炫耀的成分，你都可不必理会，给他一个展现的机会。你不仅仅是给了他一个机会，更多的是得到了他许多的智慧结晶，这些对你的一生都将有着极大的帮助，是你克敌制胜、勇往直前的法宝。

莫为小利失大利

【原文】顾小利，则大利之残也。(《韩非子·十过》)

【大意】贪图小利，势必会损害到大的利益。

贪小便宜是为人处世的大忌之一，因为贪图小便宜而导致灾祸降临的事情不在少数。以"傻子瓜子"而起家的年广久，就是因为贪图小利，欺骗消费者，把别人当作傻子来对待，最终却搬起石头砸到了自己的脚。

曾几何时，提起"傻子瓜子"来，是无人不知，无人不晓。但现在，再向人打听"傻子瓜子"就没有多少人知道了。究竟是什么原因使这个名噪一时的品牌悄无声息了呢？这要从公司自己说起。

1982年，自称9岁就开始学经济学的年广久，突然宣布他的"傻子瓜子"大幅降价，幅度为26%，这对几十年不变的瓜子价格体系造成了极大的冲击。这一举动在改革刚刚起步的日子里，引起了人们的极大关注，大家一下子把焦点集中对准了"傻子瓜子"，同行们很快都被"傻子瓜子"压下了势头。"傻子瓜子"一炮走红，风靡一时，成为中国老幼皆知的"营养食品"，甚至被捧为"中国的汉堡包"。

到了1984年，生产"傻子瓜子"的炒货店与国营联营，组建公私合营的傻子瓜子公司。至此，"傻子瓜子"春风得意准备大展宏图，形势一片大好。如果傻子瓜子公司从此能够从抓质量、抓管理入手，进一步寻求发展，那么他们的前途是光明的。可是他们却开始找"捷径"了，这一"捷径"最终将企业导向错误的航向，直到最后的没落。

1985年，傻子瓜子公司搞了一次全国范围内的有奖销售活动，每买一公斤瓜子赠奖券一张，凭奖券兑现奖品。这在当时不能不算是产品促销的高招。一时间，公司门前车水马龙，盛况空前。全国各地来函来电，来人来车，纷纷购买"傻子瓜子"以获取奖品。如此一来"傻子瓜子"在有奖销售的第一天就售出了1.31万公斤，最好时一天卖出了22.55万公斤，这简直是前所未有的销售纪录。

可是这一销售成果是以"傻子瓜子"犯傻为代价的。这些用于有奖销售的瓜子中间，有相当数量是"傻子瓜子"为凑足销售额，从别的公司大量购买的熟瓜子，再贴上"傻子瓜子"的商标去有奖销售，而这些外购的瓜子中，有很多是陈货劣货，是劣质产品。

消费者是骗不了的。"傻子瓜子"这一看似聪明、实则犯傻的投机行为，很快引起消费者的强烈愤慨，大家纷纷要求退货。

更糟糕的是，正当"傻子瓜子"有奖销售活动刚刚"满月"的时候，政府发布公告，禁止所有工商企业搞有奖销售的促销活动。这一来，一下就将"玩巧"已经露馅的"傻子瓜子"置于死地。它所售出的奖券一律不能兑现，各地纷纷退货，瓜子大量积压，银行催还贷，再加上公司又打了几场官司，一下亏损150多万元，而且公司的信誉降到了最低点。

后来，查证"傻子瓜子"这种偷梁换柱的投机手法并不是在这次有奖销售时第一次使用。公私联营前，年广久就以批发价买回国营的"迎春瓜子"近5万公斤，贴上"傻子瓜子"的商标，运到上海加价销售，当时这一欺骗行径没有被人识破。这次面对有奖销售引发的"傻子瓜子"销量猛增，年广久又故伎重施，而且为降低成本，购回的瓜子质量低下，马上被众人识破；加上政府下令，及时阻止了年广久的欺骗行为，年广久就不得不吞下自己种下的苦果。

为应付有奖销售带来的畸形需求，"傻子瓜子"一共购进瓜子145万多公斤，有奖销售期一共卖出去114.5万公斤，余下大约有30万公斤，造成大量积压。这些积压的瓜子像一个沉重的包袱，拖不走，砸不烂，甩不掉，给公司造成重大损失。事情到这一步已经充分说明，欺骗消费者、搞投机的违法生意是不会有好下场的。可"傻子瓜子"似乎傻到了不能觉醒的地步。

在"傻子瓜子"名声殆尽之时，他们不是想着如何去挽回名誉、东山再起，而是继续干着欺骗消费者的勾当。在这批积压的瓜子中，大部分是不该再拿到市场上流通的。可是年广久竟然打着"为了让国家减少一些损失"的招牌，对这些劣质陈货采取加工后再销售的办法处理，甚至还原封不动地把这些变质瓜子拿出去卖。据统计，在以后的两年中，公司共销出劣质瓜子10万公斤，这些瓜子绝大多数以低价卖到了农村，去骗那些消息闭塞的消费者。年广久的生意中夹带了投机和欺骗，但无论怎样投机，怎样骗人，终究是会被人识破的。当他被人识破之时，也就是他的生意走到尽头之时。到头来，只会坑人害己——消费者是上当受骗了，而年广久自己也逃不了法律的惩罚。

第二章 精明为人，积极处世——韩非子的为人处世

宽以待人

【原文】 行僻自用，无礼诸侯，则亡身之至也。(《韩非子·十过》)

【大意】 一个人或国家行为怪僻，不加约束，自以为是，必然结怨四邻，带来危害，导致身败名裂。

人的行为应该遵守常规的约束，礼貌待人，谦和处世；若行为过于乖张，则易导致别人的厌恶和憎恨，这是为人处世的禁忌所在。

美国总统林肯年轻时有一个嗜好：喜欢评论是非，还常写信写诗讽刺别人。他常把写好的信丢在乡间路上，故意让当事人发现。后来发生的一件事，彻底改变了他喜欢指责人的习惯。

1842年秋天，林肯又写文章讽刺一位政客。文章在报纸上登出后，那位政客怒不可遏，下战书要求与林肯决斗。林肯本不喜欢决斗，但为了维护名誉，迫于情势，只好接受挑战。亏得在最后一刻有人阻止，悲剧才未发生。这是林肯一生中最为深刻的一次教训，让他懂得了任性抨击他人会带来怎样的后果。从此，他学会了在与人相处时，不再为任何事而轻易责备他人。

中国古人也懂得这个处世道理：过于严厉地责备他人，使对方产生怨恨，这就是自己的一大过错。清代学者王永彬曾说，只责备自己，不责备他人，这是远离怨恨的方法。

有一则小幽默：这天丈夫回到家，发现屋里乱七八糟，到处是乱扔的玩具和衣服，厨房里堆满碗碟，桌上都是灰尘……他觉得很奇怪，就问妻子："发生什么事了？"妻子回答："平日你一回到家，就皱着眉头对我说：'一整天你都干什么了？'所以今天我就什么都没做。"

爱好指责就如同爱好发誓一样，实在不是一种好习惯。你会伤害别人也会伤害你自己，别人不舒服你也会不舒服。

有一个比较极端的例子，是《三国演义》里的故事。却说张飞闻知关羽被东吴所害，下令军中，限三日内制办白旗白甲，三军挂孝伐吴。次日，帐下两员大将范疆、张达报告张飞，三日内办妥白旗白甲有困难，须宽限方可。张飞大怒，让武士将二人绑在树上，各鞭五十，打得二人满口出血。鞭毕，张飞手指二人："到时一定要做完，不然，就杀你二人示众！"范疆、张达受此刑责，心生仇恨，便于当夜趁张飞大醉在床，以短刀刺入张飞腹中。张飞大叫一声而亡，时年五十五岁。

张飞的悲剧再深刻不过地说明了：只有不够聪明的人才批评、指责和抱怨别人。卡耐基指出：尖锐的批评和攻击，所得的效果都是零。批评就像家鸽，最后总是飞回家里。我们想指责或纠正的对象，他们会为自己辩解，甚至反过来攻击我们。

和张飞一样，林肯也遇到过一件让他恼火的事。1863年7月，盖茨堡战役展开。敌方陷入绝境，林肯下令米地将军立刻出击攻打敌军。但米地将军迟疑不决，用尽了各种借口，拒绝出击。结果敌军顺利逃跑了。林肯勃然大怒，给米地将军写了一封信，表达了他的极端不满。但出乎常人想象的是，这封信林肯并没有寄出去。在他死后，人们在一堆文件中才发现了这封信。也许林肯设身处地地想到了米地将军当时为什么没有执行命令，也许他想到了米地将军见到信后可能产生的反应，他可能会与林肯辩论，也可能会在气愤之下离开军队。木已成舟，把信寄出，除了使自己一时痛快以外，还有什么作用呢？不要指责他人，并不是说放弃必要的批评。这里的原则是要抱着尊重他人的态度，以对方能够接受的方式来批评。

有一家工厂的老板，这天巡视厂区，看到有几个工人在库房吸烟，而库房是禁止吸烟的。他没有马上怒气冲冲地对工人说："你们难道不识字吗？没有看见禁止吸烟的牌子吗？"而是稍停了一下，掏出自己的烟盒，拿出烟给工人们，并说道："请尝尝我的烟——不过，如果你们能到屋子外边去抽的话，我会非常感谢的。"工人们不好意思地掐灭了手中的烟。

我们责备他人，常常是为了表现自己的高明，有时也有推卸责任的目的。古人讲"但责己，不责人"，就是要我们谦虚一些，严格要求自己一些。

《三国演义》中马谡轻敌失了街亭，害得蜀兵大败，诸葛亮无奈演了一场空城计，才算退了敌军。回到军中，诸葛亮为明正军律，挥泪斩了马谡。对此次失败，诸葛亮并没有处理了马谡就此了事，而是深深自责没有听刘备生前所说的话："马谡言过其实，不可大用。"他自做表文给后主，请自贬丞相之职，并要求属下"勤攻吾之阙，责吾之短"。诸葛亮的为人，值得我们学习。在你又想责备别人时，请马上闭紧自己的嘴，对自己说："看，坏毛病又来了！"这样，你就可以逐渐改掉喜欢责备人的不好习惯。

私怨不入公门

【原文】 私怨不入公门。(《韩非子·外储说左下》)

【大意】 私人怨恨不关公家事务。

这是一句流传至今的名言,它道出了韩非子一种大公无私的思想和为人处世的准则,是韩非思想宝库中的精髓之一。

晋绰公执政时期,有个叫解狐的大夫,是名将解扬的儿子。他为人耿直倔强,公私分明,晋国有个叫赵简子的大夫和他十分要好。

解狐有个爱妾叫芝英,生得貌美体娇,如花似玉,深得解狐的喜爱。可是有人告诉解狐,说他的家臣刑伯柳和芝英私通。解狐不信,因为刑伯柳这人忠诚能干。那人于是决定用计使刑柏柳和芝英暴露原形。

第二天,解狐突然接到晋君旨意,要到边境巡视数月。由于任务紧急,解狐连亲近的幕僚刑伯柳都没带,就匆匆出发了。

真是天赐良机,芝英不由心中窃喜。可是前两天她还不敢去找刑伯柳,到了第三天,她偷偷地溜进了刑柏柳的房间。俩人正在房中卿卿我我、如胶似漆的时候,房门突然大开,解狐满面怒容,带着侍卫站在那儿。原来,他根本没接到命令要去巡边,而是就在附近躲了起来,一接到报告,就马上回府,果然逮了个正着。解狐把俩人痛打一顿,双双赶出了解府。

后来,赵简子领地的国相职位空缺了。赵简子就让解狐帮他推荐一个精明能干、忠诚可靠的国相。解狐想了想,觉得只有他原来的家臣刑伯柳比较合适,于是就向赵简子推荐了他。

赵简子找到刑伯柳后,就任命他为国相,刑伯柳果然把赵简子的领地治理得井井有条。赵简子十分满意,夸奖他说:"你真是一个好国相,解将军没有看错人啊!"刑伯柳这才知道是解狐推荐了自己。他是自己的仇人,却为何要举荐自己呢?也许他这是表明要主动与自己和解吧?于是刑伯柳决定拜访解狐,感谢他不计前嫌,举荐了自己。

刑伯柳回到国都,去访解狐。通报上去后,解狐叫门官问他:"你来,是因为公事还是因为私事?"刑伯柳向着府中解狐住的地方遥遥作揖说:"我今天赴府,是专门负荆请罪来了。刑伯柳早年投靠解将军,蒙将军晨昏教诲,像再生父母一样。伯柳做了对不住将军的事情,心中本就万分惭愧;现在将军又不计前嫌,秉公举荐,更叫我感激涕零。"

门官又为刑伯柳通报上去。刑伯柳站在府门前等候,却久久不见回音。他正在疑惑难解的时候,解狐突然出现在门前台阶上,手中张弓搭箭,向他狠狠射出一箭。他还来不及躲闪,那箭已擦着他耳根,直奔他身后去了。刑伯柳吓出了一身冷汗。解狐接着又一次张弓搭箭瞄准他,说:"我推荐你,那是为公,因为你能胜任;可你我之间却有夺妻之恨,你还敢上我的家门来?再不走,我就射死你!"

刑伯柳这才明白解狐依然对自己恨之入骨,慌忙远施一礼,转身逃走了。

韩非主张"私怨不入公门",解狐居然放过与之有"夺妻之恨"的刑柏柳,这且不算,还要举荐那位"情敌"担当大任,这在一般男儿看来是不可理解的。从这里我们可以看出,解狐在大义面前具有的是何等的胸怀,这种胸怀正是值得我们学习的。

识人识物，需洞若观火

【原文】夫火形严，故人鲜灼；水形懦，人多溺。(《韩非子·内储说上七术》)

【大意】因为火的样子猛烈灼人，所以人人都知道小心谨慎，很少被它烧伤；而水的样子柔和平缓，人们往往会疏忽大意，多致溺水毙命。

过于贪恋功名，是为官者所不取的。因而懂得适时的退更是勇者的智慧所在。接踵而至的好运总是可疑的，比较安全的情况是好运厄运交错而来。历史上立下大功而招致杀身之祸者不计其数，他们不知大局，不识人心，只落个兔死狗烹的下场。

春秋战国时的范蠡在这方面确有不少过人之处。他的智谋和胆略，都为世人所称颂；但更让人佩服的是他识人识心，在功成名就之后，勇于退身而出，避免了在残酷的政治斗争中牺牲自己。

范蠡是楚国宛人，年轻时就显示出不同凡响的才智。为了不苟同于世俗，佯装狂痴，潜心博览群书，探讨济世经邦之策，隐身待时。

勾践即位后，时机来了。该年，大夫文种到宛访求人才，闻得范蠡名声，便亲自前去拜访。起初，范蠡不知文种是否有诚意，于是一再回避。后见文种求贤若渴，于是亲迎文种，二人终日纵论霸王之道，志同道合。文种将范蠡举荐给越王勾践，成为勾践的股肱之臣。

范蠡追随勾践20多年，军国大计多出其手，为灭吴复国立下了汗马功劳，官封上将军。作为一名具有远见卓识的战略家和对人生社会具有深刻洞察力的思想家，凭借他多年的从政经验，深深知道功高震主的道理。灭吴之后，越国君臣设宴庆功，他看到群臣皆乐，唯独勾践郁郁寡欢，立即猜到勾践的想法。勾践在谋取天下之时依靠群臣之力，而今天下已定，他不想把功劳归于臣下。常言道："大名之下，难以久安。"范蠡觉得自己名声太显赫，不可久留于越国，何况他也深知勾践的为人是可以共患难，而难以同安乐，于是，毅然决定急流勇退。他给勾践写了一封告退信，说："我听说主人心忧，臣子就该劳累分担；主人受侮辱，臣子就该死难。从前，君王在会稽受侮辱，我之所以没有死，是为了报仇雪耻。现在仇已报耻已雪，我请求追究使您受会稽之辱的罪过。"

越王对范蠡恋恋不舍，他流着泪说："你一走，叫我倚靠谁？你若留下，我将与你共分越国，否则将身败名裂，妻子被戮。"

范蠡对宦海沉浮，洞若观火。他一语双关地说："君行其法，我行其意。"他不辞而别，驾一叶扁舟，入三江，泛五湖，人们不知其所往。果不出他所料，在他走后，越王封他妻子百里之地，铸了他的金像置于案右，比拟他仍在朝议政。人走了，留下一尊无害的金像，可以崇拜，借此沽名钓誉。但对还留在朝中的功臣，勾践则是另一种态度。

范蠡泛舟江湖，跳出了是非之地，秘密来到齐国。此时，他想到了有知遇之恩，且风雨同舟20余年的文种。他给文种修书一封，写道："物盛而衰，只有明智者了解进退存亡之道，而不超过应有的限度。俗话说，飞鸟尽，良弓藏；狡兔死，走狗烹。越王为人，长颈鸟喙，鹰眼狼步，可以共患难，不可同安乐，先生何不速速出走？"

文种接到信，恍然大悟，便自称有病不再上朝理政，但为时已晚。不久，就有人诬告文种企图谋反，尽管文种反复辩解，也无济于事。勾践赐文种一剑，说："先生教我伐吴七术，我仅用其三就将吴国灭掉，还有四条深藏先生胸中，请去追随先生，试行余法吧。"再看所赐之剑，乃吴王当年命伍子胥自裁之剑，这真是历史的莫大嘲讽。文种一腔孤愤，仰天长叹："我始为楚国南阳之宰，终为越王之囚，后世忠臣，一定要以我为借鉴！"于是自刎而亡。

在权力之战的腥风血雨之中，一招不慎就有可能全盘皆输，甚至招来杀身之祸。如今的生活中，社会的竞争也是非常激烈，要想独善其身，一定要审时度势，洞若观火，否则必会因小失大，甚至一败涂地。

第三章　运用之妙，存乎一心
——韩非子的心计谋略

重视谋略是中国文化的传统智慧，尤其是在百家争鸣、诸侯混战的春秋战国时代，谋略是立身、立国必不可少的手段。韩非子在《存韩》一文中提到："计者，所以定事也，不可不察也。"强调计谋是决定事情成败的关键所在，不能不明察。可见计谋的运用在两千多年前的中国已经十分受重视了，它在韩非子的思想中也占有相当重要的地位。

胜者为王败者寇，阵前不嫌伪诈多

【原文】 繁礼君子，不厌忠信；战阵之间，不厌诈伪。(《韩非子·难一》)

【大意】 多礼的君子，不嫌忠信多，阵前两军作战，不嫌诡诈计谋多。

中国自古以来就有"兵不厌诈"之说，的确，战场上不会有那么多的仁义和道理可讲，胜者为王败者寇，善于使诈的一方才能在战斗中胜出。

1967年6月5日，以色列在美国的支持下，发动了第三次中东战争。为了实现突然袭击的目的，以色列采取了一系列迷惑阿拉伯世界的措施。

6月3日夜晚，适逢周末。刚上任不久的以色列国防部长公开发表讲话，表示没有必要采取军事行动，他说："政府在我上任之前就采取了外交手段。我们一定要在外交上创造解决问题的机会。"为了使人们相信他讲话的真实性，第二天，他就让数千名以色列官兵休假，故意到热闹繁华的场所游玩。同时，星期六的《晨报》都以照片的形式大肆报道这些官兵在海滩和酒吧间游乐的情景。这一切不仅使普通百姓，就连埃及高级将领们都放松了警惕。尽管传言形势已剑拔弩张，但从这一切迹象看来，近期内似乎没有爆发战争的可能。

与此同时，以色列军队也采取一些明修栈道的措施。为了把埃及海军的注意力从地中海吸引到红海方向来，开战前几天，以色列海军装作准备在红海亚喀巴湾为中心的地区实施登陆的样子，在白天大摇大摆地从陆路将4艘鱼雷快艇运往埃拉特。到了晚上，再偷偷地运回原地。第二天，又这样来回运送。让埃及人感到以色列要在红海设置重兵。以色列海军的这一欺骗行动，迫使埃及的两艘驱逐舰从地中海调出，而这两艘驱逐舰在埃及海军兵力中占有相当的分量。

为了使埃及误以为以色列要在西奈南部首先发起进攻，以军还制作了许多假坦克，装出一副要从两个地方展开作战的样子。并且利用这种假象，成功地使埃及人产生了这样一种错误的印象，即以色列主力部队将在战斗打响之后，便会通过孔蒂拉向亚喀巴进攻。与此同时，以色列空军也用同样的计谋麻痹埃及军队，他们增加了对亚喀巴湾和红海地区的空中巡逻。埃及方面信以为真，把第一线的苏制先进战斗机从北部基地转移到了南部基地。

以色列明修栈道的计策收到了明显成效，让埃及人深信他们的所作所为。6月5日7时45分，以色列以封锁亚喀巴湾为借口突然向埃及、约旦、叙利亚等阿拉伯国家发动袭击，他们乘埃军开饭和军官上班前戒备松懈之机，集中使用大批飞机空袭埃及空军基地，将埃及大部分飞机摧毁于地面，尔后又击毁叙利亚、约旦大量作战飞机。接着，出动22个旅的兵力，实施多方面快速突击，仅4天时间就攻占了埃及的西奈半岛、约旦河西岸及耶路撒冷的约旦管辖区、加沙地带和叙利亚的戈兰高地。阿拉伯国家在以军的突然袭击面前显得措手不及，因此损失惨重。这场战争一共打了6天，约、叙、埃被迫同意停火，以色列以伤亡几百人的较小代价，夺占了阿拉伯国家大片土地，使50万阿拉伯人沦为难民。

撇开以色列发动战争的正义与否不说，仅从战术上去分析，我们不能不承认以色列军队指挥者的高明。他们善用明修栈道、暗度陈仓的计谋，巧于应用，天衣无缝，真可谓深谙兵不厌诈的精髓所在。

以色列能够运用明修栈道、暗度陈仓的计谋大败阿拉伯国家，反观这一计谋的发明人诸葛亮更是技高一筹。

在三国时期，能够与诸葛亮称得上对手的可以说只有司马懿，二人经过长期交战彼此非常了解，诸葛亮对司马懿的评价是"仲达知我"。司马懿对诸葛亮的评价是"我不如孔明"。后人概括为"事前诸葛，事后司马"。交战正酣之际，由于司马懿使苟安做反间之计，让他在臣僚中散布诸葛亮有"怨上"的谣言。后主刘禅轻信佞臣之言，生怕诸葛亮自倚大功"篡国"称帝，于是下诏命诸葛亮班师回朝。

尽管诸葛亮深知一定是奸臣小人在搬弄是非，在后主面前挑拨离间，但想来想去，还是决定班师回朝。

这时大将姜维满怀疑虑地问诸葛亮："假如正在我军后退之时，司马懿乘势来攻，将如何是好？"诸葛亮略一沉思，认为姜维的顾虑极为重要，就说："你的担忧是正确的，司马懿一定会在我军退撤之时，向我军展开攻势，这种攻势将对我军十分不利。必须想出好的办法，让司马懿不敢强攻我们。"

姜维疑惑不解："那将如何谋划？"

诸葛亮眉头一皱，计上心来，告诉姜维："我们撤退，要兵分五路，今天先退此营，假如营内一千兵，却要掘二千灶，明天掘三千灶，后天掘四千灶……每日退军，添灶而行。"将军杨仪不解地问道："从前孙膑擒庞涓，是靠减灶之法取胜，今丞相退兵，为什么偏要增灶？"这时诸葛亮说："你只知其一，不知其二。司马懿也算是一个善于用兵的人，今天他若知道我军撤退方向，必然前来追赶；同时他为人又多疑，肯定会怀疑我们在撤退的路上设置伏兵，所以不敢轻举妄动。追我之前，他一定会到旧营里去数灶，见每日增灶，他就不知我们是退还是没退，于是他就不敢纵军猛追。这样我们边增灶，边退军，就能不损一兵一卒达到撤退的目的。"

实践证明，诸葛亮的分析十分正确，司马懿在苟安行计之后，便开始准备趁诸葛亮撤退之时杀他个措手不及。这天，司马懿正在营中筹谋战计，忽报蜀军已人去营空。诸葛亮"走"得如此神速，让司马懿顿生疑窦。他深知诸葛亮多谋善算，所以不敢轻易追击，就亲自带领一百余骑前来蜀营内观察。他把营中的情况看了一遍之后，就命部下把锅灶数个清楚。第二天，他又命令部下去那营中数锅灶。部下数完，回报司马懿："这营中之灶，比昨日又增了一分。"司马懿自鸣得意地对诸将说："果真不出我所料。孔明多谋多计，如今果然是在添锅增灶，我们若轻易追他，必中其计。不如且退，再作良图。"于是回军不追。诸葛亮则没损一兵一卒，回兵成都了。

诸葛亮的高明之处在于他深谙"虚虚实实"的用兵之计，在此基础上，他才敢作出"退兵增灶"的决策。也因为他对司马懿的"为人"了如指掌，真正做到了知彼知己。因此在用兵时，他的思路才会更开阔，想在对手的前面，让对手无法摸清他的真实意图。

在这个故事中，司马懿的所思所行完全没有背离诸葛亮的"思路"。应该说，司马懿绝不是等闲之辈，他对诸葛亮的用计也是心中有数。但诸葛亮的高明就在于他非常清楚司马懿的这一切，所以他能比司马懿想得更远一步，在智慧的较量中，实现了对对手的超越，所谓明争暗斗，大智者胜。

诸葛亮待全军撤出后，当地人向司马懿报道：孔明退兵之时，只见添灶，未见添兵。司马懿捶胸顿足："孔明效虞羽之法，又将我欺瞒一次。在我眼皮底下将兵撤走，其谋略确实高我一筹！"在事实面前，司马懿不得不佩服诸葛亮的神机妙算。这也印证了韩非子那句"阵前不嫌伪诈多"的名言了。

击虚避实，以静制动

【原文】 虚则知实之情，静则知动者正。(《韩非子·主道》)

【大意】 保持虚的状态，就能了解事情的真相；保持静的状态，就能明白正确的行为。

韩非子认为虚和静是相对的，虚的背后是实，静的背后是动。以静制动一直以来都是反败为胜的法宝，尤其是在刀光剑影、暗流汹涌的古代官场更是如此。

丁谓是宋真宗时有名的奸相，真宗时官升三司使，加枢密院学士，多才多艺，通晓诗、画和音律，正因为有才，而被宋真宗重用，同时被宰相寇准推荐为参知政事，做寇准的副手。

丁谓是一个狡猾过人、趋炎附势的奸诈小人。

当寇准任宰相的时候，丁谓为了得到寇准的推荐和提携，对寇准十分恭顺。但有一次曾当众给寇准擦拭胡须，而遭到寇准的奚落，从此他便怀恨在心。由于他的权位已与寇准不相上下，既然寇准不给面子，丁谓便联合了一帮人开始对寇准进行陷害和排挤。有一次丁谓对宋真宗说："寇准与内外大臣勾结，构成了一个人多势众的朋党；他的女婿又在太子身边为官，谁不怕他？如今朝廷大臣，三成有两成都依附于寇准。"丁谓无中生有地提醒宋真宗防备寇准专权。

天禧四年（公元1020年），宋真宗患病不能理政，皇后刘氏开始干预朝政。因寇准过去曾铁面无私惩治了刘皇后的不法亲戚，刘皇后心里恼怒万分，现在自己执掌权柄，自然要乘机报复。丁谓见有机可乘，便串通刘皇后到真宗跟前诬告，说寇准想挟太子夺权，要架空皇上。于是真宗将寇准免职，并把丁谓升为宰相。

丁谓大权在握以后，便找茬儿将寇准贬了官，发落到外地任职，想要他远离京师，永无还朝的机会。

丁谓本身就是一个厚黑之士，他的两大绝招可谓将厚黑术发挥到了极致。一个绝招是把仁宗孤立起来，不让他和其他的臣僚接近，文武百官只能在正式朝会时见到仁宗。朝会一散，各自回家，谁也不准留下单独和皇上交谈。第二个绝招是排除异己。凡是稍有头脑，不附和丁谓的执政大臣，一律被他扣上一个罪名，从朝中赶走，所以朝廷中对一切军国大事总是以丁谓的意志为转移。舆论一色，政见一致，似乎安定团结得很。丁谓则高踞于权势的顶峰，自以为稳如泰山，从此可以高枕无忧。然而，邪不胜正，就是这样一个厚黑之士最终遭到了应有的惩罚。

参知政事王曾虽身居副宰相之位，却整天装作迷迷糊糊的憨厚样子，在宰相丁谓面前总是唯唯诺诺，从不发表与丁谓不同的意见，凡朝中政事，只要丁谓所说，一切顺从，从来不予顶撞反对。朝会散后，他也从不打算撇开丁谓去单独谒见皇上。日子久了，丁谓对他越来越放心，以至毫无戒备。

一天，王曾伤心地向丁谓说："我有一件家事不好办，很伤心。"丁谓关心地问他啥事为难。他撒谎说："我从小失去父母，全靠姐姐抚养，得以长大成人，恩情有如父母。老姐姐年事已高，只有一个独生子，在军队里当兵。身体弱，受不了当兵的苦，被军校打过好几次屁股。姐姐多次向我哭泣，求我设法免除外甥的兵役……"

丁谓说："这事很容易办吧！你朝会后单独向皇上奏明，只要皇上一点头，不就成了。"

王曾说："我身居执政大臣之位，怎敢为私事去麻烦皇上呢？"

丁谓笑着说："你别书生气了，这有什么不可以的。"王曾装作犹豫不决的样子走了。过了几天，丁谓见到王曾，问他为什么不向皇上求情。王曾怯懦地说："我不便为外甥的小事而擅自留身……"丁谓爽快地回答他："没关系，你可以留身。"王曾听了，非常感激，而且还滴了几点眼泪。

第二天大清早，文武百官朝见仁宗和刘太后以后各自回家，只有副宰相王曾请求留身，单独向皇上奏事。宰相丁谓当即批准他的请求，把他带到太后和仁宗面前，自己退了下去。不过，丁谓心里还是有点不太放心，便守在阁门外不走，想打听王曾究竟向皇上讲了一些什么话。

王曾一见太后和仁宗，便大力揭发丁谓的种种罪恶，力言丁谓为人"阴谋诡诈，多智数，变乱在顷刻。太后、陛下若不亟行，不惟臣身粉，恐社稷危矣"。一边说，一边从衣袖里拿出一大沓书面材料，都是丁谓的罪证，这些都是王曾早就准备好了的，一件件当面呈给刘太后和宋仁宗。太后和仁宗听了王曾的揭发，大吃一惊。刘太后心想："我对丁谓这么好，丁谓反要算计我，真是忘恩负义的贼子，太可恨了！"她气得三焦冒火，五内生烟，下决心要除掉丁谓。至于仁宗呢？他早就忌恨丁谓专权跋扈。只是丁谓深得太后的宠信，使他投鼠忌器，不敢出手。而且自己被丁谓隔绝，没法了解朝中的情况，摸不到王曾等人的底，感到孤立无援。今天和王曾做了沟通，又得到太后的支持，自然更不会手软。

王曾在太后和仁宗面前整整谈了两个时辰，直到吃午饭的时候还没完。丁谓等在阁门外，见王曾很久不出来，意识到王曾绝不是谈什么外甥服兵役的问题，肯定是谈军国大政。他做贼心虚，急得直跺脚，一个劲儿地暗自埋怨自己："上当了！""太大意了！""来不及了！"当王曾来到阁门外遇见丁谓时，丁谓恶狠狠地瞪了王曾一眼。王曾笑嘻嘻地向他拱手致意，他不睬不理，怒气冲冲地走了。但此时的丁谓已根本没有向皇上和太后辩解的机会，被仁宗一道旨意流放到了偏僻荒凉的崖州。

王曾用以虚避实、以静制动的做法斗败了丁谓这个小人，其心计谋略不可谓不高。

计谋是决定事情成败的关键之一

【原文】 计者，所以定事也，不可不察也。（《韩非子·存韩》）

【大意】 计谋，是决定事情成功与否的手段，不能不明察。

韩非子作为法家思想的代表人物，自然是非常推崇铁腕治国的，但他也强调了计谋的重要性，认为计谋是决定事情成功与否的条件之一。两千多年前的韩非子开创了中华"谋略文化"的先河，在后来的岁月里，一代"智圣"诸葛亮又将其发挥到极致。

诸葛亮是中国古代智慧和道德的化身，关于他的故事在民间广为流传。就是这样一位被民间神化了的人物，也曾经用"无中生有，移花接木"之术，鼓动三寸不烂之舌，将东吴大将周瑜说得心服口服。

三国时诸葛亮入东吴商量孙刘联合抗曹，后来的赤壁之战的胜利便是这次会谈的结果，要想说服东吴抗曹，首先必须要说服东吴的实权派人物周瑜。

一天晚上，鲁肃引诸葛亮会见周瑜。鲁肃问周瑜："如今曹操驱兵南侵，是战是和，将军欲如何？"周瑜说道："操挟天子以令诸侯，难以抗命。而且，兵力强大，不可轻敌。战则必败，和则易安。我的意见和为上策。"鲁肃大惊道："将军之言错啦！江东三世基业，岂可一朝白白送给他人？"周瑜说道："江东六郡，千百万生命财产，如遭到战祸之毁，大家都会责备我的。因此，我决心讲和为好。"诸葛亮听完东吴文武两大臣的一段对话，觉得周瑜若不是抗曹的决心未定，也是一种有意试探。此时如果不另辟蹊径，只是讲一通吴蜀联合抗曹的意义，或是夸耀周瑜盖世英雄，东吴地形险要，战则必胜的道理，肯定不会奏效。于是，他巧用周瑜执意求和的"机缘",无中生有地编出一段故事,来激怒周瑜。

诸葛亮说道:"我有一条妙计,只需差一名特使,驾一叶扁舟,送两个人过江,曹操得到那两个人,百万大军必然卷旗而撤。"周瑜急问是哪两个人。诸葛亮说道:"曹操本是一名好色之徒,打听到江东乔公有两位千金小姐,大乔和小乔,长得美丽动人,曹操曾发誓说:我有两个志向,一是要扫平四海,创立帝业,流芳百世;二是要得到江东二乔,以娱晚年。目前曹操领兵百万,直逼江南,其实就是为乔家的两位千金小姐而来的。将军何不找到乔公,花上千两黄金买到那两个女子,差人送给曹操?江东失去这两个人,就像大树飘落一两片黄叶,如同大海减少一两滴水珠,丝毫无损大局;而曹操得到两人必然心满意足,欢欢喜喜班师回朝。"周瑜说道:"曹操想得二乔,有什么证据可说明这一点?"诸葛亮答道:"有诗为证。曹操的小儿子曹植,十分会写文章,曹操在漳河岸上建造了一座铜雀台,雕梁画栋,十分壮丽,并挑选许多美女安置其中,又令曹植作了一篇《铜雀台赋》,文中之意就是说他会做天子,立誓要娶'二乔'。"周瑜问:"那篇赋是怎么写的,你可记得?"诸葛亮说道:"因为我十分喜爱赋中文笔华丽,曾偷偷地背熟了。"周瑜请诸葛亮背诵。诸葛亮背诵道:"从明后以嬉游兮,登层台以娱情……临漳水之长流兮,望园果之滋荣。立双台开左右兮,有玉龙与金凤。揽'二乔'于东南兮,乐朝夕之与共……"

周瑜听罢,勃然大怒,霍地站立起来指着北方大骂道:"曹操老贼欺我太甚!"诸葛亮表面上是急忙阻止,其实是火上浇油,说道:"都督忘了,古时候单于多次侵犯边境,汉天子许配公主和亲,你又何必珍惜民间的那两个女子呢?"周瑜说道:"你有所不知,大乔是孙策将军夫人,小乔就是我的爱妻!"诸葛亮装作失言请罪道:"真没想到这回事,我真是胡说八道了,该死该死!"周瑜怒道:"我与曹操老贼势不两立!"诸葛亮却故作姿态地劝道:"请都督不可意气用事,望三思而后行,世上绝无卖后悔药的!"周瑜说道:"承蒙伯符重托,岂有屈服曹操之理?我早有北伐之心,就是刀架在脖子上,也不会变卦的。劳驾先生助我一臂之力,同心合力共破曹操。"于是孙、刘结成抗曹联盟,赢得了赤壁之战的重大胜利。

诸葛亮的一番"移花接木""牵强附会"之说为什么能够成功？这里主要是基于以下二点：第一，"乔"姓古时本就写作"桥"，后来才改作"乔"的，把原赋中两条桥的简称"二桥"，曲解为大乔和小乔以简称"二乔"是很容易收到诸葛亮有意"牵强"、周瑜无意"附会"的效果的；第二，诸葛亮十分了解人对爱情的极端自私性，夺妻之恨有时会胜于灭国之耻，况且周瑜本来就是个度量小的将军。诸葛亮看准机会，编造这一段无中生有的谎言刺激周瑜，果然产生了巨大的效果。可见韩非子的"计者，所以定事也，不可不察也"确实寓意深刻，揭示了一个永恒不变的胜负规则。

做人要懂得进退之道

【原文】 夫智者，知祸难之地而辟之者也，是以身不及于患也。(《韩非子·难二》)

【大意】 有智慧的人，知道在灾祸危难来临前避开它们，所以不会遭受祸患。

古代的官场从来都是暗礁丛生的地方，稍不注意便会翻船落水，葬身"鱼腹"。因此，身在其中的人一定要懂得进退之道，知道在灾祸危难来临前避开它们，这样才能保全自己，谋得发展。

醇亲王奕��是清咸丰帝的弟弟，他的福晋（即夫人）是慈禧太后的亲妹妹，因此，他不仅是慈禧太后的小叔子，又是其妹夫，在当时是赫赫有名的七爷。

奕��年轻时曾热衷于清廷内部权力的争斗，他在热河时就与慈禧太后联合在一起，秘密准备发动政变、惩处肃顺等顾命八大臣的谕旨，回到北京随慈禧太后、六哥恭亲王奕䜣发动"辛酉政变"后，又带领军队夜抵密云捕捉肃顺，为慈禧太后上台垂帘听政立下了汗马功劳，被授以都统、御前大臣、领侍卫内大臣。但是，不久以后他就看到清廷内部权力斗争的残酷无情，特别是比他功劳更大、地位更高的奕䜣，曾因小过险遭罢斥之祸之后，奕��的处世态度顿时大为改变，时时事事谦恭谨慎。他特意命人仿制了一个周代的欹器，这个欹器若只放一半水，就可以保持平衡，若是放满了水，则会倾倒，使全部的水都流失掉。奕��便在欹器上亲自刻了"谦受益，满招损"的铭词。

1874年，同治帝驾崩，无子嗣，慈禧太后召集王公大臣等宣布欲立奕谭的儿子载湉为皇帝。听到自己的儿子被选立为皇帝，奕譞不但没有丝毫的兴奋，反而被吓得昏倒在地，抱头痛哭，被人搀扶而出。奕譞深知慈禧太后气量褊狭，待人凶狠无情，就是她的亲生儿子同治帝也时常遭慈禧的责骂虐待，自己儿子一旦为帝，如入虎穴，不但儿子时刻有忤旨杀身之祸，就连他本人也难免为慈禧太后所疑忌。因为他的儿子做了皇帝，他本人就成了"皇帝本生父"了，本生父虽然与太上皇不同，但如果将来他的儿子大权在握，就有可能把他尊为太上皇，这就会损害慈禧太后的权力，而慈禧太后恰恰权力欲望非常炽烈，这是她万万不能容忍的。为了远避嫌疑，表明自己的心迹，奕譞一面言辞悲悯地恳请罢免一切职务，表示要"丧尽余生，与权无争"；一面秘密地向慈禧太后呈递奏折说，将来很可能有人利用他是皇帝本生父的特殊地位，援引明朝皇帝"父以子贵，道遭所尊亲"的例子，要求给他加些什么尊号，如果是这样的话，就应该将提倡建议的人视之为"奸邪小人，立加摒斥"。

奕譞这种远见和深刻的洞察力果然得到了验证，光绪帝继位的第十五年，有一个官员上疏清廷，请求尊奕譞为"皇帝本生父"。慈禧太后见疏大怒，拿出奕譞以前的奏折为武器下谕痛斥此人以邪说竞进，风波很快便平静了下去。

在我国的封建专制制度之下，伴君如伴虎，尤其是像奕譞这样具有皇帝生父特殊身份的人，更容易遭到慈禧太后的猜忌，稍有不慎，就会大祸临头。奕譞谦虚谨慎，不因自己有功而大肆宣扬，也不以自己是皇帝的生父而沾沾自喜，他做人低调，处事谨慎，适当的时候懂得夹起尾巴做人，不但保全了自家的性命，而且还赢得了慈禧太后的欢心。

见人所未见，思人所未思

【原文】 以管仲之圣而隰朋之智，至其所不知，不难师于老马与蚁。（《韩非子·说林上》）

【大意】 管仲和隰朋都是古代齐国的将相之才、智慧之士，当他们碰到难题时，能够从老马和山蚁的习性中得到有益启发，从而摆脱困境。

人的思维大概可以分为惯性思维和另类思维，惯性思维人人都有，而另类思维却多是智慧之士才拥有，拥有另类思维的人无疑会成为这个社会的强者。管仲和隰朋都能够从细微之处得到启发，其经验和智慧确实非同一般。我们如果想成为这个社会的强者，就必须有超出常人的心机和智慧，见人所未见，思人所未思，真正领悟了韩非子智慧的精髓所在。

澳大利亚的一位中年妇女和丈夫闹离婚，她在法庭上向法官哭诉道："我20岁嫁给他时，他曾指天向我发誓，再也不和第三者来往了。可是，结婚还不满一周，他便偷偷摸摸到运动场幽会去了。我警告他，他听不进去，我忍气吞声地过了20余年，如今他已50多岁了，照旧迷恋那个可恶的妖精。近来他无论白天黑夜，幽会次数越来越多，不管怎样劝阻都要去运动场与那第三者见面。"在场旁听群众闻之无不为之动容。

法官问她："第三者是谁？"她气愤但却直爽地说："第三者就是家喻户晓的足球。"法官对她的讼词啼笑皆非，只得加以劝说道："足球不是人，你只能控告生产足球的厂家。"哪知这位中年妇女果然又向法庭控告一年生产足球20万只的宇宙足球厂。更出人意料的是，宇宙足球厂居然极愿赔偿她孤独费10万英镑，轻易地让这位太太在法庭上大获全胜。

怎么会是如此结局呢？原来，宇宙足球厂老板抓住这一机会，通过新闻媒介大肆宣传。他对记者说："这位太太与其丈夫闹离婚，正说明我厂生产的足球魅力所在。而且,她的控词为我厂做了一次绝妙的广告。"宇宙足球厂产品销量因此剧增,压倒同行大获其利。

承受了莫须有的罪名,损失了10万英镑的资金,但却赢得了良好的公共关系,获得了更大的收益。从以上可以看到,这种打破常规的思维方式的确非一般人能做到。

19世纪中叶,美国加州发现金矿的消息在迅速传播着。人们都认为这是个发财的大好时机。一时间,很多人纷纷奔赴加州去淘金,形成了一股壮观的淘金热潮。卡尔是个年轻的聪明小伙子,但家庭贫困。于是,为了能挣到大钱,他也加入了这支庞大的淘金热的队伍。他历尽艰辛赶到加州,可经过一段时间,他也同多数人一样,没能挖到一两金子。淘金梦是绚丽的,山谷旷野中艰苦的生活却难以让人忍受。尤其是气候干燥、水源奇缺,让寻找金矿的人尝尽了无水喝的痛苦滋味。许多人一边寻找金矿,一边不停地抱怨:"谁让我喝一壶凉水,我愿给他一块金币。""谁让我痛饮一顿,挨千刀杀的才不给他两块金币!""我出三块金币!"

这些人发完牢骚又埋头挖掘起金矿来,而卡尔却陷入了沉思。经过思量权衡,他毅然放弃了找金矿,将手中的铁镐由掘金矿变成挖水渠。他从远方将河水引进水池,经过细沙过滤,成为清凉可口的饮用水。然后将水装在桶里,运到山谷,一水壶一水壶卖给找金矿的人们痛饮。当时有人嘲笑他胸无大志:"千辛万苦跑到加州来,不去挖金子发大财,却干这种蝇头小利的生意。这种小买卖在哪里不能干,何苦老远跑到这里来?"卡尔为此毫不介意,继续卖他的饮用水。结果许多人深入宝山最后却是空手而归,有些人甚至忍饥挨饿,流落异乡,而他却在很短的时间内靠卖水赚到600美元,这在当时这已是一笔相当可观的财富了。

卡尔的"弃金卖水"给予我们什么样的启示呢?卡尔"舍本求末"的选择,看起来有点傻,其实这正是卡尔比别人聪明之处,也可以说是对"公众需求"的一种选择。谁不想挖到金子,但又非人人都能挖到金子。然而客观自然条件——酷热缺水,造成人人都急需在挖金时得到水,却是必然的趋势。卡尔突破常规思维"小生意在哪里不能干"的格局,一举获得成功,这正是他的智慧之所在。

以物治物，有胜即为大

【原文】 且夫物众而智寡，寡不胜众，智不足以遍知物，故因物以治物。(《韩非子·难三》)

【大意】 事物众多而智慧太少，少不能胜多，智慧不足难以普遍了解事物，因此应当依靠事物去治理事物。

"以物治物"算是韩非子思想里比较特殊的一点了，这一思想扩展开来，便拥有了许多奇妙的用处，其中在官场的争斗更是如此。

中国封建社会的官场斗争从很大程度上讲就是阴谋诡计的大争斗，阴谋诡计并不是奸臣贼子的专利，很多忠臣对此也用得极为纯熟，他们所共同奉行的游戏规则是"不管阳谋还是阴谋，只要能胜就是好谋"，"好谋"当然就是顺应以物治物规律的谋略。

晏婴（公元前578—前500年），字平仲，即后世所说的晏子，齐国夷维（今山东高密）人，出身齐大夫之家，为春秋战国时出色的谏臣和外交家。

晏子在齐国可以说是大名鼎鼎，这个其貌不扬、身材矮小的宰相才智非凡，他不仅为后人留下了一部《晏子春秋》，还因善于劝谏齐王而名垂千古，他屡次出使外国，皆能不辱使命，为国扬威，称得上贤相。但就是这么一位"正人君子"，在与奸佞斗法时也少不了搞阴谋。

当时，齐国有田开疆、古冶子、公孙捷三个勇士，他们以勇猛无敌而闻名于齐国，也颇受齐国国君齐景公的宠爱。这三人因为英雄相惜而结为异姓兄弟，自诩为"齐国三杰"。他们自恃有功，横行霸道，目中无人。有一次，已任齐国宰相的晏子在路上与之相遇，他们连个招呼也不打，甚为傲慢。甚至在齐景公面前，他们也以"你我"相称，无礼到这种地步，景公内心自然不悦。这时，奸臣陈无宇等正在阴谋篡位夺权，见此三人威猛无比，又头脑简单，便设法收买过去，以相机行事，图谋篡乱。

晏子深知如果让这种恶势力日益扩大，必成后患，便乘机对齐景公说："我认为贤明君主手下的将官，应该明白君臣的礼节，懂得上下的规矩。这样，在国内才可以禁住暴乱，对外可以阻挡敌人。上面给他奖赏，下边也服气。可如今公孙捷、田开疆、古冶子三人，对上不讲君臣礼仪，对下没有尊长曲范之德，对内不能用来禁止暴虐，对外不能用以拒敌，因而，他们实在是危于国家安全之人，莫如趁早除掉。"齐景公也早已对这三人深为痛恨，只是忌惮于三人功勋卓著，在齐国国内素有威名，如果贸然下罪，很可能会产生动乱，才不敢治其罪，这时晏子正好来劝谏，他就顺水推舟，全权交给晏子处理。

过了一段时间，鲁昭公到齐国访问，齐景公想趁此机会发动外交攻势，让鲁国脱离和晋国的联盟而与齐国结盟，所以，齐景公隆重地接待了鲁昭公。在宴会上，鲁昭公让叔孙舍做相礼，齐景公就让晏子做相礼。齐景公的旁边站着三个铁塔般的勇士，正是"齐国三杰"。

晏子一直在想怎样除掉这三人，却苦无机会，这下他豁然开朗，计上心来，便他对景公说："主公种了几棵稀有的桃树，今年该结桃子了，我想去看看，摘几个桃子来给二位君主尝尝鲜，不知可否？"景公同意了，晏子就请求自己去摘桃子。

晏子只摘来了六个桃子，对景公说："桃子未熟，只此几个。"并行酒令，把桃子献到鲁昭公和齐景公的面前说："桃大如斗，天下稀有，君王吃了，千秋同寿。"鲁昭公和齐景公一人吃了一个。晏子和叔孙舍相互推赞，都说对方辅佐君主有功，也各吃了一个。这样，就只剩下了两个桃子。晏子对齐景公说："现在还剩下两个桃子，我想不如让下面的大臣各说自己的功劳，谁的功劳大谁就吃桃子。"齐景公同意了，晏子就传下令去，让下面侍立的大臣各表功劳。

站在齐景公近处的三勇士性子最急，其中公孙捷向前走出一步说："在桐山打猎时，冲出了一只老虎，直向主公扑来，是我打死了老虎，救了主公的命，应该说功劳不小吧？"晏子说："你救了主公的命，确实功劳不小，应该吃一个桃子。"晏子就请景公赏了他一个桃子、一杯酒，公孙捷拜谢退下。

这时古冶子上前一步说道："打死老虎算什么？我跟主公渡黄河的时候，一头大鳄鱼咬住了主公的马，是我和那鳄鱼拼死搏斗，杀死了鳄鱼，才救了主公的马。"齐景公插言说："要不是古冶子，别说我的马，就是我的命也保不住了。"晏子一听，忙让齐景公赏给古冶子一颗桃子和一杯酒。古冶子吃了酒，吃了桃子，拜谢而退。

另一位勇士田开疆一看两个桃子被前两个人吃光了，气得大声嚷嚷："打死老虎、杀掉鳄鱼算什么，主公让我去打徐国，我杀死了徐国的大将，俘虏了五百敌人，连郯国和莒国都归附了我们，这样的功劳算不算大呢？与他们相比如何？凭我的功劳，能否吃到一个桃子呢？"

晏子在一旁添油加醋地说："开疆拓土，比杀虎斩鳄的功劳要大，只是桃子已经吃完，就让主公赏你一杯酒吧！"

齐景公也说："要论功劳，数你最大，可惜说得晚了！"

田开疆十分生气地说："我为国争光，帮主公打败敌国，反倒不如个杀虎斩鳄的人，还站在这里丢什么脸哪！"说完，拔剑自刎了。

公孙捷说："我凭这么点功劳，竟也抢桃子吃，想想真是脸红，我也不活了！"说完，也拔剑自刎而死。

古冶子大叫道："我们三个人是生死兄弟，你们俩死了，我还能活吗？"说完，也拔剑自刎了。

这就是中国历史著名的"二桃杀三士"的故事，晏子不动一刀一枪，就不露痕迹地杀了三个人，不仅展现了他高深的斗争智慧，更为后世留下了这样一条斗争策略：谋定而后动，谋无正邪，有胜乃大！

巧诈不如拙诚

【原文】巧诈不如拙诚。(《韩非子·说林上》)

【大意】智巧、诈伪比不上笨拙、诚实。

韩非子的一句"巧诈不如拙诚"流传千古，但其内涵却远非字面上表达的意思能够囊括。

公元前350年，商鞅积极准备第二次变法。

商鞅将准备推行的新法与秦孝公商定后，并没有急于公布。他知道，如果得不到人民的信任，法律是难以施行的。为了取信于民，商鞅采用了这样的办法。

这一天，正是咸阳城赶大集的日子，城区内外人声嘈杂，车水马龙。

时近中午，一队侍卫军士在鸣金开路声引导下，护卫着一辆马车向城南走来。马车上除了一根三丈多长的木杆外，什么也没装。有些好奇的人便凑过来想看个究竟，结果引来了更多的人，人们都弄不清是怎么回事，反而更想把它弄清楚。人越聚越多，跟在马车后面一直来到南城门外。

军士们将木杆抬到车下，竖立起来。一名带队的官吏高声对众人说："大良造（商鞅）有令，谁能将此木搬到北门，赏黄金10两。"

众人议论纷纷。城外来的人问城里人，青年人问老年人，小孩问父母……谁也说不清是怎么回事。因为谁都没听说过这样的事，有个青年人挽了挽袖子想去试一试，被身旁一位长者一把拉住了，说："别去，天底下哪有这么便宜的事，搬一根木杆给10两黄金，咱可不去出这个风头。"有人跟着说："是啊，我看这事弄不好是要掉脑袋的。"

人们就这样看着、议论着，没有人肯上前去试一试。官吏又宣读了一遍商鞅的命令，仍然没有人站出来。

　　城门楼上，商鞅不动声色地注视着下面发生的这一切。过了一会儿，他转身对旁边的侍从吩咐了几句。侍从快步奔下楼去，跑到守在木杆旁的官吏面前，传达商鞅的命令。

　　官吏听完后，提高了声音向众人喊道："大良造有令，谁能将此木搬至北门，赏黄金50两！"

　　众人哗然，更加认为这不会是真的。这时，一个中年汉子走出人群对官吏一拱手，说："既然大良造发令，我就来搬，50两黄金不敢奢望，赏几个小钱还是可能的。"

　　中年汉子扛起木杆直向北门走去，围观的人群又跟着他来到北门。中年汉子放下木杆后被官吏带到商鞅面前。

　　商鞅笑着对中年汉子说："你是条好汉！"随即拿出50两黄金，在手上掂了掂，说："拿去！"

　　消息迅速从咸阳传向四面八方，国人纷纷传颂商鞅言出必行的美名。商鞅见时机成熟，立即推出新法。第二次变法就这样取得了成功。

　　商鞅为了取得秦国民众的信任，不惜出此妙计来宣扬自己的言出必行，的确是棋高一着。

第四章　得人才者得天下
——韩非子的人才观

"得人才者得天下",这句话无论是过去、现在还是将来,永远不会过时。中国过去讲"千军易得,一将难求",可见人才对于一个国家的意义所在。韩非子的人才观由于受时代的局限,更多地体现在服务国君上,但对于现代人来说,依然有着很大的启发。

给下属以足够施展才华的机会

【原文】 夫物者有所宜,材者有所施,各处其宜,故上无为。(《韩非子·扬权》)

【大意】 万物各有适合的用处,才能有施展的地方,各处在自己的位置上,领导者就可以无为了。

韩非子认为,真正的人才不会是百依百顺的奴才,很多时候他们是偏才、怪才,他们大多有着强烈的自我意识和创造力。这时,如果领导者能够合理地引导他们,给他们施展自己才华的机会,那么对于彼此来说是再好不过的事情了。

给有个性的人以施展才华的机会,他便有可能还你一个惊喜。邹文怀对李小龙的发掘便是一个很好的例子。

20世纪70年代以前,香港电影界由邵逸夫的邵氏公司一统天下,无人能撼动其霸主地位。从70年代初开始,邹文怀的嘉禾公司异军突起,与邵氏一争天下。

邹文怀的成功之处在于善于发现人才,而正是一位传奇人物的加盟,挽救了嘉禾,成就了邹文怀,也成就了他自己。这位传奇人物不是别人,他就是武术明星李小龙。

邹文怀原籍广东省潮州市,毕业于上海著名的教会大学圣约翰大学新闻系,曾做过上海一家英文报纸的记者。1949年他来到香港,继续做英文报纸记者,当时月薪为60港元。一年半后他转到"美国之音"驻港机构工作,享受香港记者同行最优厚的待遇,这样一待就是七年。

由于邹文怀精通英语、吴语、粤语,又擅长宣传策划,后来被邵逸夫挖去负责宣传工作。

1970年4月，邹文怀带着他的几个亲信离开邵氏，自立门户创办嘉禾影业公司。原先有一批导演和演员，准备在嘉禾筹备停当后加盟，邵逸夫闻之立即给他们加薪，结果真正肯效力嘉禾的只有三四个导演和演员。

由于势单力薄，创业之初嘉禾备受歧视，当初答应投资的台湾富商也临阵退却。邹文怀大旗已经扯起来了，一时处在骑虎难下的地步。影业圈的人认为，邹文怀无财力，又要面对邵氏的封杀，因此嘉禾肯定成不了气候。

邵氏方面放出风来：谁为嘉禾拍片，再红邵氏都不会再用。香港的演员谁敢得罪邵氏？谁不为自己的饭碗和前途而考虑呢？邹文怀处在逆境中，对跟他过来的三四个导演和演员十分感激，没有他们那他就成了光杆司令，根本开展不了拍片工作。

邵氏的封杀激起了邹文怀的斗志，他立誓要杀出一条路来给"老东家"看看！因为没资金，他就率先在香港影业引进制片人制度。制片人制度兴起于20世纪60年代的美国，其核心是谁投资谁受益；既可独资，也可合资。这一制度的引进，缓解了经费紧张的矛盾。

邵氏公司明星如云，而当时嘉禾只有一个男明星，这就是与邵氏反目的武打演员王羽。按嘉禾当时的财力，只能拍一些小成本影片。缺乏大制作，这些影片大都业绩平平。直到李小龙的加盟，才真正使嘉禾摆脱困境，从此走向辉煌。

李小龙是广东顺德人，从小生长在香港，是个少年武术迷。18岁那年他赴美留学，先后在西雅图和洛杉矶开武馆。他的武艺高强，在西方掀起了中国功夫热。李小龙还喜欢拍电影，渴望做好莱坞动作明星。但他怀才不遇，只在影视中做过男二号和一些跑龙套的角色。

通过朋友牵线，邵氏公司与李小龙都有了合作意向。双方在一起谈条件，李小龙开出每部片酬一万美元的价格。当时邵氏公司的一些大明星，每部片酬也只有五六千港元（约合1000美元），邵氏认为李小龙漫天要价，他只肯出2500美元。邵氏吩咐手下人，叫李小龙自己先来，一切再作安排。言下之意，来不来由你！此举激怒了李小龙，他宣布不与邵氏合作。

邹文怀慧眼识珠，立即指示在美国的女干将刘亮华前往游说李小龙。嘉禾开出7500美元的片酬，虽低于李的1万美元，但大大高于邵氏。尽管这个片酬不及好莱坞配角的片酬，但李小龙从中看出了邹文怀的诚意，答应了邹文怀。

1971年夏，嘉禾与四维公司合作，由李小龙主演的《唐山大兄》在泰国开机。拍片的双方投入了40万港元，若不成功，嘉禾与四维就只有关门倒闭一条路。李小龙脾气不太好，拍片时老与导演发生分歧，邹文怀一直当"和事佬"。

同年10月，《唐山大兄》在港首演，没想到竟一炮打响！当时一部影片首映一轮的票房收入达到100万港元，就算是非常成功的卖座影片，可《唐山大兄》在香港首轮连映三个星期，创下350万港元的全港影院票房最高纪录！李小龙凭此影片，一夜成为大明星。

李小龙主演的第二部功夫片《精武门》，创下400万港元的本地首轮票房纪录。为了笼络这匹"野马"，邹文怀让他自编自导自演第三部影片《猛龙过江》，结果该片创下450万港元的票房纪录。这三部功夫片还发行到东南亚、中国台湾、日本等地，为嘉禾带来巨大的声誉和收益。

正当邵氏"大跌眼镜"时，嘉禾与李小龙和美国华纳兄弟公司联合拍摄李小龙主演的又一力作《龙争虎斗》，该片仅在美国一地的票房收入就高达300万美元之巨，而全部投资才花了80万美元。

嘉禾靠李小龙这个牌子不断推出卖座影片，收益猛增，直撼老牌邵氏公司。

靠李小龙渡过了危机后，邹文怀的嘉禾不断发展，逐渐取得了与邵氏平分秋色的地位。1993年嘉禾推出《忍者龟》续集，创下7亿港元的收入。嘉禾便逐渐取代了邵氏公司的地位，成为业界执牛耳的企业。

邵氏公司因为李小龙的恃才傲物而弃之不用，使他的对手嘉禾获得了个机会，从而使自己在竞争中处于下风，只能是叫苦不迭，又徒叹奈何了。

以恰当的方法去使用人才

【原文】任人以事，存亡治乱之机也。无术以任人，无所任而不败。（《韩非子·八说》）

【大意】选任人去处理事情，是存亡治乱的关键。不掌握方法而随便用人，没有一次是不失败的。

常言道："千军易得，一将难求。"人才是企业发展的决定性因素。作为一个上司，一个领导者，最重要的就是有一双发现人才的"慧眼"，发现以后还得善于使用，做到这两点，便真是"得人才者得天下"了。

人是世界上最难把握、最难识别的动物。要学会识别人才，首先要破除门户之见，把自己的好恶降到最低程度，同时也不能仅凭着与自己的亲疏恩怨来选择人才。这一点，说起来容易，做起来却很难。因为人毕竟是有自己感情的，有时候要做出有违于自己情感的选择其实是很难的。

作为一位成功的企业领导者，就必须树立起一个观念：一个成功的企业绝不是你一个人就能创建的。无论你是一个技术天才，还是一个管理天才，你都不可能仅凭着自己的单枪匹马去创立一个一流的企业，你必须求助于你的助手、你的下属、你的员工以及其他专家等。

根据许多成功者的经验，在创业之初，往往创业者个人的技术素质或是营销技巧是最为重要的。但随着企业的不断发展壮大，你的创业能否取得更大的成功，很大的程度上取决于你鉴别人才、使用人才、激励人才的能力。一个人，只有成功地利用别人的智慧和才干，才能成就伟大的事业。

1957年9月，在日本东京至大阪铁路间的千林车站附近，有一家面积约50多平方米，全店只有13名店员，以经营医药和销售食品为主的，名为"大荣"的小商店诞生了。

15年之后，由于老板经营得法，生财有道，这家商店的年营业额已经超过了1000亿日元，一跃成为日本零售业销量最大的公司。1980年，首创年销售额100万亿日元的新纪录；而到了1999年，这家商店已经登上了日本零售业的王位，并在世界商业零售业中颇有名气。

创造出这样奇迹的人，就是日本大荣股份有限公司的创始人、后来任该公司董事长的中内功先生。在日本，中内功被誉为"超级商人""流通革命的旗手"。

中内功成功的主要因素就在于他善于发现人才和使用人才。

中内功非常重视使用人才以及对人才的培训，他根据自己在军队时的经验，推出了一套发挥主任级骨干作用的"下士官经营法"，即发挥各基层营业小组负责人（即主任）的作用，充分调动他们的积极性和创造性。随着公司业务的发展，中内功深感人才的欠缺。他每在公司业务拓展的重要时刻，总是从各方面招纳贤才，聘用管理方面的能人。其中有许多人是他"三顾茅庐"才请出山的。中内功从20世纪60年代年起，就开始大量地招聘大学毕业生，信任他们，重用他们。现在，中内功所招纳的这些贤才已经在各级领导层次上担任重要的职务，有的已成为业务方面的骨干，为中内功的创业起到了重要的作用。

中内功非常重视对员工的培训。他认为职工的素质直接关系到企业命运，所以，每年除了派遣1000多名职工到海外参加十分严谨的培训以外，还从个人的积蓄中拿出了180亿日元的巨款创办了日本第一所"交通大学"，让学员们学习古典经济学、近代经济学、商品学和消费心理学等课程，以培养商品生产和销售方面的专门人才。不仅如此，中内功还经常以"四个C"来嘱咐和要求员工。这"四个C"就是变化（Change）、机会（Chance）、挑战（Challenge）和竞争（Competion）。

正是因为中内功善于发现人才，使用人才，才使得他的零售帝国日渐壮大，这也正印证了那句"得人才者得天下"的古训了。

成功必得人相助

【原文】 虽有尧之智而无众人之助，大功不立；有乌获之劲而不得人助，不能自举；有贲、育之强而无法术，不得长胜。（《韩非子·观行》）

【大意】 即使有唐尧的智慧，但如果没有众人的辅佐，大功也建立不起来。有乌获的力气，但如果得不到别人的帮助，也不可能把自己举起来；有孟贲、夏育的勇猛，但没有法术作为保障，仍不能总是取胜。

韩非子有句名言，"天下有信数三，一曰智有所不能立，二曰力有所不能举，三曰强有所不能胜"，可见韩非子是非常明白靠自己一个人的力量是不可能有大作为的，一定要是众人之力才能成就大的事业，这一点对于现代企业经营来说更是如此。

微软公司总裁比尔·盖茨认为，成功经营公司的第一个法则，就是找最棒的人来帮你工作。他找的人不但懂计算机，同时也懂得如何做生意。假如你只是懂计算机，只懂芯片和软件，这个人他是不要的。所以他找的人一开始就具备了经营和技术上的条件，所以他可以不断地良性循环。

然而一般来说，公司在增员的时候都没有考虑得非常周密，都是觉得反正他是做行政，他只要懂行政就好了；他是做业务，他懂业务就好了。事实上，每一个人都需要负担两三个人的责任，所以在选人的时候是非常重要的。同时，最好的人才大部分都在你的竞争对手那边，所以你应该想办法吸引你竞争对手的那些伙伴。当然有些人说这是很不道德的事情，事实上，只要你的条件具备，人才就会被你吸引而来。

长虹电子集团公司总经理倪润峰，花了十年心血终于把长虹变成了气贯长虹、如日中天的彩电企业。倪润峰也被世界统计大会授予"经营管理大师"称号，并获得了《亚洲周刊》的亚洲企业家成就奖。

倪润峰的成功是有多方面的原因的，也给了我们诸多可以借鉴的宝贵经验，其中一条就是：为了长虹，不惜一切笼络人才。

赵勇是清华大学毕业的博士后，在清华读书14年，毕业后就参加了国家重点项目的研制开发，1993年出色地完成了国家使命的赵勇来长虹商讨在长虹工作的妻子回京一事。

倪润峰得知赵勇是一个不可多得的人才，主动找赵勇商谈，希望赵勇也能留在长虹。看起来这有些不可能，可是倪润峰锲而不舍，经过两次倾心长谈，终于打动了赵勇的心，妻子没调走，自己也留在了长虹。赵勇说："是倪总的人格魅力吸引了我。"

留住赵勇后，倪润峰马上给赵勇安排了一班人马，任他调度使用，让他攻克大屏幕彩电模具难关。对于一个热衷于科研事业的人来说，这是最大的鼓励和诱惑。上司的充分信任，自由的实验空间，充足的资金来源，让赵勇干劲十足，仅在一年内，他就为长虹填补了这一设计制造上的空白。

倪润峰对赵勇的这一贡献也给予了相应的奖励，1995年赵勇就住进了180平方米的专家楼，1996年被提升为长虹设计四所所长。面对如此鼓励，赵勇更是勤奋工作，长虹"红太阳一号"工程就是他决策的。

倪润峰为长虹赢得了赵勇，赵勇也为长虹赢得了明天。

将最好的人才安排到最合适的岗位上

【原文】 斩首者令为医、匠,则屋不成而病不已。(《韩非子·定法》)

【大意】 让杀敌立功的人当医生或者工匠,那么他一定会房屋也盖不成,病也治不好。

人才的使用是有讲究的,每个人都有其长处和短处,将每个人安排到最适合他的地方,才能更好地发挥他的聪明才智。

福布斯集团的老板马孔·福布斯是一个十分善于用人的管理者。在福布斯工作,只要你有才干,你就能够被安排在适合的岗位上,让你大显身手。福布斯集团也正是因为用人有方而发展壮大的。

大卫·梅克是一个才华出众的人,但他的管理风格让很多人无法接受。他对人冷漠,从来不留情面,而且非常严厉。比如,在下属们忙着组稿时,他总会传话说:"在这期杂志出版之前,你们当中将会有一个人被解雇。"

听到这话,大家都很紧张,为了不被解雇,唯有拼命地干工作。

有一次,有一个员工实在紧张得受不了,就去问大卫·梅克:"大卫,你要解雇的人是不是我?"

没想到大卫·梅克竟说:"我本来还没有考虑谁被解雇,既然你找上门来,那就是你了。"

就这样,那名员工被解雇了。

但马孔·福布斯恰好看重大卫·梅克的才华和严厉,他将大卫·梅克安排到了总编辑的位置上。

大卫·梅克在任总编辑期间最大的贡献是树立了《福布斯》"报道真

实"的美誉。而在那之前，《福布斯》曾多次被指责报道不实。

为了保证报道的真实性，大卫·梅克专门让一批助理去核实材料。这些助理必须找出报道中的问题，否则将被解雇，而且真的有三名助理因为没有找到记者报道中的问题而被他解雇。

《福布斯》在20世纪60年代就能够与《商业周刊》《财富》齐名。报道真实，是其最大的竞争优势。

马孔·福布斯量才适用的第二个典型是对列尼·雅布龙的使用。

列尼·雅布龙是一名理财专家，也是一个知名的"小气鬼"，诸如一下班就要求关冷气，死皮赖脸拖欠他人的货款等。

但马孔·福布斯要的就是他这种小气。理财嘛，不小气怎么行？事实证明，列尼·雅布龙在担任总裁期间，开源和节流都做得很好。

列尼·雅布龙最著名的大手笔是出卖"美国领土"。

1969年，马孔·福布斯花350万美元在科罗拉多州丹佛市以南约322千米的地方买下一个牧场，面积为680平方千米。

马孔·福布斯原本计划将这片牧场开发成狩猎场。当一切准备就绪，准备开业时，科罗拉多州政府却发出通知，说这块土地上的野生动物是该州的财产，私人不得任意处置。

这等于给马孔·福布斯的狩猎场判了死刑。

怎么办？350万美元，以及后期的大量投入，总不能不要了吧？

这时，列尼·雅布龙出了一个高招。

他把这片土地划分成面积为202平方米的小块，然后分块出售。他们宣传做得很到位，称这块土地是实现美国梦的最佳场所，是一个完全不受污染的天堂，可以让每个购买的人拥有一块美利坚合众国的土地。

这一招立见奇效，许多人纷纷购买。

202平方米的售价是3500美元，每平方米是17.33美元，而马孔·福布斯买进时的价格才不过每平方米0.54美元。这一小块土地就赚了约3400万美元，超过了当年的杂志主营业务收入。

马孔·福布斯量才适用的第三个典型是对其亲弟弟的使用。

他的弟弟华里士·福布斯是哈佛的工商管理硕士，并且有一定的工作经验。作为一个家族企业，如果把华里士·福布斯委以重任，一点都不过分。

但马孔·福布斯考虑到让弟弟到投资部担任副主管，还亲自向投资部的主管雷·耶夫纳保证，投资部的事情全权交给雷·耶夫纳，华里士·福布斯的职权仅限于处理业务。华里士·福布斯也高兴地接受了这样的安排，并且与雷·耶夫纳相处得很好。

马孔·福布斯这样安排，是因为他弟弟的长处在于企划方面，而不在于从事高层管理工作。

将最好的人才安排到最合适的岗位上，这便是福布斯成功的最大秘密。

第四章 得人才者得天下——韩非子的人才观

集众人之智来成就大业

【原文】下君尽己之能，中君尽人之力，上君尽人之智。(《韩非子·八经》)

【大意】下等的君主竭尽自己的才能，中等的君主竭尽众人的力量，上等的君主竭尽众人的智慧。

善于借助别人的智慧，是每个有作为的人的共同特点之一，中国历史上著名的"春秋五霸"之一的齐桓公便是这样的君主。

齐桓公继位之后，重用管仲和鲍叔牙，对内大刀阔斧进行整顿改革，国势日趋强盛，对外图谋霸业，"挟天子以令诸侯"。

公元前681年，齐桓公征得周天子同意，约集各诸侯国在北杏（齐国西部，位于今山东东阿县）会盟。刚继位的宋桓公不愿接受齐桓公的领导，未等到签订盟约，就先期偷跑回国。齐桓公对此异常恼怒，约集了陈国、曹国，打起周天子的旗号，共同兴兵讨伐宋国。

管仲率领着一队人马为先头部队出发。走了大约30多里，来到一座山脚下，就见一个头戴破草帽、身穿粗布衣服、光着两个脚丫的农夫，一边挥动鞭子赶牛，一边悠然自得地唱歌。

管仲从旁边经过，看那农夫气度不凡，不像俗人，就命人给他送些食物。农夫伸手接过，也不答谢就狼吞虎咽地吃起来，并告诉差人说："我要见相国！"差人回答说："相国已经坐车过去了。"农夫说："既然这样，就请你转告相国一句'浩浩白水'。"差人快步追上管仲，把农夫的话告诉了他。管仲茫然，他的爱妾婧说："我记得古诗《白水》中有'浩浩白水，儵儵之鱼，君若召我，我将安居？'我想这是他富有才干，自荐于你。"管仲闻言立即命令停车，让人把这个农夫请来。农夫见了管仲说："我是卫国人，姓宁名戚，风闻相国极有才干，特地远道来访，可惜无人引荐，只好流落在此，给人放牛以糊口。"

管仲与他谈论安邦治国之道，宁戚见解精辟，对答如流，管仲联想到自己类似遭遇，不禁感慨叹息，随后他给齐桓公写了一封推荐信，交给宁戚说："我们国君不久要率兵路过这里，你拿着这封信去见他，一定会得到重用！"说完，管仲又驱车前行了。

宁戚仍旧留在村中放牛。三天以后，齐国大队人马果然浩浩荡荡地开过来。等到桓公马车驶近，宁戚便用鞭子轻轻抽打着牛背，站在路边引吭高歌：

> 南山湖水波涛涌，
> 鲤鱼游水骤然腾。
> 慨叹尧舜不重在，
> 贤才粗衣难谋生。
> 起早贪黑放牛行，
> 长夜难度何时明。

齐桓公听到一个牧牛农夫竟敢在这里指桑骂槐，不禁勃然大怒，命令左右侍卫把这个不知天高地厚的家伙抓到车前，喝道："何处刁民？妄谈国政！寡人治理齐国，百姓安居乐业，诸侯各国臣服，如此太平盛世，与尧舜之时有何不同？你怎么竟敢说成是暗无天日？"

宁戚冷笑连声，说："尧舜在世，不言而信，不怒自威；如今的齐国东征西讨，怨声载道。尧舜在世，冷落亲子，谦让天下；如今齐王，杀兄得国，不仁不义。"齐桓公闻听，气急败坏，怒声吼道："匹夫竟敢如此出言不恭！给我砍了！"左右侍卫立即绑缚宁戚，准备举刀问斩。

宁戚毫无惧色，从容不迫地说："昏庸的夏桀王杀死了贤能的关龙逄；暴虐的商纣杀死了忠诚的比干；想不到今日我宁戚能有幸与关龙逄、比干比肩而三！"

齐桓公看到他大义凛然、威武不屈的神态，深受触动，陡生敬意。念头一转，便命人松绑，满脸赔笑，说："寡人是测试一下您的胆量！"

这时宁戚才从怀中取出管仲的推荐信,齐桓公看完后埋怨说:"既然你有仲父的推荐信,为什么不早一点给我看?"宁戚说:"良禽择木而栖,贤君要选择能臣辅佐自己,反过来说能臣也要选择明君,刚才我是试探大王的度量!"

齐桓公于是拨给宁戚一辆车,请他一起参与讨伐宋国。

当天晚上,军队宿营后,齐桓公派人举着火把找衣冠,要给宁戚授爵封官。一个大臣建议道:"此地离卫国相距不远,何不派人去查访,如果宁戚是贤士,再加封也不晚!"齐桓公说:"这个人不拘小节,在卫国难免有些许过错,如果查访出来,封他爵禄不好,放弃他又可惜。"就这样在军营中举着火把,封宁戚为大夫。

齐桓公率领齐国大军来到宋国的边界上,与陈国、曹国的军队会师后共同商议讨伐宋国的策略。宁戚建议说:"依我之见,对待宋国最好是先礼后兵,如果能通过良言相劝兵不血刃地解决问题,岂不更好?我虽不才,情愿出使宋国,说服宋公。"

齐桓公说:"好主意!听你的!"于是传令军队就地驻扎待命,派宁戚出使宋国。

宋公探听到这个消息后,与大臣戴叔皮商讨对策。戴叔皮说:"宁戚前来游说,必定很有辩才。大王只要故意怠慢他,保准他乘兴而来,扫兴而去!"宋公点头称是。

宁戚入朝看见宋公神色倨傲,不禁长叹一声说:"宋国处境实在危险,马上就要大祸临头了!"宋公一听,不禁动容:"如何见得呢?"宁戚说:"齐侯约集诸侯会盟,也是帮助您稳固君位。可是您却在中途不辞而别,眼下各国军队联合伐宋,大兵压境,谁胜谁负,不是明摆着吗?但是如果现在采取补救措施,还为时不晚。"宋公听后,不住点头,离开座位说:"先生有什么高见,请指教!"戴叔皮见宋公已被宁戚引入圈套,干着急没办法。

宁戚建议:"事到如今,您不如备下一份厚礼送给齐国,表示悔过之意,这样宋国才会安稳如旧。"宋公依然担心地问:"仅送些礼物就能保证他们不再进兵吗?"宁戚说:"齐侯心胸宽阔,世人皆知。以前和鲁国交战，还把占领的土地归还，大王您一时糊涂，一定会得到谅解的。"

宋公采纳宁戚的建议，派使者带上礼物，随宁戚向齐桓公谢罪，齐桓公同意撤走军队并同意宋国重新入盟。

正是有了宁戚、管仲这样的人才辅佐，才成就了齐桓公伟大的霸业，可见集他人之智慧的重要性了。

第四章 得人才者得天下——韩非子的人才观

不拘一格用人才

【原文】夫君子取情而去貌，好质而恶饰。(《韩非子·解老》)

【大意】君子选择的是内在情感而非外貌，重视本质而厌恶装饰。

历史上大凡能开创一个王朝者，无不是不拘一格地使用人才，并用自己的个人魅力将优秀的人才网罗在自己的帐下为己所用，刘邦如此，李世民如此，一代天骄成吉思汗也是如此。

一代天骄成吉思汗，很善于用兵，而且自己也骁勇善战，军士们无不敬仰他，在他完成草原统一的过程中，重用奴隶是当时军中一道亮丽的风景。

他帐下大名鼎鼎的战将木华黎和哲勒蔑便是出身于家奴。

木华黎由于军事才能出众，且武功超群，被成吉思汗提拔起来，做了他军中的将领。在第一批封赏功臣时，木华黎就被封为第三千户，居于上位，并为左手万户，成为成吉思汗的四杰之一。

在灭金的战争中，成吉思汗委派木华黎独自领军作战，他屡战屡胜，勇猛无比，威震敌胆，攻取了辽东、辽西，连破河北、山东等地，被封为太师、国王，成为开国元勋。

成吉思汗军队中还有一个特点，就是民族众多。

成吉思汗能把这些各民族的人为己所用，如契丹人、女真人、维吾尔人、西夏人以及西域穆斯林等民族的一大批贤才良将。

南宋嘉泰三年（公元1203年），成吉思汗在统一蒙古的战争中，为防止王罕的儿子桑昆的袭击，率军进行战略转移，将营地撤至呼伦湖西南的班朱尼湖。一路上没有粮食，靠打猎充饥，处境十分艰难，士兵们由于忍受不了饥渴交迫，纷纷离开了军队。同他一直走到班朱尼湖的各级首领仅剩下 19 人。

成吉思汗以湖水当酒，捶胸举手，对天发誓说："使我确定大业，当与诸人同甘苦，若违此誓，有如河水。"

19 位将领听完成吉思汗的话都深受感动，并流下了热泪。

饮过班朱尼湖水的 19 名首领都成了以后的功臣，受到成吉思汗及其子孙的礼待和尊敬。而这些成吉思汗患难相从的将领，其中就有契丹族耶律阿海、秃花兄弟；西域赛夷人札八儿火者，即中亚人。《蒙鞑备录》称其为回鹘人。

这些人与成吉思汗东征西讨，屡立战功，后来耶律阿海被尊为太师、太傅，镇海后来成了窝阔台的丞相。

由此可见，成吉思汗任用将领不以民族和部落为限，而能以宽阔的胸怀，接纳来自五湖四海的志士贤人，共图大业。

成吉思汗用将的一个特点是重才德而不计前仇。

即使是曾在战场上差一点置自己于死地的劲敌，他也能够抛弃前嫌，以礼相待，并收为自己的大将。

成吉思汗四先锋之一的哲别，原先是泰赤乌的一员悍将，名叫只儿豁阿歹。

南宋嘉泰元年（公元 1201 年），成吉思汗在进行统一蒙古的战争中与泰赤乌、札答兰、合答斤、山只昆等诸部进行了一场阔亦田（今内蒙古自治区新巴尔虎右旗的辉腾草原）之战。

战争进行了半天后，敌军开始溃败，成吉思汗率军紧迫泰赤乌部军队。面临亡族灭种的威胁，泰赤乌人不肯束手待毙，他们稳住阵脚，步步为营，顽强抵抗。

双方展开了拉锯战，你争我夺，打得难解难分。

泰赤乌部猛将只儿豁阿歹站在山坡上观察形势，发现了正在冲杀的铁木真，于是弯弓搭箭，向成吉思汗的喉咙猛射一箭。

利箭带着风响直向成吉思汗飞来，成吉思汗听到响声把头一歪，箭虽没射中他的喉咙，却射中了脖颈的血脉。

"伤其项脉，血不能止"，成吉思汗一头扑倒在马背上，血流如注，不省人事，被部将救下马来。

成吉思汗虽然负伤，但最后还是打败了泰赤乌部，活捉了只儿豁阿歹等人。

身受重伤的成吉思汗向这些俘虏们问道："阔亦田地面对阵时，自岭上将我马项骨射断的人是谁？"

其实箭明明射中了成吉思汗的脖子，但成吉思汗却说自己的坐骑受伤，他认为能在那么远的岭上可以射中自己的这个射手一定是个人才，如果他说射中了自己，那么谁还敢承认？

只儿豁阿歹为人坦荡豪爽，毫不犹豫地说道："是我射的，要杀要剐，悉听尊便。如若不成，宁死效忠主人。"

成吉思汗十分欣赏他这种忠诚的态度，说："但凡做了害人的事，他人必隐讳不说。如今你却不隐讳，可以做伴当。"

成吉思汗收留了只儿豁阿歹，并当场给他改名叫"哲别"。在后来的一些战争中，哲别凭着自己的勇敢和才能屡立战功，成为成吉思汗手下一位不可多得的名将。

成吉思汗不拘一格地使用人才，并用自己的个人魅力征服了下属的心，为自己开创的大事业打下了坚实的基础。

不拘一格地使用人才，并非发生在中国人身上，美国总统尼克松也是个有着战略头脑的政治家，尤其在用人方面，充分地表现了他的智慧。

1968年12月2日，当选为第37届美国总统的尼克松任命基辛格为"总统国家安全事务助理"一职，基辛格万万没有想到，多年来不断追求却屡遭白眼，最后寄托于洛克菲勒的一切雄图厚望，却在洛克菲勒的劲敌尼克松的身上实现了，他决心出山受任，以其雄韬伟略来辅佐这位开明的总统。他首先提醒总统，20世纪70年代与50年代不同之处，就在于世界已由两极向多极演化，因此建议美国重新调整自己的敌、我、友关系。

在对北大西洋公约各国伙伴问题上，要改变以前那种由美国单独承担一切责任和统一指挥的方式，就必须建立一种具有政治创造力的全新秩序，实行划分打击目标的"明智联盟"政策。这样，在对苏联关系上，基辛格认为，尽管苏联是美国的一贯对手，但时代不同了，通过谈判是可能达到一定程度的合作和规定冲突的"绝对极限"的。基辛格的上述建议对尼克松产生了重大影响，以至于在后来的对华关系和苏美和谈上使他迈出了历史性的一步。

当初在尼克松上台时，困扰最大的问题莫过于越南战争。而在这个问题上，基辛格很早就有研究，他的回答也十分明确：通过谈判，撤回军队，结束战争。尼克松采纳了这一建议，终于解决了棘手的越南战争问题。

基辛格作为尼克松的高级幕僚，不仅是一位足智多谋的国际战略策划者，同时也是一个精明干练的战略实践家。作为顾问、智囊，他审时度势，深谋远虑，运筹于白宫之内，施展于千里之外；作为助手、使者，他忠贞不渝，献身其职，周旋于美国朝野，活跃在世界的各地。美苏和谈，他纵横捭阖；中美建交，他牵线搭桥；巴黎谈判，他以强制胜；中东危机，他以柔克刚……在当代国际的大舞台上，为美国和尼克松政府演出了一幕幕具有时代意义的话剧。其中，最能反映基辛格深谋远虑、智勇兼备独特风格的，莫过于中美秘访的"波罗行动"和越南停战的"巴黎谈判"了。

由于尼克松大胆任用了劲敌基辛格，基辛格以其杰出的外交手腕和政治智慧，使尼克松在任总统期间政绩卓著。实际细细想来，尼克松任总统时期成就的几件大事主要是其用对了人的缘故。可以说，如果没有尼克松的提携，基辛格的谋略思想就不会在国际政治舞台上如此淋漓尽致地发挥出来，起码在当时不能；同样，如果没有基辛格的谋划和具体实施，尼克松在任总统期间的政绩也不会如此卓著。他们二人可以说是配合默契，相得益彰，开创了美国外交的一个新时代。

物尽其用，人尽其才

【原文】使鸡司夜，令狸执鼠，皆用其能，上乃无事。(《韩非子·扬权》)

【大意】让公鸡掌夜报晓，让猫来捕捉老鼠，如果都能像这样各展其才，君主就可以无为而治了。

自然界有其永恒的活动规律，支配着天地万物，使他们各有其道，按其本分而活动。造物主无所干涉，这就是"无为"。而人类社会中，人总是有意无意破坏"无为"的状态，从而引起平衡的破坏，反作用于人，造成恶果。各具所长是自然界万物之规律，人类社会也讲究人尽其才。万事万物都有其法则，万物都有其适宜的用处。

知人善任是所有英明领导者的共同特点，能够善用人才，才能使国家走上强大的道路，在这一点上，三国时的孙权就做得不错。

孙权在用人方面能够知人善任，突出表现在一生中四次都督的任命上。统领东吴兵马的都督依次是周瑜、鲁肃、吕蒙、陆逊，这四人为东吴开疆辟土、开展外交、抵御外敌作出了突出的贡献。

孙权在任命的第一个都督是周瑜，周瑜是他的哥哥孙策推荐的，孙策临终前曾嘱咐他："外事不决问周瑜。"孙权牢牢记住了这句话，在许多重大问题上都请教周瑜。在孙刘联盟抗曹的问题上，东吴主降派占据大多数优势，虽然孙权不想投降，但最有权威的谋臣张昭也主张投降，孙权只能沉默不语；等到周瑜一到，在全体谋士、武将的大会上，对曹操的兵力作了一番极为精辟且具有强烈说服力的分析后，孙权马上下定抗战的决心，下达命令，委任周瑜为大都督，把军权全部交给周瑜。这次任命，可谓有胆有识。面临曹操率领的号称百万之众的大军，面对张昭为首的主降派占优势的局面，若没有胆量，他不可能作出战的决定；没有见识，他也不可能肯定周瑜的见解，而委以全部军权。这次授封，孙权是在文武大会上以闪电般的形式举行的，尤能看出他的英雄气概。

　　孙权任命的第二个都督是鲁肃。鲁肃与孙权相交已经很久了，可谓相知甚深，但他对鲁肃的任命是由于周瑜的推荐。周瑜将死之时，上书孙权，其中一条建议是"鲁肃忠烈，临事不苟，可以代瑜之任"。孙权读过遗书后，哭着说："公瑾有王佐之才，今忽短命而死，孤何赖哉？既遗书特荐子敬，孤敢不从之。"于是即日便命鲁肃为都督，总领兵马。这里，表面上看是孙权不能忘情于周瑜，对他的遗言又不好不听，所以说"孤敢不从之"。但实际上，孙权早有意如此，所以这样做，一来是表示对周瑜的深情，遵从他的遗嘱，是对有功者的尊重；二来他对鲁肃本来也就很了解，周瑜遗嘱中提到这一点，就正好合了他的心意，所以立即采取果断的任命行动。鲁肃初投孙权时，二人就甚为投机。有一次二人交谈国事，鲁肃为他举策，要"鼎足江东"，扩展疆土，创帝王之业，二人谈了差不多一夜。赤壁之战，鲁肃力排众议，也给了他极大的支持和鼓励。周瑜死了之后，比较起来，武将中有勇的不少，有谋的特别是有谋而能担任主帅的可以说没有；文官中白面书生居多，而吕蒙、陆逊还尚未崭露头角，鲁肃战略眼光远大，又尽忠竭力，任命他当都督是很适宜的。果然，鲁肃在任期间，巩固了孙刘联盟，起了很好的作用。

　　孙权任命的第三个都督是吕蒙。吕蒙原是陆口守将，没有担任大都督的职务。他和陆逊密谋取荆州之时，把守将的名义让给没有名望的陆逊，自己以养病为名，上书辞职。目的是麻痹关羽，使他专注抗魏，不复防矣。一切布置就绪，关羽上了圈套，东吴方面开始行动。可在这时又出了一点小小的波折：孙权召吕蒙商议曰："今云长果撤荆州之兵，攻取樊城，便可设计袭取荆州，卿与吾弟孙皎同引大军前去，如何？"孙皎，字叔明，是孙权叔父孙静之次子。蒙曰："主公若以蒙可用，则独用蒙；若以叔明可用，则独用叔明。岂不闻昔日周瑜、程普的左右都督，事虽决于瑜，然普以旧臣而居瑜下，颇不相睦；后因见瑜之才，方始敬服。今蒙之才不及瑜，而叔明之亲胜于普，恐未必能相济也。"

吕蒙在这里所提出的问题是用人原则上的"用人必专，不专必败"。所谓专，就是指在一定职权范围内，只能由一个人做最后的决定权，作为三军统帅尤其如此。但在现实生活中却常出现不专的情况，吕蒙说了两种：

一种是命令一个人负主要责任，却又命令自己的亲信或亲属当副手。名为副手，实际上他还有一层亲信或亲属关系，就会要求与主要负责人平起平坐，甚至压倒他。这样在处理问题时就防止独断专行，形成不了一致的意见，在紧要关头，导致失败。孙皎是孙权的叔伯兄弟，其亲可知，如果他不听节制，法不能加于他，就不好办了。正是从这一点考虑，吕蒙拒绝和孙皎一同领兵。另一种是后起的年轻领导负主要责任，却令老资格的当副手，这也容易造成不协调的局面，吕蒙说的周瑜和程普就是这种关系。程普刚开始以老臣身份不听周瑜调遣，可后来看到周瑜确实真正有才才表示佩服。程普修养比较好，若是换了一味计较个人地位高低的人，那战争要取得胜利就很困难了。

孙权任命的第四个都督是陆逊。刘备大军出川之时，细作报知孙权，孙权向文武官员问计："蜀兵势大，当复如何？"回答他的是沉默。以致孙权不得不深深叹息："周郎之后有鲁肃，鲁肃之后有吕蒙；今吕蒙已亡，无人与孤分忧也！"所谓"无人"实际上是有人，只是此人这时还没有出来。因为这时形势尚不十分紧张，一般将领似乎也可御敌。等到刘备大军深入，不准东吴求和，孙权无计可施的时候，陆逊才被举荐出来，以不知名的身份担当起力挽狂澜的重任，这就显示出人才的重要，特别是杰出人才的重要。起用陆逊担任彝陵战役的指挥，遇到了重重阻力，一是因为他年轻，二是因为他没有名气，三是因为他是个书生。从一般情况来看，年轻，经验不足，没有名望就不能服众，书生多不懂军事。但是陆逊却突破了一般情况。阚泽保荐陆逊时说："此人名虽儒生，实有雄才大略，以臣论之，不在周郎之下；前破关公，其谋皆出于伯言（陆逊字）。主上若能用之，破蜀必矣。"这一次因为反对陆逊当都督的人太多，所以孙权的行动更加明朗、严肃。这个时候的孙权已经是40岁的人了，掌领江东已经

22年，在用人方面积累了足够的经验，所以他一听到阚泽的保举，心中就豁然开朗，随即以不同前三任都督的仪命仪式，庄严地授封。他命人连夜筑坛，次日召集百官聚于坛前，请陆逊登坛，拜为大都督，右护军镇西将军，进封娄侯，赐以宝剑，令掌六郡八十州兼荆楚诸路军马。彝陵之战，应归功于陆逊，但如果没有孙权大胆启用年轻人的胆识，陆逊也不能大显身手。

这四次重大的人才选拔使用，充分体现了孙权的知人之明和用人胆识，对他事业的发展起了决定性作用。

任用人才要不避亲仇

【原文】 外举不避仇，内举不避子。(《韩非子·外储说左下》)

【大意】 推举外人的时候不避开仇人，举荐亲人的时候不避开自己的儿子。

韩非子在谈到人才的选拔和任用时的这一提法，后来演化为"外举不避仇，内举不避亲"。可见在韩非子的眼里，人才的选拔和任用是不能凭领导者的好厌来的，必须要量才录用，任人唯贤。

中国历史上任人不避仇的例子有很多，齐桓公对管仲的任用便是一例。

春秋战国时代，齐桓公想任用鲍叔牙为相，鲍叔牙对他说："我不如管仲，你如果想成就霸业，就请把管仲救出来，任他为相。"当时，管仲被囚禁在鲁国。齐桓公说："管仲是谋杀我的凶手，我恨不得杀了他，怎么能用他！"鲍叔牙说："管仲是为自己的君主杀人，你如果任他为臣，他也会为你去杀别人。"齐桓公不答应，鲍叔牙坚辞不受。最后，齐桓公还是从大局出发，听从了鲍叔牙的建议，把管仲救了出来，并任其为相国。结果，齐国大治，很快成为春秋霸主。

任人不避仇，成就了齐桓公的霸业，可见人才的确是兴邦治国的基石。但我们需要注意的是"外举不避仇，内举不避亲"并不是要我们刻意去任用自己的仇人或者亲人，我们任用的人必须是个人才，能够带领大家开创出一番事业，这样才不会违背这句话的初衷，否则将会为自己带来灾难般的后果。

世界上的许多大企业，多是由管理和经营天才们创建起来的。因此，这些公司和企业在私有制度下多为家族产业。但是，历史的规律却往往是这样，第一代创业者的经营天才往往很难为其第二代继承者所拥有，结果，这曾经辉煌灿烂的大企业在传到其第二代继承人手上时，因为领导人任人唯亲，不忍心放弃家族产业，从而导致企业的衰败，甚至是破产。

我们来看下面这两个失败的例子。

一个便是美国的福特汽车公司。美国汽车大王福特家族的起落沧桑，无不与任用人才有关。福特家族的创始人亨利·福特一世从1889年开始，曾两度尝试创办汽车公司，结果都因缺乏管理企业的本领而失败。失败使老福特聪明了起来，他便聘请了一位叫詹姆斯·库兹恩斯的管理专家出任总经理。库兹恩斯上任后，采取三项重大措施：一是进行市场预测，得出结论：只有生产美观、耐用，定价500美元左右的汽车才能打开销路；二是组织设计了世界上第一条汽车装配流水线，把劳动生产率提高了80多倍，大大降低了生产成本；三是建立一个完善的销售网。三条措施的实施，使福特公司在短短几年里，一跃登上世界汽车行业第一霸主的宝座，老福特也由此而获得"汽车大王"的称号。

但是在成功和荣誉面前，老福特开始头脑发昏，同时由于担心公司大权旁落，抢去他创办的福特事业，他变得独断专行，听不得不同意见，许多人才纷纷离去，连库兹恩斯也被排挤离去。从此，福特公司失去了生机，丧失了开发新产品的能力，在长达19年的时间里，只向市场提供了一种车型，而且都是黑色的。福特公司终于被它的主要对手通用汽车公司击败。1945年，老福特的孙子福特二世继承祖业，为了挽救公司这个烂摊子，他聘用了一些杰出的管理人才，比如原通用汽车公司副总经理内斯特·布里奇，担任过美国国防部长的麦克纳马拉，当过世界银行行长的桑顿，等等。这些人对福特公司进行了一系列的改革，使公司重新焕发了生机，利润连年上升，并推出了一种外形美观、价格合理、操作方便、适用广泛的"野马"轿车，创下了福特新车首年销售量最高的纪录，把"福特王国"又一次推向事业的顶峰。

正当这时，亨利·福特二世又走上了他祖父的旧路。他独断专行，因自己年事渐高，生怕家族产业出问题，对公司里的杰出人才大加猜忌，布里奇、麦克纳马拉等只好离开福特公司。从1968年到1978年，他以突然袭击的手段，连连解雇了三任很有才华的公司总经理，1978年解雇的正是有杰出管理才能、后来使濒临倒闭的克莱斯勒公司起死回生的艾柯卡。整个公司沉闷压抑，人心浮动，人才外流，福特公司从此无所作为，节节败退。面对大江东去的败局，福特二世不得不辞掉公司董事长的职务，把整个公司的经营权转让给福特家族外的专家菲利普·卡德威尔，结束了福特家族77年的统治。

另外一个例子，便是美国著名的王安电脑公司。1944年王安在哈佛大学的电子实验室工作，研究磁性记忆系统，发明了磁芯。1946年造出第一架程序计算机。王安研究电脑成功后，于1951年创设了王安电脑公司，自任董事长兼总经理，在既掌握科学技术又精通企业管理的王安博士的主持下，公司生产的不同性能、不同用途的电脑，不断更新换代，深受国际市场的欢迎。他目光远大，办事果断，懂得人才开发的重要，创办了王安学院和王安研究院，为公司输送了大批科技人才。在美籍华人开设的制造业中，王安电脑公司规模名列榜首。王安电脑公司把科学研究放在极为重要的地位，使该公司的电脑能随着时代的脉搏一起和谐跳动，这家公司的产品信誉卓著，畅销南北美洲、西欧和日本等大市场。1982年年营业额达10亿美元。

但是，1986年，年事已高的王安博士将王安电脑公司的接力棒送到了儿子王菲德手中。王安本应该把公司交给更懂管理和经营的其他人才，但他在选择继任人时，家族观念起促使他一定要把父业传给儿子。王安的儿子王菲德也是个电脑专家，但他的长项是技术，而不是管理。20世纪80年代末期，世界电脑界的竞争日趋激烈，局势相当复杂，电脑更新换代的速度比人们买电脑的速度还快。王菲德的那点管理才能不足以应付这种竞争。结果没几年，王安电脑公司在王菲德手上破产了。

可见我们在使用人才时，应该把才能放在第一位，在此基础上可以做到"外举不避仇，内举不避亲"，如果不注意合理使用人才，"任人唯亲"的后果将会是一杯苦酒。

第五章　让下属甘心为你服务
——韩非子的领导艺术

如何更好地驾驭部属，是古今中外每个领导者所面临的问题，两千多年前的韩非子对此有着深刻的理解，在其论著中有许多精彩的论述。韩非子强调，领导下属要从情、义、利等方面着手，还应做到人尽其才，用其所长，使之更好发挥才能。

用好下属的长处才能发挥最大效益

【原文】天下有信数三：一曰智有所不能立，二曰力有所不能举，三曰强有所不能胜。(《韩非子·观行》)

【大意】天下有三项必然的道理：一是智慧总有办不成的事，二是力气总有举不动的物体，三是强壮总有胜不了的对手。

韩非子以上的三句话用一句话可以概括其精髓，那就是"金无足赤，人无完人"。每个人都有其所长，有其所短，如能发掘人之长处，则能发现更多的人才；如不见人之所长，只寻人之所短，将认为人才缺少甚至无才。因此只视人之所短，则不知才；能发现人之所长，则人才来源不断。

"知人长中之短，不知人短中之长，则不可以用人，不可以教人。"事实上，人各有所长，也各有所短，只有扬长避短，天下便无不可用之人。从这个意义上讲，领导者的识人、用人之道，关键在于先看其长，后看其短。

世上不会有全才，也没必要有全才，用人者只要做到用人之长，避其之短，才能真正地统领下属，让下属发挥出最大的能量。

司马光在《资治通鉴》中说："夫人之材，各有所宜，虽周孔之材不能偏为人之所为，况其下乎？固当就其所长而用之。"这话说得好，说得妙！人无完人，每个人都有这样或那样的短处。领导不能只把眼光都盯在下属的短处上，"当就其所长而用之"。否则，就会埋没人才，中外历史上、现实中这样的教训不知有多少。

美国南北战争时期有一位名叫格兰特的将军，此人军事才能杰出，但有一个毛病就是好酒贪杯。当时的情况是，林肯看到只有他是一位帅才，虽有缺点，但他人的才能无法与之相比，于是便力排众议坚决任用格兰特。林肯对众多的反对者说："你们说他有爱喝酒的毛病，我还不知道；如果知道，我还要送一箱好酒给他呢！"格兰特的上任决定了战局的胜利。在他的统率下，美国南北战争出现了转折，北军很快平定了南方奴隶主的叛乱。

有短之存，必有用短之术，关键是将短用到正需要短的地方，此即所谓"短中见长之术"。《贞观政要》记载有唐太宗李世民的短中见长之术。李世民说："明主之任人，如巧匠之制木。直者以为辕，曲者以为轮，长者以为栋梁，短者以为拱角，无曲直长短，各种所施。明主之任人亦由是也。智者取其谋，愚者取其力，勇者取其威，怯者取其慎，无智愚勇怯兼而用之，故良将无弃才，明主无弃士。"

有位厂长既善于用人之长，又善于用人之短。比如：遇事爱钻牛角尖者——安排他去当质量检查员；处理问题头脑太呆板者——安排他负责考勤；脾气太犟、争胜好强者——安排他去当攻坚突击队长；办事婆婆妈妈爱注重细节者——安排他去抓生产；能言善辩喜聊天者——安排他去搞公关接待。

一般人看来，短就是短；在有见识的人看来，短也有长。即所谓"尺有所短，寸有所长"也。

清代思想家魏源曾指出："不知人之短，不知人之长，不知人长中之短，不知人短中之长，则不可以用人。"中国智慧充满了辩证法，就看你具备不具备这样的头脑与眼光。如果大才小才、奇才怪才、"庸才""不才"都被我们用这样的"见长之术"研究一番，那么，会有多少千里马奔腾起来？会有多少百里马变成千里马？观念与眼光一变，到处都会充满生机。

要谨防"以短掩长"。有的人之所以被人视为"无长""无用"，是因为人们只看到一些表面现象，没有看到人才的真正本事，因此，使用人才，还有个"发掘"的任务。要知道，晶光闪闪的水晶石刚从土里刨出来的时候是一块黑乎乎的东西，如果只看表面，准会把它当废物扔掉。

唐代文学大家柳宗元写过一篇文章叫《梓人传》，说是有个木匠，家里什么工具也没有，即使床腿坏了，也不去修理。这么一来，邻人四舍都说他是一个无才之人，徒有一个木匠的虚名。后来，这位木匠去负责营造一座大型建筑。只见所有的木匠都听他指挥，工作进行得井井有条，效率高，质量好。待到一座巍峨的宫殿展现在大家眼前的时候，人们面对平日看不上眼的木匠，个个都目瞪口呆。他就是那位连自家床脚也不修一修的穷木匠吗？有的人不显山不露水，最易被人视为无用的人、少才的人、不才的人。

作为用人者，切勿轻易得出结论，说某某人无用，某某是废物。"垃圾是放错了位置的宝贝！"以短掩长是一叶障目，不见泰山；是只见泡沫，不见江流；是用人的大忌。

卡尔森出身于公务员家庭，1968年从斯德哥尔摩经济学校毕业后，进入温雷索尔旅游公司从事市场调研工作。三年后，北欧航联买下了这家公司。卡尔森在旅游公司先后担任市场调研部主管和公司总经理。由于他经营有方，这家公司到1978年已发展成瑞典第一流的旅游公司。

1978年瑞典航空公司出现危机，无力偿还债务，北欧航联立即任用卡尔森为该公司的总经理。他调任总经理不久，即抓住了问题的症结：国内民航公司所订的收费标准不合理，早晚高峰时间的票价和其他空闲时间的票价一样。

卡尔森将中午班机的票价减了一半以上，以吸引去瑞典湖区、山区的滑雪者和登山野营者。这样一来，顾客们在机场外面扎起帐篷，等候空座。卡尔森主管下的第一年，瑞典航空公司即扭亏为盈，获得了相当丰厚的利润。

1980年整个北欧航联都出现了危机，此时董事会就想到了卡尔森。当年北欧航联任用卡尔森在总公司主管民航事务，1981年起用卡尔森任总经理。

卡尔森上任后，大胆改革，除下放权力外他还翻新飞机，把飞机的走道加宽，给订飞机票（价格较高）的商业旅客安排较好的舒服的座位。并把企业分成规模不等的利润包干中心。短短两年时间，北欧航联在大多数航运公司亏损的情况下扭亏为盈，获得生机。

然而卡尔森并不是一个十全十美的人，有些董事十分不喜欢他。就个人作风而言，卡尔森自称是个"有表现癖"的好出风头者，声称"天下三百六十行，行行都在表演亮相"。一些同事对他动辄对报界发表谈话的夸夸其谈的作风大为不满。他曾要求将公司改名为"斯堪的纳维亚皇家航空公司"，觉得这更符合这几个君主国的国情，结果碰了一鼻子灰。董事会的第一副董事长反唇相讥："你自己是不是也想改名换姓？"尽管这些人不喜欢卡尔森，但只要卡尔森能为他们赚钱，他们还是愿意让卡尔森当总经理。

每个人都会有长处，也有短处，没有十全十美的。但短处运用得当会成为长处，而长处用错地方会成为短处。关键是扬长避短，另外只要短处无碍大局，就不必计较。

喜怒不形于色，不以貌取人

【原文】好恶在所见，臣下之饰奸物以愚其君，必也。(《韩非子·难三》)

【大意】如果只根据看到的来判定好坏，下属掩饰自己的不良行为来欺瞒领导者，这是必然的。

当上司无疑是要有一定的"城府"，绝不能让下属把你的喜怒哀乐看得太通透，否则就很可能为颇有心计的下属所算。上司喜怒不形于色，不是故作神秘，不是假装深沉，而是一种成熟的表现，一种优秀的领导魅力。

事实上，上司的喜怒不形于色一定是要基于工作上的原因。

假如你是公司的一位中层领导，在公司里，当你压力不大、下属积极努力工作、你平时没有特别重要的事可做时，不要以为这是种"福气"，就此享受清闲，要多利用空闲的时间翻看以往的工作记录，找出纰漏，进行改善。

要时刻留意其他部门的动态，凡遇到与你有关的部门请你帮助时，应毫不犹豫地立即答应，千万不要推诿。

要多关心下属，尽量抽出时间与他们接触，了解他们的工作情况，帮助解决他们工作中的困难，鼓励他们战胜困难，关心他们的生活，使他们对你心怀感激之情。

假如你所做的一项计划书得到了更高一级的上司欣赏，并在董事会上得到董事的一致赞许，认为这是一项有远见、有创新的设想。这时你不要春风得意喜形于色，要表现出谦虚的态度，防止惹来众人的妒忌。

当你取得些成绩，有人会锦上添花地对你说："你现在是公司的大红人了，在你飞黄腾达之日可千万不要忘记我们啊！""凭你的聪明才智，总经理这个位置非你莫属了。"聪明的人这时会很理智，不会被美丽的谎言冲昏头脑，告诉他们："不要夸大其词，公司里的人才多着呢，我还有很多不足之处，有许多东西需要学。"

作为上司的你，千万不要把自己的喜怒哀乐摆在脸面上，以免你的下属从你的面部表情猜测出你的心情好坏，根据你的喜怒哀乐调整与你相处的方式，或向你汇报业务的内容，或从中为自己谋取利益。如果你是一位情绪化的上司，你的这些弱点，有可能会使你在不知不觉中受到别人的控制，有时会使公司和你受到不必要的损失。聪明的经营者都善于把握自己的情绪，喜怒不形于色，以免被人利用，乘虚而入。

喜怒哀乐是人类情绪的外在表现形式，没有喜怒哀乐的人是不存在的。作为上司，在工作中要成为一位没有激烈感情冲突的人，就要把喜怒哀乐深藏在口袋里，使之不形于色，时机不适合，绝不能拿出给人看。城府较深、藏而不露的上司对任何事情，往往不轻易表露自己的感觉。这样，不会让情绪操纵自己的理智，下属很难了解他的情况，使下属感到"圣意难测"，不由地产生畏惧感。

上司能够做到喜怒不形于色的确不是件太容易的事情，因为人都是感情动物，要练到这种境界需要时间的磨砺。喜怒不形于色是领导必备的素质之一，此外在考察下属的能力时，作为领导还应该做到不以貌取人。

中国有句古话："人不可貌相，海水不可斗量。"意思是说，通过相貌和表情来了解人，是识人的一种辅助手段。但是，把它绝对化，变成以貌取人，就会错识人才，甚至失去人才。

古往今来，多少人就是因为以貌取人而使自己的事业大大受损。

晋代学者葛洪曾在《抱朴子·外篇》中深有感触地说：看一个人的外表是无法识察其本质的，凭一个人的相貌是不可能衡量其能力的。有的人其貌不扬，甚至丑陋，但却是千古奇才；有的人虽仪表堂堂，却是"金玉其外、败絮其中"的草包。如果以貌取人，就会造成取者非才或才者非取的后果。

曾有项调查说，在求职者中，相貌英俊的要比相貌丑陋占的便宜多得多。很多老板很自然地就对漂亮的应试者增加了印象分，而相貌一般甚至是丑陋的获得的工作机会要远远少于前者，其实这往往是人的心理在作怪，所以时下的"人造美女"之风大行其道。毕竟既才华横溢又美若天仙的人太少了。多半都是相貌一般的，而个别相貌丑陋的说不定就可能会有过人的本领。所以，做老板的一定要识人识能，不要眼睛总盯着外表形象好的，还是多眷顾一下那些相貌平平而又默默无闻工作的员工吧。

　　明建文二年（公元1400年），测试中有个叫王良的对策最佳，但只因其貌不扬，被抑为第二，而原本第二的胡靖擢为第一。后来惠帝亡国，倒是王良以死殉国，而胡靖却投靠了永乐皇帝，做了高官。明英宗对朝臣的相貌也特别看重，天顺时，大同巡抚韩雍升为兵部侍郎，英宗发诏让大学士李贤举荐一个与韩雍人品相同的人继任。李贤举荐了山东按察使王越。王越长得身材高大，步履轻捷，又喜着宽身短袖的服饰。英宗见后很是满意，说："王越是爽利武职打扮。"后来王越在边陲果然颇有战功。

　　用人时首看其德，后观其才。否则纵有精明头脑和超人才能，也是不能委以重任的，用了这样的人，只能得不偿失。有的时候我们可以以貌识人，但不能以貌取人。

领导者管理好下属的诀窍是激励

【原文】大人寄形于天地而万物备，历心于山海而国家富。(《韩非子·大体》)

【大意】领导者的气度要像天一样辽阔而使万物齐备，其涵养像山海一样宏大，国家才能富强。

作为一个小有成就的领导者来说，如果想让自己的事业更上一层楼，如果想更好地管理下属，最好的办法便是用广阔的胸怀去激励你的下属。

著名企业家、管理大师艾柯卡曾经说过："一个经理人能够有效地激励他人，便是很大的成绩，要使一个单位有活力有生气，激励就是一切。你也许可以干两个人的活，可你成为不了两个人，你必须全力以赴，去激励另一个人，也让他激励他手下的人。"

那么，下面这些方法能够使你达到激励别人的目的。

充分肯定下属的出色工作。如果你的下属们完成的工作质量非常出色，而身为管理者的你却从来不去注意，他们很快就会觉得实在没有必要如此卖力地工作，毕竟这项工作完成得一般还是出色与他们的关系并不是十分密切，于是，下属们的工作质量就会慢慢地下降。更重要的是，你的下属们会认为是你将他们的工作成果全部据为己有，你成了一个"摘桃子"者。这时，你的下属心里会想，你始终不提我们工作得出色，还怎么可能会向上司反映我们的业绩呢？

总之，如果你作为一个公司的管理者，就有必要也有义务让你的下属们知道你是一名有劳必酬的管理者。这是一种最好的激励方法。

让下属承担富有挑战性的工作。我们每个人都喜欢表现自我、超越自我，都希望在原来的基础上取得新的成就，更上一层楼。那么，你的下属也一样。对于你的下属来说，从你那里接受挑战性的工作，可以使他们非常清楚地意识到自己肩上担子的分量。正是接受挑战性工作本身的这种紧迫感和责任感而不是工作本身，使得你的下属今后得以成功。工作中的挑战性是非常重要的，它能够激发一个人的工作热情，激励你的下属在今后的工作中更加勤奋努力，从而对自己树立起坚定的自信心，获得事业的成功。这一点无论是对你的旧下属，还是旧员工，都是如此。

恢复下属的自信心。美国哈佛大学的劳伦斯教授一直将自己的研究工作专注于影响工作业绩的关键条件上他指出，导致一个人工作业绩好坏的因素主要来自于以下方面：工作的满意程度；自信。那么，你的下属怎样才能在工作中树立起自信心呢？世界著名的心理学家艾里克森的解释是，一个人的自信心最终的形成与确定需要两个条件：首先要有一个紧迫的环境；其次要有一个"化险为夷"、渡过"危机"的结果。换句话说，一个人自信心的获得是在一次又一次渡过危机的过程中实现的。他同时指出，一个人自信心的提高，会使我们对自我的把握能力加大，这种自我把握能力是一个人对自己准确评估与预见的能力，它会在人的内心产生一种能动的力量，促使个人向完善发展，并且因此而把握一个企业正确的途径。

在工作中多褒少贬。一个出色的、精明的管理者，不会在一些小事上对自己的下属横挑鼻子竖挑眼，而是应该采取一种宽宏豁达的态度，让下属在犯了错误做了错事之后尽快地了解自己的错误，而不是打击他们的自信心，给予他们时间去争取下一步的胜利。

不要无谓地非难你的下属。在公司管理工作中，对于下属的失败，假如你熟视无睹，不加以批评的话，就有可能使下属缺少警惕性，很可能还会重蹈覆辙。为了使你的下属不被同一块石头绊倒两次甚至多次，你一定要深究造成失败的原因，促使他自己进行深刻的反省，所以，批评犯了错误或者失败了的下属是对的。但是，批评不意味着你就可以去非难他，批评和非难这两者之间的区别是显而易见的。从对象的角度和心理去考察，"非难"带有明显的攻击意味，而攻击下属的失败，在结果上只能使他们产生一种逆反心理，使得批评的效果大打折扣。而你若是通情达理、体贴下属的话，你就应该批评他，下属并不会因此而怀恨在心的。因为正确地运用批评的武器也是一种激励手段。

让你的下属有归属感。从管理者和组织的角度来说，一个有着主人翁意识的员工，一定是深爱着自己的工作、部门和公司，对组织有着巨大的献身精神的人。而从员工本身的角度来看，主人翁意识意味着他们有权对自己的工作以及与之有关的其他事情做主。主人翁精神就是一种创造性的精神，它要求人们运用自己的判断力，去解决组织所面临的困难和问题，用自己的自豪感、自信心所焕发出的巨大热情去创造一个又一个奇迹。

一个团队之中，管理者如果能知人善任，成功地激励下属，那么这个团队也就拥有了无穷的活力，从而立于不败之地。

宽以待人

【原文】 举事无患者，尧不得也。(《韩非子·用人》)

【大意】 办事不会出差错，就是连尧都不可能做到。

"人非圣贤，孰能无过。"当下属犯了过错时，只要不是涉及非常重大的原则性问题，该放过的还得放过，这种招揽人心的办法正是让下属死心塌地跟着你的最佳机会。

一般用人者，都希望手下之人有功，不愿其有过，也不容其有过。然而善于用人者，却能利用手下人的过错，使之成为下属死心塌地跟随自己的一个机会，这种驾驭下属的能力是成大事者必须具备的一种"心计"。

春秋战国时，有一次楚庄王举行宴会，招待他的一批得力臣下。他让自己一位心爱的美女为众人斟酒，以助酒兴。夜幕初降时，众人已有几分醉意，这时，一阵风吹灭了烛火。黑暗中，有人借着酒意，趁机拉住斟酒美女的衣袖，但被此美女挣脱了。美女机灵，顺手拉断了那人的帽缨握于手中。

烛火点燃之前，美女来到楚庄王座前，拿出帽缨，非要楚庄王查出此人，严加惩处，为自己出气。

虽然美女是悄声说话，但坐在楚庄王旁边的臣下们已猜出几分，不禁替那位冒失的人捏了一把汗。而那位冒失之人已吓得冷汗淋漓，面如土色，垂头待死。气氛十分紧张，庄王却不动声色，似乎什么事都没发生。他大声下令："今天，有这么多的猛将良臣与我共饮，我觉得十分痛快。咱们继续喝，不醉不罢休。还有，谁不把帽缨扯断，谁就没有痛饮尽欢，我就要罚他！"

所有的臣子们都拉断了自己的帽缨，放胆狂饮，直至东倒西歪才尽兴离去。

不久，在楚国围困郑国的一场重要战事中，一位武士特别勇敢，带头冲入敌阵，交锋五个回合，杀了五个敌人。他的神勇极大地鼓舞了楚军将士的斗志，大家齐声呐喊，冲向敌军。郑国军队被吓得乱了阵脚，丢盔弃甲，狼狈而逃。楚军大获全胜。

之后，楚庄王派人慰劳这位武士，一打听，才知他就是上次宴会上被美女拉断帽缨的人。

试想，如果楚庄王为那次宴会上的小事而责罚那人，那么也就没有后来武士在战场上的神勇表现了，楚庄王对部下的一次宽容便收服了这位日后的能人。做上司的人就应该像楚庄王这样，当部下做了对不起你的事时，不必大动干戈，最终，你将会得到他的鼎力帮助。

上司需要大度，对人不过分严厉，才能使你的下属甘心为你服务。古来仁人智者，都深明此理。俗话说"林子大了，什么鸟都有"，在建立事业的过程中，什么样的人才都需要，犹如林中百鸟。

上司人在高处，往往是人们注意的目标，下属多把目光注向你，你的一举一动均受到他们的注意。是否宽容地对待他人，他们都知道得一清二楚，正所谓群众的眼睛是雪亮的。而且，他们对你的言行举止都是很挑剔的，稍有不慎，别人就会抓住你的把柄。所以，宽以待人，也是深得人心，搞好与群众关系的重要方法之一。

齐国田婴门下，有个食客叫齐貌辨，他生活不拘细节，我行我素，常常犯些小毛病，弄得别人很不愉快，不招人喜爱。门客中有个士尉劝田婴不要与这样的人交往，田婴不听，那名士尉便辞别田婴另投他处去了。为这事，门客们愤愤不平，田婴却不以为然。田婴的儿子孟尝君私下劝父亲说："齐貌辨实在讨厌，你不赶他走，却让士尉走了，大家都对此事议论不休。"

田婴一听，大发雷霆，吼道："我真想宰了你们。我看我们家里没有谁比得上齐貌辨。"这一吼，孟尝君和门客们再也不敢吱声了。而田婴对齐貌辨更加客气了，吃住用全是上等的，并派长子供养他，给他以特别的款待。

不久,齐威王去世,齐宣王继位。宣王担心田婴权势太重,威胁自己,不喜欢他,田婴不得已离开国都。其他的门客见他没了权势,离他而去,只齐貌辨与他一起回到他的封地薛。回去没多久,齐貌辨要求去说服宣王,田婴担心他的安全,劝其不要去,齐貌辨对劝阻他的田婴说:"我本来就没想要活着回来,您就让我去吧!"后来宣王听了齐貌辨巧妙的劝言之后,亲自到都城外迎接田婴,并马上任命田婴为相国。

用人,各有各的标准,有的严格,有的宽松。而一个人犯了错误被宽容总是心存感激,这是人之常情,用人者要善于利用这一点。要知道你一时的宽容就能赢得部下不惜一切代价效忠于你。齐国相国田婴正是由于他对下属齐貌辨的宽容和信任,才为自己留下了一条后路。

作为上司来说,前面的路途并非是一帆风顺,总会或多或少有些不顺利。如果人人都像田婴那样,宽容对待下属,岂不是为自己以后多留了一条生路吗?

身处高位的人,往往对自己的缺点难以发现,却能够将别人的缺点看得一清二楚,所以在批评他人的时候,容易忽视自身缺点,而严厉地指责他人的过错。这样做,一旦超出了别人所能忍受的范围,会引起别人的厌恶与反感,丧失说服力。所以要给他人留面子,要多体贴人,不要过多指责别人的过失,不去攻击别人的私事,更不要去揭别人的旧疮疤。

孟尝君曾经担任齐国的宰相,在各国声望都很高。他家中养了许多食客,其中有一位食客与孟尝君的小妾私通。有人暗自将情况报告给了孟尝君,说:"身为人家的食客,暗中却和主人的妾私通,实在是太不应该了,理当将他处死。"孟尝君听后,只是淡淡地说了声:"喜爱美女是人之常情,不必再提了。"

时间又过了一年,孟尝君召来那位食客,对他说:"你在我门下已经有好长一段时间了,到现在还没有适当的职位给你,心里十分不安。现在,卫国国君和我私交非常好,不如让我替你准备车马银两,你到卫国去做官吧。"

于是,这位食客来到了卫国,受到卫君的赏识和重用。后来,齐国和卫国关系十分紧张。卫国国君想联合各国攻打齐国。此人于是对卫君说："臣之所以能到卫国来，全赖孟尝君不计较臣无能，将臣推荐给卫国。臣听说齐、卫两国的先王曾经相互约定，将来子孙之间绝不彼此攻伐，而陛下您却想联合其他国家去攻打齐国，这不仅违背了先王的盟约，同时也辜负了孟尝君的情谊。请陛下打消攻打齐国的念头吧。不然，臣宁愿死在大王面前。"卫君听后，佩服他的仁义，于是打消了攻打齐国的念头。齐国的人听后赞颂道："孟尝君实在是善治政事，竟然使齐国转危为安。"

正是孟尝君以宽容的胸襟，不斤斤计较，善于体谅别人，所以他收服了人心，最后使齐国转危为安，避免了战乱，两国相安。

能够宽容地对待下属的人，必能得到下属的衷心拥护。中国古代哲学家荀子说过："君子贤而能容罢，智而能容愚，博而能容浅，粹而能容杂。"这揭示的是一个做人的道理，更是用人的道理。

不可过分信赖自己的下属

【原文】人主之患在于信人，信人，则制于人。(《韩非子·备内》)

【大意】君主的忧患之处在于过分信任人，一旦过分信任了某人，则会受制于此人。

韩非子此指信任也不可过度，超出正常信任便可成为祸患。同样，对于上司来说，过于相信某位下属，则极有可能造成下属的专权事件发生，甚至会造成下属的谋反，这样的例子在历史上并不鲜见。其中唐朝的安禄山对唐玄宗的反叛便是最著名的例子。

公元743年，安禄山任平卢节度使，入朝时玄宗常常接见他，并对他特别优待。安禄山竟乘机上奏说："去年营州一带昆虫大嚼庄稼，臣即焚香祝天：'我如果操心不正，事君不忠，愿使虫食臣心；否则请赶快把虫驱散。'下臣祝告完毕，当即有大批大批的鸟儿从北飞下来，昆虫无不毙命。这件事说明只要为臣效忠，老天必然保佑。应该把它写到史书上去。"

如此谎言，本来十分可笑，但由于安禄山善于逢迎，脸皮已厚至无形，唐玄宗竟然信以为真，并更加认为他憨直诚笃。

安禄山是东北混血少数民族人，他常对玄宗说："臣生长若戎，仰蒙皇恩，得极宠荣，自愧愚蠢，不足胜任，只有以身为国家死，聊报皇恩。"玄宗甚喜。有一次正好皇太子在场，玄宗与安禄山相见，却故意不拜，殿前太监大声呵斥道："安禄山见殿下何故不拜！"安禄山假意惊叫道："殿下何称？"玄宗微笑说："殿下即皇太子。"安禄山又假装不明白似的问道："臣不识朝廷礼仪，皇太子又是什么官？"玄宗大笑说："朕百年后，当将帝位托付，故叫太子。"安禄山这才装作刚刚醒悟似的说："愚臣只知有陛下，不知有皇太子，罪该万死。"并向太子补拜，玄宗感其"朴诚"，大加赞美。

公元747年的一天，玄宗设宴。安禄山自请以胡旋舞呈献。玄宗见其大腹便便竟能作舞，笑着问："腹中有何东西，如此庞大？"安禄山随口答道："只有赤心。"玄宗更高兴，命他与贵妃兄妹结为异姓兄弟。安禄山竟厚着脸皮请求做贵妃的儿子。从此安禄山出入禁宫如同皇帝家人一般，玄宗更加宠信他，竟把天下一半的精兵交给他掌管。

安禄山的叛乱阴谋许多人都有察觉，一再向玄宗提出。但唐玄宗被安禄山深藏不露的假象所迷惑，将所有奏章看作是对安禄山的妒忌，对安禄山不仅不防，反而予以同情和怜惜，不断施以恩宠，让他由平卢节度使再兼范阳节度使等要职。

安禄山的计策得手，见唐玄宗对他已只有宠信毫不设防，便紧接着采取"乘疏击懈"的办法，搞突然袭击，燃起了安史之乱的大火。他的战略部署是倾全力取道河北，直扑东西两京长安和洛阳。

这样，安禄山虽然只有10余万兵力，不及唐军一半，但唐朝的猛将精兵皆聚于西北，对安禄山毫不防备，广大内地包括两京只有8万人，河南河北更是兵稀将寡。且唐朝和平已久，武备废弛，面对安禄山一路进兵，步骑精锐沿太行山东侧的河北平原进逼两京，自然是惊慌失措，毫无抵抗能力。因而，安禄山从北京起程到袭占洛阳只花了33天时间。

不过，唐朝毕竟比安禄山实力雄厚，惊恐之余的仓促应变，也在潼关阻挡了叛军锋锐，又在河北一举切断了叛军与大本营的联系。然而无比宠信的大臣竟突然反叛，唐玄宗无比震怒，又被深深地刺伤自尊心，变得十分急躁。而孙子曰："主不可以怒而兴师，将不可以愠而致战。"安禄山的计谋已足以使唐宗失去了指挥战争所必需的客观冷静，愤怒焦急之中，忘记了当时最需要的就是先求稳住阵脚，赢得时间，待"勤王"之师到达后一举聚歼叛军之要义，草率地斩杀防守得当的封常青、高仙芝，并强令哥舒翰放弃潼关天险出击叛军，结果是大败而归。

幸好李唐王朝的根基尚在，当郭子仪、李光弼等大将率军反扑后，安禄山才兵败，从而保住了李唐江山，但从此盛唐之势也一去不复返了。可见过于信赖属下，被属下蒙蔽，所带来的灾难是多么巨大。

奖励手段十分重要

【原文】 赏誉薄而谩者下不用也；赏誉厚而信者下轻死。(《韩非子·内储说上七术》)

【大意】 奖励微薄而又不兑现的话，下属就不会为领导者所用；奖励重而又守信用，那下属就会为领导者卖命。

人大概都对权力有着一种天然的嗜好，作为一个上司来说，使下属甘心为自己服务，仅仅靠感情和金钱是不够的，必要时候用加官晋爵来满足下属的权力欲，便能收到很好的效果了。

人对权力的欲望很大的原因是虚荣心的问题。官大了，自然而然便有了一种优越感和成就感。

楚汉相争中刘邦能够得到天下，很重要的一个原因便是他能用加官晋爵的方式驾驭他的部下，为己所用。在楚汉相争这场大战中，项羽和刘邦这对立的双方，在力量的对比上其实是很不平衡的。项羽无论是个人的勇猛威武、名望的影响力、士卒的精锐、战功的卓著，都远远超过了刘邦，可是最后却败在刘邦的手下，这究竟是因为什么呢？其中一个重要的原因，便是在官爵的封赏上没有刘邦的手段高明。

韩信是刘邦取得胜利的一个关键性人物，可以说，没有韩信，便没有刘邦的江山。而韩信原来却是项羽的部下，为什么他要弃项而归刘呢？他在同刘邦谈到项羽时曾说过这样一段话："项羽虽然对人也恭敬慈爱，同人说起话来，平易近人，如拉家常。谁要是有了疾病，他会急得流泪，将自己的饮食送给病人。可是，当别人立了大功，应该封官赏爵时，他把封赏的印鉴都刻好了，放在手上摩得印角都磨灭了，还是舍不得交给应受封赏的人，实在是太小家子气了。"

看来项羽不善于利用封赏官爵这个手段来激发别人为他效力，他的那些小慈小悲的举动，是所谓口惠而实不至，无怪韩信要弃他而去了。韩信向刘邦建议，要反项羽之道而行之，大胆任用天下强将，将天下城邑封赏给有功之人，这样便可以无往而不胜。

刘邦接受了韩信的建议。在这之前，他已破格将韩信这个投奔来的普通士卒一步登天地提升为大将，而且拜将的礼仪极为隆重。韩信果然很为他卖命，取得了一次又一次重大胜利，后来占据了山东的大片土地。为了稳定这一地区的人心，韩信向刘邦请求封自己为"假齐王"（即代理齐王）。当时刘邦正被困荥阳，盼着韩信来解救他，一接到韩信的请求，十分恼火，不由得破口大骂道："我被困在这里，瞪大了眼睛盼他来救我，他倒想自己称王！"

这时，他的谋士张良、陈平暗暗地踩了一下刘邦的脚，附耳低声对他说："我们现在处境十分困难，还怎么能够禁止韩信自己称王？不如顺势卖个好，就立他为王，对他客气点，让他固守在齐地。要不然，会出乱子的！"

刘邦立刻醒悟了，他现在其实是控制不了韩信的，只有来个顺水推舟，答应韩信，才能将他笼络住。于是刘邦立刻改口道："大丈夫平定天下，要当就当真王，干吗当假王？"

当时便派了张良去到韩信那里，当面封他为齐王。

后来，到了楚汉相争的关键阶段，刘邦又一次受困，通知韩信及另一位大将彭越前来会战，这两个人都没能如约前来，刘邦一筹莫展。张良又给他出谋划策："眼看楚兵就要失败，而韩信、彭越没有得到划分的封地，他们不来，也是理所当然的了。君王如果能同他们共分天下，他们马上便会前来；如果不能，事情就很难预料了。君王如果将淮阳到海边的这一片土地尽划归韩信，将睢阳以北到谷城这一片土地尽划归彭越，让他们各自为战，楚方很快便会失败了。"

刘邦接受了张良的建议，韩信与彭越便分进合击，大败项羽于垓下，迫使项羽自刎乌江，而将刘邦推上皇帝的宝座。

刘邦的高明之处，在于他比项羽大方，为了掌权不吝封侯之赏，笼络住了人心，因而稳定了自己的权力，终使一代英雄更替，一个王朝新生。

刘邦是个农民，在起事之初，没有贵族出身的项羽那么多的霸气，而更多了一些狡黠和精明。他看出来，在当时那个乱糟糟的形势下，群雄并起，有枪就是草头王，天下原本不是哪一姓一家的，韩信也好，彭越也好，完全可以凭借自己的实力去称霸称王，根本用不着他的恩赐。他们让他授封，这是推崇他、抬高他，他不费一弓一矢，只用一个虚名，便拉住两位大将为他卖命，何乐而不为呢？刘邦的小算盘拨得是很精明的，正是因为有了这些人才的辅佐他才得了天下。

不可使自己的下属过于显贵

【原文】有道之君，不贵其臣；贵之富之，彼将代之。(《韩非子·扬权》)

【大意】懂得管理的领导者，绝不会使他的属下过于显贵；如果属下过于显贵，他们就会取而代之。

下属的权力和地位过于显贵，对于上司来说当然不是什么好事，因此聪明的领导懂得管好下属的技巧，在提升下属时能做到准而确之。

南宋初年，面对金朝人的大举入侵，当时号称名将的刘光世、张浚等人，只会一味地避敌逃跑，而不敢奋起反击。这一方面因为他们天生患有"软骨病"，另一方面也因为他们官已高、位已尊，即使立了大功，也没有更大的升迁。他们便安于现状，什么国家利益、民族利益，在他们心目中根本不占什么地位。

当时岳飞入伍不久，虽然已崭露头角，但还没有太大的名望和地位。当时有个叫郡缉的人，上书朝廷，推荐岳飞，那封推荐书写得很有意思：

"如今这些大将，都是富贵荣华到了头，不肯再为朝廷出力了，有的人甚至手握强兵威胁控制朝廷，很是专横跋扈，这样的人怎么能够再重用呢？"

"驾驭这些人，就好像饲养猎鹰一样，饿着它，它便为你博取猎物，喂饱了，它就飞掉了。如今的这些大将，都是还未出猎都早已被鲜汤美肉喂得饱饱的，因此，派他们去迎敌，他们都不会太卖力的。"

"至于岳飞却不是这样，他虽然拥有数万兵众，但他的官爵低下，朝廷对他也未有什么特别的恩宠，是一个默默无闻的低级军官，这正像饥饿的雄鹰准备振翅高飞的时候。如果让他去立某一功，然后赏他某一级官爵，完成某一件事，给他某一等荣誉，就好像猎鹰那样，抓住一只兔子，便喂一只老鼠，抓住一只狐狸，就喂它一只家禽。以这种手段去驾驭他，使他不会满足，总有贪功求战之意，这样他必然会为国家一再立功。"

虽然这位郡缉将岳飞看成一个贪功求利的人，但是，在其推荐书中所涉及的两种封官手段却能让我们深思：

一是分割封官的过程不能一步到位。封官如同商品交换一样，"得一兔则饲以一鼠，得一狐则饲以一禽"，立小功封小官，立大功封大官；要把封官的过程拉得特别长，使臣下的官欲永远不会有满足感，这样他才会总有立功的动力。火箭式的封官办法是不可取的。

二是封官不仅不要一步到位，而且最好永远不要到位。官做大了，立功进取的意志便懈怠了；一旦官做到了头，不但立功进取的意志消失，而且还可能滋生野心。从历史上看，那些官职到头的人，如王莽、曹操、司马昭等人，最后都变成了篡权者。

正所谓"天下熙熙，皆为利来；天下攘攘，皆为利往"，我们不能否认有视功名利禄为浮云的人物，但在职场中，身为上司的你却不能指望下属中有这样的人物出现，因此要时刻注意下属有越权的情况发生。

下属的越权一般说来有三种情况：一是由于对其职责权限不甚明了，或只是纸面上的明确，而在实践中"晕了头"，因而无意识地、不自觉地越权；二是由于对上级领导不满意，或为了显示个人才能而有意地、不正当地越权；三是在非常情况下的越权。管理人员要根据不同的越权情况，采取不同的防止下属越权的方法。

1. 明确职责范围

权力是适应职务、责任而来的。职务，是管理人员一定的职位和由此产生的职能、责任，是行使权力所需要承担的后果。有多高的职务，就有多大的权力，就要承担多大的责任。职、权、责一致是领导工作的一个重要原则。因此，只有职、权、责相统一，真正克服有责无职无权、有职有权无责、有职无权无责、无职无责有权等现象，才能防止越权现象。

因此，一定要明确职责范围，研究出若干办法，制定实施细则，根据已有的经验来定位、定人、定责、定标、定权。除规定常规决策、指挥、组织、管理等工作的分工外，明确可能出现的非常规问题由谁负责处理。防止出现对有些问题和临时发生的事情谁管都可以、谁不管都行的含糊不清的现象。

2. 进行一级管理一级的教育

除了对下属明确职、权、责的范围外，还要对下属进行分级领导原则的教育。分级领导就是分层领导，这是事物发展的客观要求，任何事物都作为系统而存在，都有层次结构，它的发展变化都是有规律的，系统之间能否有效地运转是层次性决定的，同一层次的诸系统的功能联系须由各级系统之间自主地进行。只有在发生障碍、产生矛盾、出现不协调时，才提交上一层次的系统解决。这是分级领导的理论依据。

下属根据这一原则，要认真地做好本层次的工作，对上级领导负责，执行上级的指示，接受上级的指导和监督，主动经常地请示汇报工作，积极地、创造性地完成上级领导交给的一切任务。不能见难就退，矛盾上交；也不能固执己见，擅自做主，独往独来。对下属的越权，尤其是对有意的越权，应提高到目无组织、目无领导，本位主义和闹独立性的高度来认识。

3. 为下属排忧解难

上级领导在决策的基础上，在给下级部署任务、提出要求的同时，要深入基层，为下属完成任务创造必要的条件。上级要为下属服务，支持、鼓励、指导、帮助下属，关心、爱护下属，为下属排忧解难，及时解决他们工作中自己难以解决的问题及不协调的关键问题。这样，也可以防止或减少下属由于来不及请示而出现的越权现象。

领导者要懂韬晦之策

【原文】君无见其所欲，君见其所欲，臣自将雕琢；君无见其意，君无其意，臣将自表异。（《韩非子·主道》）

【大意】领导者不要表现出自己的想法，否则下属就会粉饰自己；领导者不要表现出自己的意图，否则下属就会伪装自己。

韩非子曾经告诫君主说："人君防备臣下，要处无为之事，行不言之教。"尤其是在时机不成熟的时候，最好的方法就是以韬晦之策，暗中观察群臣的行为，以发现真正的人才。

在中国历史上，以韬光养晦而成大事的人物很多，楚庄王可算其一。他"三年不鸣，一鸣惊人"，先隐忍不发，甚至采取了自污以掩人耳目的做法，通过数年的暗中观察，弄清了朝中大臣的真实心理和才干，锻炼了自己，增长了才干，为以后成就霸业奠定了基础。

在楚庄王继位之前，楚国的内政可谓经历了长期的混乱。楚庄王的爷爷楚成王企图争霸中原，被晋国军队在城濮之战打败，不久又祸起萧墙。原定商臣为太子，但后来楚成王发现商臣眼如黄蜂，声如豺狼，认为这样的人生性残忍，便想改立太子。商臣是个十分有心计的人，听到风声就积极行动起来。他设宴招待姑母，故意在宴上轻侮姑母，姑母果然愤怒地说："怪不得你父亲要杀了你另立太子！"因为楚成王遇事总与妹妹商量，所以，商臣认为姑母的话证实了传言。他连忙向老师潘崇问计，潘崇问："你愿意奉事公子职吗？"商臣说："不愿意。"又问："你能逃出楚国吗？"回答说："不能。"潘崇最后问道："你能成大事吗？"商臣坚决地说："能！"

公元前262年，商臣率人冲进宫廷，逼父亲成王自杀，自己即位为楚穆王。

穆王在位12年，死后由子侣即位，是为楚庄王。

楚庄王当时很年轻，即位之始，他并未像其他新君那样雷厉风行地干一些事情，而是不问国政，只顾纵情享乐。他有时带着卫士姬妾去云梦大泽游猎，有时在宫中纵酒观舞，浑浑噩噩，无日无夜地沉浸在声色犬马之中。每逢大臣进宫汇报国事，他总是不耐烦地回绝，任凭大臣们自己办理。他根本不像个国君，朝廷上下也都拿他当昏君看待。

看到这种情况，朝中一些正直的大臣都十分着急，许多人都进宫去劝谏，可楚庄王不仅不听劝告，反觉得妨碍了他的兴趣，十分反感，后来干脆发了一道命令：谁再来劝谏，杀无赦。

三年过去了，朝中的政事乱成一团，但楚庄王仍无悔改之意。在这期间，他的两位老师斗克和公子燮攫取了很大的权力，斗克因为在秦、楚结盟中有功，楚成王没给他足够的报偿，就心怀怨愤，公子燮要当令尹未能实现，也心怀不忿，二人因此串通作乱。他俩派子孔、潘崇二人去征讨舒人，又把二人的家财分掉，并派人刺杀二人。刺杀未成，潘崇和子孔就回师讨伐，斗克和公子燮竟挟持庄王逃跑。在到庐地时，当地守将戢黎杀掉了他们，庄王才得以回郢都亲政。就是经历了这样的混乱，楚庄王仍不见有甚起色。

大夫伍参忧心如焚，再也忍不下去，冒死去进谏庄王。庄王看到伍参进来，当头喝道："你难道不知道我的命令吗？是不是找死呢？"

伍参抑制住慌张，连忙赔笑说："我哪敢来进谏，只是有一个谜语，猜了许久也猜不出，知道大王天生聪慧，想请大王猜一猜，也好给大王助兴。"楚庄王这才放下脸，说道："那你就说说看。"

伍参说：高高山上有只奇怪的鸟，身披鲜艳的五彩衣，美丽而又荣耀，只是一停三年，三年不飞也不叫，人人猜不透，实在不知是只什么鸟！

当时的人喜欢说各种各样的谜语，称作"隐语"，这些隐语往往有一定的寓意，不像今天的谜语这样单纯，因此，人们多用这些隐语来讽谏或劝谏。楚庄王听完了这段话，思考了一会说："三年不飞，一飞冲天；三年不鸣，一鸣惊人。此非凡鸟，凡人莫知。"

伍参听后，知道庄王心中有数，非常高兴，就趁机进言道："还是大王的见识高，一猜就中，只是此鸟不飞不鸣，恐怕猎人会射暗箭啊！"楚庄王听后身子一震，随即就叫他下去了。

楚庄王实在是一个了不起的人物。一般的韬晦之策最多不过是迷惑对方，使其对自己放松警惕，而楚庄王的韬晦不仅是迷惑对方，更多的还是要忍耐别人的误解。

伍参回去后就跟大夫苏从商量，认为庄王不久即可觉悟。没想到几个月过去后，楚庄王仍一如既往，不仅没有改过，还越发不成体统了。苏从见状不能忍耐，就闯进宫去对庄王说："大王身为楚国国君，即位三年，不问朝政，如此下去，恐怕会像桀、纣一样招致亡国灭身之祸啊！"庄王一听，立刻竖起浓眉，露出一副暴君的形象，抽出长剑指着苏从的心窝说："你难道没听到我的命令？竟敢辱骂我，是不是想死？"苏从沉着从容地说："我死了还能落个忠臣的美名，大王却落个暴君之名。如果我死能使大王振作起来，能使楚国强盛，我甘愿就死！"说完，面不改色，请求庄王处死他。

楚庄王等待多年，竟无一个冒死净谏之臣，他的心都快凉了。这时，他凝视了几分钟，突然扔下长剑，抱住苏从激动地说："好哇，苏大夫，你正是我多年寻找的社稷栋梁之臣！"庄王说完，立刻斥退两旁侍人，拉着苏从的手谈起来。苏从惊异地发现，庄王虽三年不理朝政，但对朝中大事及诸侯国的情势都了如指掌，对于各种问题也都想好了对策。

楚庄王这只"不鸣鸟"，在忍耐了三年之后，终于发出了嘹亮的声音！

第二天，他就召集百官开会，任命了苏从、伍参等一大批德才兼备的大臣，公布了一系列的法令，还采取了削弱若敖氏的措施，并杀了一批罪大恶极的犯人以安定人心。从此，这只"三年不鸣"的"大鸟"开始励精图治，争霸中原。

应当说，楚庄王确实是一个有智谋的人。

这只"大鸟"真的一鸣惊人，在他开始着手治理楚国之时，楚国正遇上了大灾荒，四周边境又遭进攻。他在极其困难的条件下，击败了他国的进攻，争取了巴、蜀等小国部族的归附。然后整顿内政，国家开始富强，他善于纳谏，重视用人的一技之长，改革政令制度，尤其是改革兵役制，使楚国逐渐成为一个军事强国。

后来，庄王平定了国内的若敖氏叛乱，对外进行了长期的战争，终于成为春秋五霸之一。

原来，这仅是庄王利用韬光养晦之策导演的一场戏。他即位时十分年轻，不明世事，朝中诸事尚不明白，也不知如何处置，况且人心复杂，尤其是若敖氏专权，不明所以，他更不敢轻举妄动。无奈之中，想出了这么一个自污以掩人耳目的方法，静观其变。在这三年中，他默默地考察了群臣的忠奸贤愚，也测试了人心。他颁布劝谏者死的命令，也是为了鉴别哪些是甘冒杀身之险而正直敢言的耿介之士，哪些是只会阿谀奉承，只图升官发财的小人。如今，他年龄已长，经历已丰，才干已成，人心已明，也就露出庐山真面目了。

楚庄王的韬光养晦并非在受到失败与挫折时才被迫进行的，而是为了更好地掌握未来而主动进行的，这尤其需要耐心、修养、智谋和胆识。楚庄王这样的做法给我们提供一个有益的启示：即使在一帆风顺的时候，也要注意使用各种方法增长自己的见识，砥砺自己的才能。

韬光养晦是一种大智慧。中国历史久远，如果仔细回首历史，也许就会吃惊地发现，历史上的许多帝王和有作为的人物都是非常善于韬光养晦的。他们审时度势，讲究策略，忍住尔虞我诈的古代官场倾轧，而后一举出奇计、建奇功，进而达到自己的目的。

恩威并用，赏罚分明

【原文】功当其事，事当其言，则赏；功不当其事，事不当其言，则罚。(《韩非子·二柄》)

【大意】根据一个人的言论授予相应的职事，以职事责求功效。功效符合职事，职事符合言论，就赏；功效不符合职事，职事不符合言论，就罚。

作为一个领导者来说，光有赏还是不够的，必要的时候也要罚，这样才能让下属既服从又敬畏，能够更好地为你服务。

在赏与罚上，领导者要做到适度。

诸葛亮第一次出祁山时，连取三城，战场形势十分有利。这时，魏主曹睿派司马懿率兵前往帮助曹真。街亭是进出汉中的咽喉，若为司马懿所得，蜀军不仅进无所得，而且难于退足。面对这一严峻的形势，诸葛亮决定派一将守街亭。马谡自荐并立了军令状。诸葛亮唯恐有失，叮嘱马谡必当要道设寨，并派大将王平相助。马谡照搬兵法条文，不考虑实际情况，不遵从诸葛亮的军令，不听王平谏阻，导致街亭失守，使诸葛亮出祁山所创造的有利形势发生了逆转。为了明正军律，以服众人，诸葛亮挥泪斩马谡。之后，诸葛亮又以误用马谡而引罪，自作表文申奏后主刘禅，请求自贬丞相之职。

马谡在荆州时就追随诸葛亮，可谓是情深意厚了，但诸葛亮忍受内心的痛苦，不听蒋琬的劝阻，坚决处以极刑。其目的在于惩戒一人，教育大多数。相比之下，袁绍的做法就大为逊色。十八路诸侯讨董卓时，孙坚为先锋，盟主袁绍的弟弟袁术负责粮草供应，因听信谗言而不发粮草，致使孙坚兵败，袁绍却未能追究袁术的责任。这也是后来导致袁绍失败的原因之一了。

实施惩罚，不能对人严、待己宽。管理者应勇于承担责任，引咎自责，才能服众民心。诸葛亮斩马谡后，公开承认自己的用人不当，作表申奏后主请求自贬三等。反映了他胸怀博大，光明磊落，严于责己，不文过饰非。使得蜀国君主臣民敬服，被惩罚之人无怨可积。

曹操在讨伐张绣时，正值麦熟。曹操要求全军将士爱护庄稼，违者处以极刑。不料，一鸠飞起，曹操马惊踏麦，就拔剑欲自刎。将士劝阻，曹操割发代首，号令全军，风纪肃然。

惩罚要把握好度，惩罚运用不当，危害极大。《菜根谭》中写道："攻人之恶毋太严，要思其堪受。"意思是说，当责备别人的过错时，不可太严厉，要顾及到对方是否能承受。《三国演义》中惩罚失度的例子很多，吕布困于下邳孤城，因自己酒色伤身，遂下令城中禁酒，违者皆斩。侯成的五十匹马失而复得，置酒作贺，被吕布打得遍体鳞伤，众将都很气恼。侯成、魏续、宋宪合谋里应外合，助曹操破城，吕布殒命。张飞为关羽报仇心切，下令军中二日内制办白旗白甲，三军挂孝伐吴，部将范疆、张达因白旗白甲一时措办不齐，请求宽限，却遭张飞毒打，二将夜晚趁张飞醉酒，短刀刺入张飞腹部，张飞殒命。

赏与罚，曾被古人称为御人的"二柄"，是领导者统御部属、使用人才的重要手段。孙武把"法令孰行""赏罚分明"作为判明胜负的两个重要条件。曹操也说："明君不赏无功之臣，不赏不战之士。"赏罚分明得当，是古今中外一切用人者的根本原则。领导者一定要正确使用赏罚，切莫随心所欲，无原则赏罚。

第六章　统御臣民，富国强兵
——韩非子的"法制"思想

韩非子的"法制"思想与现代的法制思想有本质上的区别，由于受时代的限制，韩非子的"法制"思想表现为其手段是统御之术，其目的是富国强兵，这里面涉及统治者的手腕以及御民的途径。对统治者本身的修养，韩非子也提出了自己的见解。虽然法家思想没有成为两千年来的正统思想，但实际上历代统治者基本上是遵循了"外儒内法"的治国方略来实现其统治的。

君主要威严但不可过度

【原文】 爱多者则法不立，威寡者则下侵上。(《韩非子·内储说上七术》)

【大意】 君主过分仁慈的话，法制就建立不起来；君主威严不足，就要受到臣下的侵害。

君主的地位和利益在韩非子的思想里是占主导地位的，强调君主的威严是韩非子的一贯主张，保持君主的威严是实现统治的重要条件之一。

秦国在春秋战国时代能够独霸一方，与秦国统治者强调建立自己的威严是不无关系的。让我们来看一个故事。

秦国郎中阎遏、公孙衍有一天外出办事，看见一些百姓在庙前杀牛。他们感到十分奇怪，心想：现在不是祭祀的时节，百姓们为什么要杀牛呢？于是，两人上前询问原因。百姓回答说："我们杀牛祭祀老天爷，是为了还愿。"

两个郎中想进一步了解具体情况，又问："还愿？还什么愿啊？"

"事情是这样的，"百姓解释说，"前些日子，听说襄王病了，我们就买了这头牛，来庙里祈祷，并向老天爷许愿：等襄王病好了，就杀这头牛祭天。现在大王的病已经好了，我们就来还愿了。"

两位郎中听了后恍然大悟。他们想，襄王要是知道这件事，说不定有多高兴呢。于是，他们兴冲冲地回到王宫，向襄王道贺说："大王的功德已经超过尧、舜了。"

秦襄王听了，吃惊地问："这话怎么讲？"

两位郎中回答说："尧、舜虽是圣人，他们的百姓还不至于为他们祈祷。现在大王病了，百姓自动买牛为您祈祷；您的病好了，百姓就杀牛还愿。所以我们说，您的功德已经超过尧、舜了啊。"

秦襄王听后，非但没有露出很高兴的样子，反而很生气地说道："怎么可以这样呢？你们快去查一查，看是哪里所为，寡人要处罚那里的官吏们各出两副铠甲。"

阎遏、公孙衍听后，惊讶地问："大王为什么要惩罚他们呢？"

"你们为什么就不明白这个道理呢？"襄王解释说，"老百姓之所以为我所用，不是因为我爱他们，而是因为我有权势，他们才为我所用。现在，老百姓没有接到命令，就擅自为我祈祷，这是他们热爱我的表现。他们热爱我，我也必须爱他们，我一爱他们，就不能严格执法了。不能严格执法，就没有了威严，做不到令行禁止，将来就有以下侵上的危险，这是亡国之道。所以，我不如责罚那里的官吏，使百姓不敢再爱戴我，我也不必示爱他们。这样以后就可以严格执法，依照法律来治理国家了。"

阎遏、公孙衍听后连连点头，他们这才理解襄王的良苦用心。

秦国是法家思想执行得最彻底的国家，也是自战国时代最强大的国家。正是靠着这严酷的法令，秦国才得以击败六国而一统天下。这是法家思想对历史的贡献之处，但物极必反，如此严酷的统治最终也导致了秦国的灭亡，这正所谓是成也法家思想，败也法家思想了。

明君要能辨忠奸

【原文】古者先王尽力于亲民，加事于明法。彼法明，则忠臣劝；罚必，则邪臣止。(《韩非子·饰邪》)

【大意】古代的君主致力于亲近民众，从事于彰明法律。法律彰明，忠臣就能得到鼓励；有罪必罚，奸臣就会停止作恶。

忠奸从来都是存在的，君主应该擦亮眼睛，辨出下属的不良居心，中国历史上的韩昭侯便是这方面的高手。

有一次，他用餐的时候发现菜里面藏有一块生肝。他没有把大厨师找来问罪，而是把厨师的副手找来，很突兀地厉声喝问道："你为什么把这块生肝放在寡人的菜里？"

厨师的副手以为韩昭侯已经知道了一切，吓得浑身发抖，叩头谢罪说："小人该死，小人想陷害大厨师，想叫您撤他的职，好让我来接替他。"

还有一次，韩昭侯洗澡的时候发现澡盆里被人放上了一些石子。韩昭侯不动声色，私下问左右的人："现在这位负责我洗澡的人如果免职了，有没有接任的人？"

左右的人说："已经确定过一个接班人。"

韩昭侯说："好！你去把这个人叫来！"

那人来了之后，韩昭侯便大声呵斥道："你好大的胆子！为什么要在我的澡盆里放石子？"

那人面如土色，如实招供说："我该死，我是等不及了，想让您把现任管洗澡的人免职，让我抢班上岗，早点得到这份工作，才干出这等缺德事啊！"

这种"察奸"的方法和现代侦破案件的手段有些相似，即寻找造成这种结果后的受益者。有了这种思维，才不会轻易受蒙骗。

在中国历史上几个有名的明君中，若说有亲近老百姓的，以今日的标准来衡量，恐怕是没有的。这是因为时代环境变迁的关系，我们不能用今天的眼光去衡量它。在中国历史上比较"光明"的几个朝代里，唐太宗李世民应算一位。当唐太宗在位时，他底下的忠臣何其多，最有名的房玄龄、杜如晦、魏徵等，其余的也多是良臣人才，所以他在位的二十几年中，才能开创出贞观之治的盛世来。至于之后的唐玄宗在执政初期也是人才济济，身边都是尽忠职守的官员，所以才有开元盛世的美称。但到了后期他开始荒淫堕落，小人趁机当道，国势便一蹶不振了。

可见君主能够辨别出忠奸对一个国家的命运有着的关系，可惜这种君主在中国的历史中实在是太少了。这也许就是中国历史"五百年而王者兴"的循环原因吧！

第六章 统御臣民，富国强兵——韩非子的『法制』思想

王子犯法与庶民同罪

【原文】 法不阿贵，绳不挠曲。(《韩非子·有度》)

【大意】 国家制定的法令不能偏袒权贵，工匠画线的墨绳不能迁就弯曲。

中国自古就有"王子犯法与庶民同罪"的说法，但实际操作起来却是颇为艰难，因为王子的老子是皇帝，而皇帝有着至高无上的权威，谁得罪了皇帝，恐怕也就没有好日子过了。因此，"王子犯法与庶民同罪"只能作为一种平等的理想在民间流传了。中国历史上敢在太岁头上动土的人并不多，"黑包公"包拯算一个；在中国历史上留下不阿权贵美名的"强项令"董宣也是其中著名的一个。

汉朝的董宣在北海（今山东昌乐）地方做官的时候，当地发生了一件豪强地主随便杀人的案子。

有个叫公孙丹的人，在北海新建了一所富丽堂皇的住宅。房子完工以后，占卜的人说房子盖得虽然好，可是触犯了凶神，住进去一定会死人。公孙丹听了很害怕，决定牺牲别人的生命来免除自己的灾难。他的儿子站在门外等着，看到门口过路的人，随便抓几个来杀了，埋在住宅里，用这个办法来祭祀凶神，避免住进去以后死人的灾难降到自己的头上。

公孙丹父子随便杀人，当然是犯法的，依法当斩。可是公孙丹是地方上有名的豪强地主，平日里谁都不敢管他。

董宣却不怕这些，他认为自己既然是这里的地方官，就应当秉公办事，依法治理。他把情况了解清楚以后，立即派人把公孙丹父子抓来，判处死刑，并且立即就地执行。这样一来，北海一带的那些豪强地主大为震动,从此都不敢再为非作恶,随便杀人了。

董宣办理得最出色同时使他获得"强项令"称誉的事,是惩办湖阳公主管家的案件。

湖阳公主是光武帝刘秀的姐姐。有一次,湖阳公主家里的管家杀了人。当时正是董宣在洛阳担任县令,杀人犯害怕董宣治他的罪,就躲在湖阳公主家里不露面,靠着公主的庇护,逍遥法外。

董宣知道了这件事,很是气愤,便决心要把杀人犯抓来,依法治罪。

这一天,湖阳公主因事外出,带了一大群家奴同行。那个杀人的管家以为风头已经躲过去了,也混在家奴里面一起外出。董宣听到这个消息以后,马上带了县衙门的人马,守候在湖阳公主必经的夏门亭一带。当公主的车马前呼后拥地来到夏门亭时,董宣突然往路当中一站,挡住了去路。他用刀往地上一指,大声地对公主说:"禀告公主,您的管家横行不法,杀了人,应当判处死罪,请您把杀人犯交出来!"

湖阳公主见董宣拦住她的车马,要她交出管家,觉得自己在众人面前丢了面子,很不高兴。她把脸一沉,斥责董宣说:"董宣!你身为县令,不要随便乱说。我的管家怎么会杀人?你有什么真凭实据吗?"

董宣说:"我当然有凭有据,您的管家杀人的时候,有许多人亲眼看见的。您要不相信,我可以找人来作证!"

公主一看情况不妙,赶快改变口气说:"董宣,你要知道,我的管家是我最信得过的人,就算他真的杀了人,你看在我的面子上,就饶了他这一回吧!"

董宣看到湖阳公主居然藐视法律,想要庇护杀人凶手,就板起面孔大声对公主说:"公主!您家法不严,管家才胡作非为。他既然犯了法,就应当治罪,您不应该替他求情。难道公主家里的管家就可以不遵守皇上的法律吗?"

湖阳公主被董宣一责问,竟然一句话也说不出来了。那个杀人的管家一看情况不妙,赶快往人背后躲,可是董宣早已经认出他来了,命令手下人抓住他,拉到路当中,当场就把他斩了。

湖阳公主看到一个小小的县令居然敢冒犯她,当着众人的面杀她的管

第六章 统御臣民,富国强兵——韩非子的『法制』思想

135

家，心里非常气恼，就跑到皇宫里去，找到光武帝，诉说自己的委屈，要求光武帝给她做主。光武帝听说董宣对姐姐这样无礼，也很生气，立刻下令把董宣抓来，要用乱棍把他打死。

董宣被押到朝堂，见光武帝要打死他，不慌不忙地说："皇上要打死我，我当然不敢违抗。不过，请您允许我在临死之前讲句话。"

光武帝问："你想说什么？"

董宣说："陛下英明，所以才复兴了汉朝。如今公主的管家杀了人，公主置皇上的法律于不顾，想要庇护杀人凶手。我无非是公正地执行了法律，却要断送性命。陛下自己制定的法律却自己破坏了，这样怎么能把国家治理好呢？我看您不必打我，我自己在这里撞死好了。"

说完，就用头去撞宫殿的柱子，头皮撞破了，流了满脸的血。光武帝赶快叫太监把董宣拉住。他仔细一考虑，觉得董宣的话说得很有道理，但是为了照顾姐姐的面子，就想叫董宣给姐姐赔个罪，把事情了结。他对董宣说："你按照法律办事，的确是有道理的，但是你冒犯了公主，使公主受到惊吓，实属不该。你现在去给公主磕个头，赔个不是，我就饶了你。"

董宣听说叫他给公主磕头赔罪，很不服气，说什么也不肯答应。光武帝叫人把董宣拉到湖阳公主面前，按着他的脑袋叫他跪下磕头。董宣一屁股坐在地上，用两手撑着地，挺着腰杆，犟着脖子，死也不肯低头。

湖阳公主看到董宣态度强硬，觉得自己实在有些下不了台，她对光武帝说："早先陛下在乡下的时候，专门庇护那些亡命之徒，做官的都不敢到咱们家里来搜查。如今陛下贵为天子，难道连一个小小的县令也处治不了吗？"

光武帝苦笑着说："天子和老百姓不同。董宣是个'强项令'，是为了维护皇家的法律才这样做的，我不能处治他。你再找一个能干的人做管家吧！"说完，他下令把董宣放了；并赐予了他"强项令"的称号。

董宣能够得到"强项令"的称号而没有被砍头还算他幸运，因为他碰到了比较开明的光武帝，如果碰到的是一个昏君，那么他的头恐怕早就落地了。

信赏必罚，言出必践

【原文】赏莫如厚而信，使民利之；罚莫如重而必，使民畏之；法莫如一而固，使民知之。(《韩非子·五蠹》)

【大意】施行奖赏最好是丰厚而且一定能够兑现，使人们有所贪图；进行刑罚最好是严厉而且坚定，使人们有所畏惧；法令最好是一贯而且不可更改，使人们都能明白。

韩非子在这段话中阐述了奖惩与法令的重要性，提出奖赏要兑现，法令要严格执行，这样才能使老百姓信任，国家才能更好地得到治理。

战国时候，魏国的魏武侯在位时，吴起曾担任西河这个地方的太守。西河西边就是秦国，秦国有个岗亭靠近魏边境。驻守岗亭的秦国士兵经常来西河骚扰，或抢走农民的耕牛，或凌辱这一带的妇女，或偷割成熟的庄稼，西河百姓深受其害。因此，吴起一来，就决心拔掉这个钉子。可是，吴起手下兵力不足，临时征兵又很难征到。怎么办呢？他想了一个主意。

一天，吴起叫人把一根车辕子搬到北门外面，并把它斜靠在北门的一侧，旁边贴张告示：如果有人能将这根车辕子搬到南门外面，太守将赏给他良田二十亩，上等住宅一套。落款处是吴起的名字，并赫然盖着"西河太守"的大印。

消息很快传开了，许多人围着车辕子议论纷纷。有的说，车辕子那么轻，搬到南门也不远，赏赐怎么会这么厚呢？有的说，太守怕是在跟老百姓开玩笑吧？议论归议论，就是没有人动手去搬。

一直到傍晚时分，北门来了一个二十多岁的小伙子。他看了看告示，又看了看车辕子，将信将疑地问那负责监守的士兵："这是真的吗？"

那士兵回答："你没看见有太守的大印吗？"

小伙子心里还有些狐疑，但决定试一试。于是，他扛起车辕子，迈开大步，穿过繁华的闹市区，一直送到南门外面。小伙子身后跟着一大群看热闹的人，他们一方面嘲笑小伙子白日做梦，想得到天上飞来的横财，另一方面也想看看结果究竟如何。

负责监守的士兵看见车辕子送到了指定地点，就领着小伙子进了太守府。不一会儿，小伙子出来了，满心欢喜，手里拿着太守赏给的田契和房契。看热闹的人这下都傻眼了。

第二天，吴起又叫人把一石豆子放在东门之外，出告示说："如果有人把这石豆子送到西门外面，本太守将像昨天一样给予奖赏。"落款处依然是吴起的大名和西河太守的大印。

这一次，人们都争着去搬豆子了。搬运的人同样得到了赏赐。自此以后，西河百姓都知道了新来的太守言出必践，很守信用。

吴起看看时机已经成熟，就出了第三张告示："本太守明天将领兵攻打秦国的岗亭，为西河百姓除害。现在大量征收壮丁，希望大家积极参军。攻打岗亭时，首先攻上去的，将封为国家的大夫，赏给上等的住宅和田地。"落款处当然还是吴起的大名和西河太守的大印。

百姓见了告示，都争着报名参军，不一会儿就征收了足够的兵。第二天，吴起率领人马向秦国岗亭发起猛攻，将士们个个奋勇争先，一个早晨就把秦国的岗亭夺下来了。

重赏之下必有勇夫，严刑之下必无懦夫。其中还包含一个条件，那就是信赏必罚，言出必践。取得人民的信任，乃是执政者取得成功的一个基本条件。

执法不应避开权贵

【原文】刑过不避大臣,赏善不遗匹夫。(《韩非子·有度》)

【大意】惩罚罪过不回避大臣,奖赏功劳不漏掉平民。

无论是古代还是现代,法令严明都能使国家得到很好的治理,尤其是在不胜即败的战场上,法令严明的军队一定会让敌军胆寒。

齐景公的时候,晋国和燕国同时攻打齐国。晋国进攻齐国的阿邑和甄邑,同时燕国侵略齐国黄河南岸的地方。

齐国的军队连吃败仗,齐景公为此十分担忧。这个时候,齐国宰相晏婴就把穰苴推荐给了齐景公。

晏婴说:"穰苴虽然出身低贱,但是他这个人能文能武,很有才能,他是不会让您失望的。"

齐景公就把穰苴叫来,和他谈论军事,非常满意。于是任命他为司马,让他领兵抵抗燕国和晋国的军队。

穰苴对齐景公说:"蒙大王您提拔,让我做了大将,统率全国军队,我十分感激。不过,希望您派一个您最信任而地位又尊贵的大臣来做监军。"

齐景公答应了他,派自己最宠信的大夫庄贾前去担任监军。

司马穰苴和庄贾见了面,商量了一下出师的事。分手的时候他和庄贾约定:"明天正午在营门集合。"

第二天,司马穰苴早早就赶到军营里,树立了观测时间的木表和刻漏,等候着庄贾。庄贾是齐景公的宠臣,地位显赫,平时骄横惯了,根本不把司马穰苴放在眼里。亲戚朋友们给他饯行,他便毫不在乎地留下来畅饮，完全忘了司马穰苴和他的约定。司马穰苴在军营中一直等到中午也不见庄贾到来，就自己检阅军队，宣布组织纪律和各种注意事项。等到这一切都做完了，庄贾才迟迟来到，这时天已经很晚了。

司马穰苴问庄贾："您怎么现在才到？"

庄贾说："亲戚朋友们给我送行，我不好推辞，多喝了几杯酒，所以来晚了。"

司马穰苴说："作为一个将领，当他接到命令的那一天，就应该忘掉自己的家庭；当他在战场上和敌人对阵的时候，就应该忘掉自己的身体。如今敌人侵略，已深入我国，国内骚动不安，士兵们在边界上风餐露宿，艰苦守卫；大王日夜忧愁，吃不好饭，睡不好觉。老百姓的性命都悬在你我的手里，怎么还能去喝饯行酒呢？"

庄贾见司马穰苴这么严肃地训斥自己，很不高兴，正想发作，只听司马穰苴道："军法官在哪里？"军法官赶快跑了过来。

司马穰苴就问道："按照军法，约定时间却迟到的，该当何罪？"

军法官回答说："应该斩首。"

庄贾一听，知道大事不好，就赶快派人去找齐景公求救。送信的人去了还没有赶回来，司马穰苴已经把庄贾斩首示众了。

全军的士兵们见司马穰苴连庄贾这样深得国君宠信的大臣都敢杀，都十分震惊害怕。

隔了好一会儿，齐景公派的使者拿了符节，骑着马一直飞驰到军队里，来向司马穰苴传达赦免庄贾的命令。

司马穰苴说："将领在军队里，对于君主的命令，可以有所不接受。"又问军法官："军队里是不许骑快马奔跑的，如今使者快马奔跑，该当何罪？"

军法官说："该斩首。"

使者一听也十分害怕。

司马穰苴说："国君的使者不能够处以死刑。"于是赦免了使者。但是为了严明军法，就杀了使者的仆人，砍断了车子左边的车杆，宰了左边驾车的马。随后，司马穰苴把这件事通报全军，让使者回去向齐景公报告，自己带领军队出征迎敌。

在部队行军的时候，对于所有扎营、掘井、安灶、伙食的事情，司马穰苴都要亲自检查，对于生病的士兵都要亲自慰问，并且把自己的东西拿出来和士兵们共同分享。全军将士看到司马穰苴执法如山，不畏权贵，又这样爱护士卒，和大家同甘共苦，都深深地受到感动。军队到前线的时候，连生病的都要求参战，士兵们士气高昂，争先恐后地要投入战斗。

晋国军队听到这个消息后，不等交战，就赶忙退了回去；燕国军队听见这个消息，就从黄河南岸撤到了北岸。齐国军队顺利收复了被晋国和燕国占领的土地，然后收兵而回。齐景公和文武百官亲自到郊外迎接，慰问全体将士，并且加封司马穰苴做了大司马。

司马穰苴"罚不避亲贵"，敢于处死国君的宠臣，对国君的使者也不客气，这样使得全军上下人人震恐，因此部队纪律严明，斗志高昂，不用打仗就使晋国和燕国的军队主动退后，收复了失地。

严格执法很重要的一个方面就是执法要一视同仁，如果军队统帅在掌握军法的时候标准不一，回避皇亲国戚、达官贵人，就不能让他继续统率军队。因为他的做法会让士兵失去信任，军心涣散，一旦遇上强敌，部队就会吃败仗，给国家带来危险。相反，军队统帅在执行军法时一视同仁，不回避皇亲国戚、达官贵人，才会得到将士们的拥戴，士气才会旺盛，军队才有顽强的战斗力，这样和敌国打仗便能轻易取胜，甚至不用打仗就能够吓退敌人。

刑过失民，以德服人

【原文】 用赏过者失民，用刑过者民不畏。(《韩非子·饰邪》)

【大意】 奖赏过度就会失去民众；刑罚过度人民就不会害怕。

曾经用铁腕杀害大批李唐旧臣的武则天，一生毁誉参半，但她对待上官婉儿的态度，确实体现了这位女皇不同寻常的心胸。

武则天是唐朝并州文水县人。其父是李唐王朝的开国功臣，其母也受过良好教育。武则天从小就受到了文武两方面的培养，14岁时做了太宗李世民的才人。高宗李治即位后，武则天地位不断上升，终于做了皇后，并成了李唐王朝的实际掌权人。高宗病逝，武则天又迅速登上皇帝宝座，成为中国历史上名副其实的第一位，也是唯一的一位女皇帝。

上官婉儿，是唐五言诗"上官体"的鼻祖上官仪的孙女。上官仪是唐初重臣，曾一度官任宰相。高宗李治懦弱，后期又不满武则天独断专行，便秘令上官仪代他起草废后诏书。后被武则天发觉，便以"大逆之罪"使上官仪惨死狱中，同时抄家灭籍。上官婉儿及其生母充为官婢，被发配东京洛阳宫廷为奴。婉儿14岁那年，太子李贤与大臣裴炎、骆宾王等策划倒武政变，婉儿为了报仇也积极参与。但事情败露，太子被废，裴炎被斩，骆宾王死里逃生。上官婉儿以为自己也将被处死，但结果却完全相反：她竟被武则天破例收为机要秘书。

原因何在？主要是上官婉儿有才，而武则天又尤为爱才。上官婉儿曾作了一首《彩书怨》的诗，被武则天无意中发现。武则天不相信这么好的诗竟会出自一位女孩之手，便以室内剪彩花为题，让她即兴作出一首五律来，同时要用《彩书怨》的韵。

婉儿略加凝思，就很快写出：密叶因裁吐，新花逐剪舒。攀条虽不谬，摘蕊记知虚。春至由来发，秋还未肯疏。借问桃将李，相乱欲何如？

武则天看后，连声称好，并夸她是一位才女，但对"借问桃将李，相乱欲何如"装作不解，问婉儿是什么意思。婉儿答道："是说假花想以假乱真。""你是不是在有意含沙射影？"武则天突然问道。

婉儿十分镇静地回答："陛下，我听说诗是没有一定的解释的，要看解释的人的心境如何。陛下如果说我在含沙射影，奴婢也不敢狡辩。"

"答得好！"武则天不但没生气，还微笑着说，"我喜欢你这个倔强的性格。"接着她又问婉儿："我杀了你祖父，也杀了你父亲，你对我应有不共戴天之仇吧？"

婉儿依旧平静地说："如果陛下以为是，奴婢也不敢说不是。"

武则天又夸她答得好，还表示正期待着这样的回答。接着，武则天赞扬了她祖父上官仪的文才，指出了上官仪起草废后诏书的罪恶，期望婉儿能够理解她、效忠她！

然而，婉儿不但没有效忠武则天，却出于为家人报仇的目的，参与了政变。这对高宗来说，应是充满同情和设法庇护的，但他惧怕武则天，只能借口有病，让武则天决定。有人提出按律应处以绞刑，若念其年幼，也可施以流刑，发配岭南。而武则天则认为：据其罪行，应判绞刑，但念她才十几岁，若再受些教育，是可以变好的。所以，不宜处死。而发配岭南，山高路远，又环境恶劣，对一个少女来说，也等于要了她的命，所以，也太重些。尤其是她很有天资，若用心培养，一定会成为非常出色的人才。鉴于此，武则天决定对婉儿处以黥刑，即在她的额上刺一朵梅花，把朱砂渗进去，并把婉儿留在自己身边，用自己的力量来感化她，还表示：如果连一个十几岁的女孩子都不能感化，又怎么能够"以德化天下"呢？

武则天把婉儿留在自己身边，这已使婉儿感激涕零。此后，武则天又一直对婉儿悉心指导，从多方面去感化她、培养她、重用她。婉儿从武则天的言行举止中，了解了她的治国天才、博大胸怀和用人艺术，对她彻底消除了积怨和误解，代之以敬服、尊重和爱戴，并以其聪明才智，替她分忧解难，为她尽心尽力，成了她最得力的心腹。

君主以铁腕来维护自己的统治

【原文】 越官则死，不当则罪。（《韩非子·二柄》）

【大意】 超越自己的职权要严惩，意见不当要治罪。

在漫长的封建社会中，一直是君权至高无上的，对君权的挑战便意味着要么取而代之，要么自己殒命，除此之外，似乎没有第三条路可走。因此，臣子如果犯罪，尤其是涉及君王的权威和统治时，君王是从来不会下软手的。

清朝的雍正皇帝时期，大臣年羹尧的治罪便证明了这一点。

雍正初年，年羹尧成为新政权的核心人物，被视作社稷重臣。年羹尧虽远在边陲，雍正却让他参与朝政。在政务活动中，雍正常常征求和采纳年羹尧的意见，甚至连律例馆修订律例，雍正阅后都要发给年羹尧看，要他提出修改意见。

在用人和吏治方面，雍正给予年羹尧极大的权力。在川陕，"文官自督抚以至州县，武官自提镇以至千把"，其升迁降革均由年羹尧一人决定。对其他地方官员的使用，雍正也常听取年羹尧的建议。京口将军何天培的操守为人，朝中内外论说不一，雍正让年羹尧就其所知"据实奏来，朕以定去留"。年羹尧密参直隶巡抚赵之垣庸劣纨绔，雍正遂将赵革职。江西南赣总兵缺出，朝廷拟用宋可进，年羹尧奏称他不能胜任，请以黄起宪补授，雍正便依从了年羹尧的谏言。

在生活上，年羹尧的手腕、臂膀有疾及妻子得病，雍正都再三垂询，赐送药品。对年羹尧的父亲年遐龄在京情况，年贵妃以及她所生的皇子福惠的身体状况，雍正也时常以手谕告知。赏赐美食、珍宝、玩物更是常事，一次赐给年羹尧荔枝，为保存鲜美，雍正令驿站六天内从京师送到西安，这可与唐朝向杨贵妃进献荔枝相比了。雍正对年羹尧宠信有加，希望彼此做个千古君臣知遇的榜样。

年羹尧的失宠是以雍正二年（公元 1724 年）十月第二次进京陛见为导火线的。在这次赴京途中，他令总督李维钧、巡抚范时捷等跪道迎送。到京时，黄缰紫骝，郊迎的王公以下官员跪接，年羹尧安然坐在马上行过，看都不看一眼。王公大臣下马向他问候，他也只是点点头而已。在京期间，年羹尧"传达旨意，书写上谕"，俨然成为总理事务大臣。更有甚者，他在雍正面前，态度竟也十分骄横，"无人臣礼"。结束陛见回任后，年羹尧接到雍正的朱谕："凡人臣图功易，成功难；成功易，守功难；守功易，终功难。……若倚功造过，必致反恩为仇。"这件朱谕一反过去嘉奖赞赏的词语，向年羹尧敲响了警钟，此后他的处境便急转直下。

探究年羹尧失宠获罪的原因，大致有这样几点。第一，擅作威作福。他位尊权重而不能自谨，过多地干预朝中政务，攘夺同僚权力，滥用朝廷名器。他对待内外官员狂傲无礼，给各省督抚发送咨文直呼其名，不仅蒙古王公，就是皇帝的女婿阿宝入见，也要行跪拜礼。第二，结成朋党。他排斥异己，任用私人，形成了一个以他为首，以陕甘四川官员为基干，包括其他地区官员在内的小集团。第三，贪赃受贿。他侵蚀钱粮，累计达数百万两之巨。客观地讲，由于雍正宠信过分，赞誉过高，征询过多，致使年羹尧权力膨胀。而年羹尧骄横傲慢，忘乎所以，不守臣节，则渐渐引起了雍正的警觉和不满，终于下决心惩治这个天下"第一负恩人"。

雍正对年羹尧的惩处是分步进行的。第一步是在雍正二年（公元 1724 年）十一月年羹尧陛见离京前后。第二步是给有关官员打招呼，雍正或叫他们警惕、疏远和摆脱年羹尧，或叫他们揭发年羹尧的劣迹，为处罚年羹尧做准备。第三步将年羹尧调离西安老巢。雍正先将年羹尧的亲信甘肃巡抚胡期恒革职，将四川提督纳泰调回京，使其不能任所作乱。雍正三年（公元 1725 年）四月，解除年羹尧川陕总督职，命他交出抚远大将军印，调任杭州将军。最后一步是勒令年羹尧自裁。

年羹尧调职后，内外官员更加看清形势，纷纷揭发其罪状。雍正以俯从群臣所请为名，尽削年羹尧官职，于当年九月下令捕拿年羹尧押送北京会审。十二月，朝廷议政大臣向雍正提交审判结果，给年羹尧开列 92 款大罪，请求立正典刑。其罪状分别是：大逆罪 5 条，欺罔罪 9 条，僭越罪 16 条，狂悖罪 13 条，专擅罪 6 条，贪婪罪 18 条，侵蚀罪 15 条，残忍罪 4 条，忌刻罪 4 条。

雍正说，这 92 款中应服极刑及立斩的就有 30 多条，但念年羹尧战功显赫，格外开恩，赐他狱中自裁。年羹尧父兄族中任官者俱革职，嫡亲子孙发遣边地充军，家产抄没入官。叱咤一世的年大将军以身败名裂、家破人亡告终。

雍正惩处年羹尧，一是为了避免他尾大不掉，功高震主，维护自己的统治；二是警戒臣下，不要走年羹尧的老路。这一举措自然取得了良好的效果，深得人心，算是高招。

国君不可玩物丧志

【原文】不务听治而好五音不已,则穷身之事也。(《韩非子·十过》)

【大意】为政者不专心政治,沉溺于声色犬马、美酒甘饴不能自拔,则难免误国,以致惹来国破身死之祸。

一般来说,寻常百姓爱乐如痴本无可厚非,但为政者若是如此,则极易导致玩物丧志,因而自古便有"亡国之音"之说。因此,统治者不应该把个人的爱好置于国家利益之上。

一次,卫灵公要到晋国去。一行人走到濮水岸边,天色渐晚,于是决定设帐宿营。夜半时分,忽然听到"叮叮咚咚"的琴瑟之声,清雅哀婉,悦耳动听。卫灵公于是披衣而起,问左右的侍从觉得怎么样,谁知他们都说听不到。卫灵公感到非常奇怪,便下令召师涓晋见。

师涓是当时著名的乐师,因卫灵公酷爱音乐,便得以经常随侍左右,颇受宠爱。

师涓来时,乐曲还没有演奏完毕。卫灵公对他说:"寡人听到有人演奏一支新曲子,可是身边的这些侍卫都说没听到,你能听见这乐声吗?颇有鬼神难测的幽远之意。你若能听见,就替我把曲谱记下来吧。"

师涓于是静心聆听,边听边记。过了很长时间,音乐声才渐渐消失。

第二天,师涓向卫灵公报告说:"臣已记得它的大概了,但是有些地方还不是很熟练。臣请在此再留一夜,我就能把这支曲子练熟。"卫灵公于是又在这儿驻扎了一夜,等师涓演奏熟练,才启程赶往晋国。

他们到了晋国,晋平公在自己新建的施夷之台设宴招待他们。酒至半酣,卫灵公就站起来说:"我的乐官师涓新近作了首曲,愿意献给大王。"

晋平公高兴地说："好。"

于是卫灵公就把师涓叫到了台上。晋平公也把本国著名的乐官师旷叫到台上，让师涓就坐在师旷身边演奏。师涓于是调好琴弦，端坐台前，把前一天刚刚演练熟悉的曲子弹奏出来。谁知尚未奏完，琴就被身边的师旷给按住了。师旷大声说："这是亡国之音，不能再弹了。"

众人都一脸惊愕。晋平公问师旷："你是怎么知道的？"

师旷说："这是殷朝末年著名乐官师延为纣王所作的一首靡靡之乐，纣王因此而沉迷其中，最后终于亡了国。商纣王被武王打败后，师延向东逃跑，逃到濮水时，走投无路，便投河自尽。所以，师涓演奏的这支曲子，也一定是在濮水边听到的。而您喜欢听这支曲子，也一定会像纣王一样，招致国破身死之祸。因此说，这支曲子不能再弹下去了。"

晋平公说："寡人不喜欢别的，只喜欢美妙的音乐，师涓你就为寡人弹完吧。"

于是师涓就重新调整琴弦，从头弹起。

这支曲子极尽忧伤凄恻之美，哀艳委婉，如泣如诉，晋平公听得大为感动，就问师旷："这是一支什么曲子？"

师旷说："这就是所谓的《清商》啊。"

晋平公问："《清商》是天下最悲伤的乐曲吗？"

师旷回答说："《清商》虽悲，但不如《清徵》。"

"我可以听听《清徵》吗？"晋平公急切地问道。

"不行。"师旷非常严肃地说，"过去听演奏《清徵》的，都是有德的明君。如今，您的德行浅薄，不能听这首曲子。"

晋平公听后非常生气，就命令师旷说："寡人就是喜欢音乐，你不要再推辞了，快弹给我们听听。"

师旷没办法，只得调好琴弦弹奏起来。刚一弹奏，就有八对玄鹤从南方飞来，慢慢落在台下宫门的顶上。它们随着乐曲的弹奏，又飞落台前，左右分开整齐地排列着，并张开翅膀和着节拍轻舞，引颈高鸣，声音直冲霄汉。晋平公非常高兴，台上众人无不啧啧称奇，兴奋不已。

晋平公起身为师旷端了一杯美酒，感慨地说："恐怕再也没有什么音乐能比《清徵》更好听的了。"

师旷说："这还比不上《清角》。"

晋平公于是更加好奇了："难道还有比这更好听的？快弹给寡人听听。"

师旷说："不行。当年黄帝在泰山之上大合鬼神，前有蚩尤开路，风伯清尘，雨神洒道，虎狼护卫，后有鬼神殿后，上有凤凰覆翼其顶，才谱写出此曲。以后的皇帝都德行浅薄，镇服不了鬼神，这支曲子也就没人再敢弹起。现在我要是弹了，鬼神齐集，您恐怕就福少祸多了。"

晋平公正在兴头上，哪里听得进去，忙说："寡人老了，管不了那么多，快弹给我听！"

师旷无奈地叹了口气，调琴再弹。弹着弹着，便见黑云自西方升起，继而狂风骤发，大雨随至，吹倒了桌椅，撕烈了帷布，吹飞了屋顶的瓦片，人们四处逃散。晋平公也不由心中大惧，蜷伏于廊室之间，悚悚发抖。过了好半天，天空才渐渐平静了下来。

从此以后，晋国大旱三年，赤地千里，颗粒不收。

晋平公受此惊吓，过了没多久就一命呜呼了。

这个故事的真实性我们当然无从考证，但亡国之音的教训还是让我们警醒，无论古代还是现代，玩物丧志已是悬挂在所有人头上的"达摩克利斯剑"，值得当代的人去思索。

君王沉迷于女色是国之大害

【原文】耽于女乐，不顾国政，则亡国之祸也。(《韩非子·十过》)

【大意】置国家大事于不顾，沉溺于女子歌舞，贪图个人安逸，这是国家的祸害。

贪图女色大概是中国古代多数君王的通病，其中宠爱美女而亡国的也不在少数，中国历史上以"烽火戏诸侯"而闻名的周幽王，便是其中最著名的一位了。

周幽王的昏庸在中国的封建君主中也是能够排得上号的。除了酒肉，就是女人，至于政事，他是不管不问的。他派遣大臣广搜天下美女，在物质生活上虽未搞商纣王的"酒池肉林"，却也穷奢极欲。在这种情况下，他根本听不进正直的劝谏之言，对于谄谀奉承反而甘之若饴。于是，朝野之上怨言四起，西周已亡在眉睫了。

幽王即位的第二年，王都镐京发生了一场大地震，据《诗经·十月之交》记载，这次地震的情况是"百川沸腾，山冢坍崩，高岸为谷，深谷为陵"，地震之后，紧接着是大旱，"三川皆竭"。这一系列天灾，使本来就困苦不堪的人民生活更是雪上加霜。地震、天旱本是自然现象，但在古代社会里，人们一致认为这是上天对人间的警告和惩罚。人们应该好好地检查自己的过失，加以改正，以获得上天的原谅和庇护，否则，必致亡国。在漫长的古代社会里，几乎每一次大的天灾或异相出现，如地震、台风、旱涝、日食、彗星等，都会引起当朝统治者的恐慌，因这些现象出现而招致朝廷内阁大臣引咎辞职的事真是数不胜数。这次镐京地震，周幽王的大夫赵叔带正好借此上书劝谏幽王，赵叔带说："地震、山崩、地陷、旱灾是上天对人的惩罚，大王应当找正直而有才能的人来矫正国家的失误，以求上天的原谅。在这多灾多难的时候，怎么能派人到处去找美女呢？"周幽王恼羞成怒，把赵叔带革去官职，轰出门去。有一个姓褒的大臣十分正直，他气愤地对周幽王说："大王不怕天灾，不问国事，反倒亲小人，远贤臣，如此下去，这国家肯定是保不住啦。"周幽王昏庸至极，不分青红皂白，就把他关进了监狱。从此，再也无人敢劝周幽王了。

这位姓褒的大臣被关在狱中三年，幽王似乎已把他忘了。他的家人十分着急，就想办法救他出来。他们知道幽王喜欢美人，就千方百计地找了一位美女，献给了幽王。这一招果然十分灵验，当时就把褒姓大臣从牢狱里放了出来。其实，这个美女原是贫苦人家出身的孩子，虽然天生丽质，但并不会唱歌跳舞。这位大臣的家人找到她以后，就出高价买下，并把她当作褒家的人，改名褒姒，教以歌舞及侍候君王的方法，然后把她献给了幽王。幽王一见褒姒，如获至宝，褒姒的天生丽质及其淳朴健康的体魄使周幽王迷恋欲狂。但唯一使周幽王遗憾的是，褒姒从来不笑。如果这个历史传说真实的话，那么肯定是因为贫苦出身的褒姒心怀凄苦，不愿以身侍奉这位无道的昏君，虽然过着奢侈豪华的生活，也终日郁郁寡欢。

周幽王虽得褒姒朝随夕伴，但越是夜夜侍寝、日日随游，周幽王就越觉得褒姒是个冷美人，就越想让她笑一笑。周幽王想尽千方百计，褒姒始终难得一笑，最后，幽王终于黔驴技穷，不得不张榜悬赏：谁能让褒姒笑一笑，就赏千两黄金。这就是"千金买笑"这一成语的由来。

当然有许多人妄想发财，前来献计献策，可是这些办法并不能让褒姒笑，只能使褒姒生气。倒是有一个极会奉迎的奸佞小人虢石父会出主意，他让周幽王点燃烽火台，等诸侯们的兵马来到，看到并无敌兵，就会垂头丧气地乱哄乱窜，褒姒看到那种情景肯定会笑的。

昏聩的周幽王竟然同意了虢石父的话，但这烽火台是万万不可轻易点的。烽火台本是我国古代的一种报警设施，因为当时的周王朝不仅在经济上，并且在军事上也要靠周围各个小诸侯国的拱卫，一旦敌人入侵，就点燃烽火报警。当时西周的都城镐京在今西安市的长安区内，西、北两边都

第六章　统御臣民，富国强兵——韩非子的『法制』思想

151

靠近戎狄等少数民族，很容易遭到袭击，所以，西周在骊山下设了烽火台。烽就是烟，火就是火光，一旦点燃，白天则浓烟冲天，晚上则火光映野，几十里外即可看见，下一个烽火台也会立刻点燃，这样就能迅速传警，诸侯也就即刻带兵相救。

骊山下有二十多座烽火台，周幽王带褒姒来骊山这天，周幽王的叔叔郑伯友知道了这件事，怕出乱子，就赶来阻止。但周幽王根本听不进去，反说自己是放放烟火，解解闷，没什么了不起。就这样，周幽王终于点燃了烽火。邻近的各小诸侯急忙带兵赶到都城镐京，听说大王在骊山，又急忙赶到骊山，可一看不像打仗的样子，根本没有任何敌情。周幽王站在高台上对他们喊："你们辛苦了，没有敌人，你们回去吧！"诸侯们被如此戏弄一番，十分气愤，他们的兵马也像无头苍蝇一样在骊山下嗡嗡乱转，各诸侯国不同的旗帜和军服交错混杂，显得十分滑稽。褒姒看到这种场面，冷笑了一声说："亏你想得出这种主意！"

这就是历史上有名的"烽火戏诸侯"的故事。

褒姒给周幽王生了个儿子，取名伯服。周幽王因为极为宠爱褒姒，就把她立为王后，把伯服立为太子，把原来的王后和太子宜臼废掉了。在中国古代社会里，立后废后或是废立太子历来是大事，周幽王同时废立王后太子的事在朝野上下更是引起了极大的震动，况且被废王后的娘家还不是一般人呢！原来，被废的王后是申侯的女儿，被废的太子宜臼就跑到了他的外祖父家申国（今河南省安阳市北）去哭诉，当申侯知道自己的女儿被废，宜臼将被杀害，自己也要被幽王治罪时，既感到害怕，又感到愤怒。为了保住自己的地位，也为了泄愤，申侯竟暗中串通邻国鄫国和犬戎一同攻打镐京。犬戎一直想劫掠镐京，苦于没有机会，这次既是申国相约，又估计不会有其他诸侯国的军队前去救援，就欣然前往。

当兵临城下的时候，周幽王赶紧让虢石父点燃了烽火台，烽火燃烧了几天几夜，各诸侯国始终没派一兵一卒。他们误以为这是在给褒姒逗乐，不愿意劳师动众地白跑一趟。镐京的兵马并不多，大将郑伯友率兵抵挡，势单力薄，被敌人围住射死了。周幽王、虢石父，还有太子伯服一同逃到骊山，也被犬戎抓住杀害了，那个被关在深宫中一直未曾真正笑过一次的褒姒，也被犬戎抓去了。

一场荒唐的历史闹剧最终导致了周朝的灭亡，后世也记住了"烽火戏诸侯"的典故。但遗憾的是，中国后来的封建统治者，也还演过类似的闹剧和悲剧。

第六章 统御臣民，富国强兵——韩非子的「法制」思想

得人心者得天下，失人心者失天下

【原文】群臣百姓之所善，则君善之；非群臣百姓之所善，则君不善之。(《韩非子·八奸》)

【大意】群臣百姓所喜欢的，统治者就应喜欢，就应去做；若不是群臣百姓所喜欢的，那统治者就不应喜欢，就不应做。

中国历史悠久，文化博大精深，别的野史杂传且不说，单单就"二十四史"来说，就足够一个读书人读一辈子，其中的任何一方面，其治人精深独到之处都会令别的民族瞠目结舌。不过，其中最精髓的部分还是那些关于人心所向的结论：得人心者得天下，失人心者失天下。

西周建立之后，经武王尤其是周公的努力，为其巩固和发展奠定了基础。可是到了西周的第六代君王懿王之时，王室已经显露出了衰象。到了第九代君主厉王，形势就一发不可收拾，其原因直接与周厉王有关。

周厉王"好利"，把个人的利益置于阶级和国家的利益之上，由此而任用"好专利而不知大难"的荣夷公，引起了朝野强烈的不满。所谓"专利"，就是利用国家的权力控制生产资料、商品的生产和流通而从中获利。当时的大夫芮良夫，已经看出了这种丑恶的行为将会给国家带来严重的危害，进谏厉王说："王室其将卑乎！夫荣公好专利而不知大难。夫利，百物之所生也，天地之所载也，而或专之，其害多矣。天地百物，皆将取焉，胡可专也？所怨其多，而不备大难，以是教王，王能久乎？夫王人者，将导利而布之上下者也。使神人百物无不得其极，犹日怵惕，惧怨之来也。是不布利而惧难乎，故能载周，以至于今。今王学专利，其可乎？匹夫专利，犹谓之'盗'，王而行之，其归鲜矣。荣公若用，周必败。"

话已说到了"周必败"的地步，可对已经利令智昏的厉王完全没有作用，他进而"以荣夷公为卿士，用事"。对这种置国家利益于不顾的做法，不容国人没有责难，"国人谤王"是所必然。

面对这种朝野上下沸沸扬扬的局面，周厉王采取了错误的对策——禁止一切批评的言论。他从卫国找来了一个巫人，"使监谤者"。非议者如被发现，即杀之。这样一来，"国人莫敢言"，但仍"道路以目"。周厉王只看到表面现象，沾沾自喜地对召公说："吾能弭谤矣，乃不敢言。"召公却很清醒，他看出在这表面平静的背后隐伏着严重危机。他告诉厉王，这只是高压的结果，但是"防民之口，甚于防川。川壅而溃，伤人必多，民亦如之。是故为川者决之使导，为民者宣之使言……民之有口，犹土之有山川也，财用于是乎出；犹其有原隰衍沃也，衣食于是乎生。口之宣言也，善败于是乎兴，行善而备败，其所以阜财用、衣食者也。夫民虑之于心而宣之于口，成而行之，胡可壅也？若壅其口，其与能几何？"

道理很浅显，接受起来竟如此困难。结果仍是"王不听"，于是"国莫敢出言"。这种状态好歹维持了三年，一场壅之于口而发之于心的大风暴终于发生了，国人"相与畔（叛），袭厉王"，把他抓住，流放到彘地（今山西霍县东北），最后他就死在了那里。这次事件，史称"国人暴动"。此后，西周王朝虽有"宣王中兴"，但王室因受到沉重打击，衰败的颓势已不可挽救了。

能对时局作出敏捷的反应，不可谓不"勤"。但他只是把国家的权力作为满足个人欲望的工具，奴役民众，大失民心，最终的下场当然就可悲了。

第六章 统御臣民，富国强兵——韩非子的「法制」思想

君主要能纳忠言

【原文】 过而不听于忠臣，而独行其意，则灭其高名，为人笑之始也。（《韩非子·十过》）

【大意】 有过错却不听忠臣劝谏，一意孤行，就会一步步走向危险之境，最终导致身败名裂，为人耻笑。

在韩非子看来，世上没有完美无缺的君主存在。能够听得进意见的君主才能改正自己的缺点，使自己的国家走向富强；那些不听劝谏，一意孤行者，大多会身败名裂，为人耻笑。

历史上有名的暴君隋炀帝就是一个著名的反面教材。

隋炀帝因暴政而亡，是个不争的历史事实，但进一步考究，也与他的刚愎自大、拒谏杀谏有着直接的关系。

隋炀帝自认为才能比任何人都高，从不听人劝谏，我行我素，至死不回头。他曾经对虞世南说："我生性不喜人劝谏。如果是达官，还想进谏以求官，我更不能饶他。如是卑贱士人，我还可以饶他，但决不让他出人头地。你记住吧！"甚至还说："有谏我者，当时不杀，后必杀之。"

隋炀帝即位不久，就依仗他父亲节俭勤政创下的基业，大兴土木，赏赐无度，追求享乐，四处游玩。一些忠直大臣都担心这样下去将不利于隋朝的长治久安，纷纷劝谏或议论，希图他改正过来，但却遭到隋炀帝的诛杀。

最突出的事例是发生于大业三年（公元607年）的高颖、宇文弼、贺若弼被杀害，苏威也因此被免官。杀害的罪名是"诽谤朝政"，主要有以下几条：

（1）炀帝下诏收集北齐、北周故乐人及天下散乐，太常卿高颖劝谏说："此乐久废，现在要征集，恐怕那些没有见识的人会放弃原来的正宗而追逐这些末流，相互教习而传播开来。"炀帝听了很不高兴。高颖又对太常丞李懿说："北周天元皇帝因好声色而亡，殷鉴不远，怎么可以再这样呢？"

（2）炀帝为了向突厥启民可汗炫耀富有，令宇文恺制造大帐，可容纳数千人，在帐内设宴款待启民可汗及其部落人众，又赏赐启民帛20万段，其属下依次有赏。如此的铺张浪费，高颖等人看不过去。高颖对太府卿何稠说："启民可汗这个人熟悉中原的虚实，山川的险易情况，恐怕要成为以后的祸患。"又对观王杨雄说："近来朝廷极无纲纪规矩。"礼部尚书宇文弼私下对高颖说："周天元皇帝的奢侈，用现在的情况与之相比较，不是更加厉害了吗？"光禄大夫贺若弼也私下议论宴请启民可汗过于奢侈了。

（3）炀帝下诏征发丁男百余万修筑长城，尚书左仆射苏威直言劝谏，炀帝不听。宇文弼认为："修长城的徭役，根本不是急务。"

高颖、贺若弼、宇文弼等人劝谏或议论的事情，切中时弊，隋炀帝非但不反省自己，反而将他们全部杀死。高颖是隋朝的开国元勋，是平陈战役的主要策划人，是辅佐隋文帝造就"开皇之治"的主要谋臣，为朝野所敬服。贺若弼是杰出的军事家，平陈战役的主将之一。宇文弼有文武全才，历任高官，皆有能名。炀帝平时就嫉妒他们的才能，这次便抓住他们私议朝政的小事，扣上诽谤朝政的罪名，全部处死，充分暴露了其凶残专横的本性。

（4）还有一件事也可以说明炀帝拒谏杀谏到何种程度。大业十二年（公元616年），隋炀帝的暴政已激起天怒人怨，农民大起义的烈火在四处燃烧，可是竟无人敢向炀帝讲真话。当炀帝问起"盗贼"情况时，宰相苏威不愿意说假话，就将身体隐藏在廊柱后面，好让炀帝看不到，不要问自己。一次，炀帝特地把他叫到跟前来问，他只好回答："我不主管这些，不清楚有多少，只担心贼众离我们越来越近。"炀帝问他是什么意思。苏威说："他日贼占据长白山，现在已近在汜水。"炀帝听了很不高兴。后来，炀帝又问他征伐高丽方面的事情，苏威想让炀帝知道实情，但又不敢明说，只好回答："这次战役，希望不要发兵，只要赦免群盗，自可得到精兵数十万，可派他们去东征。他们喜于免罪，必会争立功劳，高丽就可以消灭了。"炀帝听了十分不高兴，找借口将苏威削职为民。

就是在这种形势下，炀帝还打算从洛阳到江都去游玩。右侯卫大将军赵才劝谏说："如今百姓疲劳，府藏空竭，盗贼蜂起，禁令不行，希望陛下回京城，安定黎民百姓。"炀帝勃然大怒，令将赵才逮捕下狱，十天后才释放出来。大臣们都不想去，但炀帝去的决心越来越大，没有一个人敢站出来谏阻。

隋炀帝不仅拒谏杀谏，而且不愿听臣下反映社会上的实际情况。大臣虞世基知道他"恶闻"农民起义的消息，只要看到有这方面的报告，便"仰损表状，不以实闻"。东都的越王杨侗被瓦岗军攻得招架不住，派元善达到江都向炀帝告急求援，反而被认为是诳骗圣上。有个宫女向炀帝报告："外闻人人欲反。"这本是实情，炀帝竟下令将她杀死。宿卫的禁军士兵有时也偶尔谈起这方面的情况，萧皇后明知是真情，也不得不说："天下事一朝至此，势已然，无可救也。何用言之，徒令帝忧烦耳。"从此就再无人提及这方面的事情了。隋炀帝利用他的淫威，迫使包括皇后在内的所有人都说假话，都在欺骗他，的确是无可救药了。

不久，宇文化及等人发动政变，将隋炀帝勒死在江都宫中，隋朝也就随之灭亡了。炀帝不听劝谏可以说是到了偏执的程度，他的性格缺陷最终导致了隋朝的灭亡。

第七章　说话说到点子上
——韩非子的说话艺术

　　说话人人都会，但怎样说好却不是件容易的事。韩非子口才并不好，但在他的著作中对说话艺术的探求却是其思想的一大闪光点。在对上司的进言方面，韩非子强调技巧和忠诚，在说服别人时，他强调"灭其所耻"，即不让对方感到羞愧。韩非子的这些说话艺术，对于今天的我们依然有着巨大的魅力。

说服别人要讲究技巧

【原文】 故度量虽正，未必听也；义理虽全，未必用也。(《韩非子·难言》)

【大意】 原则虽然正确，但别人未必会听取；道理虽然完美，别人也不一定采用。

韩非子是非常强调说话技巧的，他认为如果不讲究一定的技巧，即使道理再完美别人也未必会接受。而掌握了技巧和方法，便可能达到事半功倍的效果。

1937年10月11日，罗斯福总统的私人顾问萨克斯受爱因斯坦等科学家的委托去见罗斯福，要求总统重视原子能的研究，抢在德国之前制造出原子弹。但任凭他谈得口干舌燥，罗斯福还是听不懂那些枯燥的科学论述，只是淡淡地说："这些都很有趣，不过政府若在现阶段干预此事，似乎还为时过早。"

罗斯福以十分冷淡的态度回绝了萨克斯的一腔热情，萨克斯心中又着急又生气。但罗斯福是一位颇具威信的总统，对于他决定的事，萨克斯作为下属不能不执行。事后，罗斯福为表歉意，邀请萨克斯共进早餐。萨克斯决定利用这个难得的好机会，说服罗斯福采纳爱因斯坦等科学家们这一对美国命运攸关的建议，研制原子弹。为此，他在公园里徘徊了一夜。

第二天一早，萨克斯刚落座，罗斯福就直言不讳地告诫他，不准谈原子弹的事。博学多智的萨克斯灵机一动，罗斯福虽不懂物理学，对历史肯定感兴趣。"我想谈一点历史，"他的攻势就此开始，"英法战争期间，拿破仑在陆战中一往无前，海战却不尽如人意。一天，轮船的发明者——美国人富尔敦来到了拿破仑面前，建议他把法国战舰的桅杆砍断，装上蒸汽机，把木板换成钢板。他向拿破仑保证，法国舰队肯定所向无敌。拿破仑却认为，船没有风帆不能航行，木板换成钢板必然会沉。他认为富尔敦肯定疯了，将其赶了出去。历史学家在评述这段历史时认为，如果拿破仑采取富尔敦的建议，19世纪的历史将重写。"罗斯福的脸色变得十分严肃，沉默了几分钟，然后斟满一杯酒，递给萨克斯说："你赢了！"

萨克斯虽然不直接谈研制原子弹，但在他的类比中表明罗斯福与拿破仑有着极为相似的共同特点：都是战争期间，都不懂物理，都面临着对一项与战争中自己军队命运攸关的新技术的选择。其用意也不言而喻：是像拿破仑那样，将新技术拒之门外而自取失败，还是与之相反？这一与当前形势极为类似的历史事实，使不懂物理学的罗斯福很容易地理解了研制原子弹的重要性，终于采纳了爱因斯坦等科学家的建议。

萨克斯向罗斯福的建言开始时并不被采纳，但他巧妙地利用一个典故说服了总统。可见说服别人是件不大容易的事情，但只要掌握了方法，便能变不可能为可能。

说服别人的困难在于明明是有理的地方，别人未必会接受，这时是放弃还是坚持，对于你来说不是一念之间的事情，但一般来讲，进行有理、有利、有节的抗争是十分必要的。

1985年9月30日，我国国家经委因进口5800辆三菱牌汽车不合质量要求而向日本三菱汽车公司索赔的最后谈判开始了。彼此挑选的都是精明强干的代表，兵对兵，将对将。

双方代表步入谈判室，彼此见面时彬彬有礼，气氛友好怡然，这好像不是在谈判，倒像是一场亲切的会谈。愈是这样，彼此都感到对手不凡，一根根心弦都绷得紧紧的。因为这涉及的是高达十亿日元的巨额款项。

很快双方唇枪舌剑，你来我往，各不相让。日方谈判代表深知汽车质量问题无法避免，因而采取了避重就轻的办法。日方每讲一句话，言语谨慎，含糊其辞，如有的轮胎炸裂，挡风玻璃炸碎，电路有点故障，有的铆钉震断，有的车架偶有裂纹。我方代表马上予以回击：贵公司的代表都到过现场，亲自察看过现状，经商检部门和专家小组鉴定，铆钉非属震断，而是剪断的，车架出现的不仅仅是裂纹，而是断裂裂缝！所有损坏情况不能用"有的"或"偶有"推托，最好还是用事实数据说明更为精确。我方代表将各种三菱汽车质量的检验证据一起摆在日方代表面前，这些验证材料除了使用中国国产检车设备得出的结论，还有日方刚出口给我国的最先进的检车设备作出的复核结果。

我方对日方一一进行反驳，条理清晰，反驳恰当有力，一下子就把日方顶进了死胡同。在此基础上，我方依靠科学的依据，准确的计算，提出全批质量索赔，还要求赔偿我方用户间接的经济损失。日方代表虽竭尽全力抵挡狡辩，终敌不过我方铁的事实和有力的反驳，同意支付给我方汽车加工费7.76亿日元。

接着，双方争议最大的谈判项目，是间接经济损失的赔偿问题。

日方在谈这项损失费时，也采取逐条报出，每报完一条，总要不间断地停一下，环视一下中方代表的反应，仿佛给每笔金额数目都要圈上不留余地的问号。日方提出支付30亿日元。

我方代表琢磨着每一笔报价的奥秘，把那些"大约""预计"等含混不清的字眼都挑出来，指出里面埋下的伏笔，揭穿了对方所耍的花招。在谈判桌上，我方报完每个项目与金额后，都讲明每个数字测算的依据。最后，我方提出赔偿间接经济损失费为70亿日元。

日方代表听了这个数字后，惊得目瞪口呆，过了老半天才连连说："差额太大，差额太大！"并苦苦哀求着说，"贵国提出的索赔额过高，若不减额，我们会被解雇的。我们也是有妻儿老小的……"

我方代表严词指出："贵公司生产如此低劣的产品，给我国造成多么大的经济损失啊！"但继而又给对方放下台的梯子，安慰道："我们不愿为难诸位代表，如果你们做不了主，请贵方决策人员与我方谈判。"

双方各不相让，又一番讨价还价之后，只好暂时休会。日方首席代表接通了北京通往日本三菱汽车公司的电话，与幕后的公司最高决策人员密谈了数小时，围绕索赔一事进行了紧急磋商。

紧接着，谈判又开始了。先是一阵激烈的舌战，继而双方一语不发，谈判的气氛骤然降到了冰点。还是我方代表首先打破僵局："中日贸易不是一天两天的事，以后的日子还很长。我们相信贵公司绝不愿意失去中国这个最大的贸易伙伴和广阔的汽车市场。如果贵方有诚意维护自己的信誉，彼此均可以作适当的让步。"

"我公司愿付40亿日元，这是最高数目了。"我方代表的话起了作用，对方有所松动。

"我们希望贵公司最低支付60亿日元。"我方代表不作太大的让步。

这样一来，谈判又出现了新的转机，经过双方几经周折，报价，压价，最终以日方赔偿我方50亿日元并承担另外几项责任而宣告结束。

一起罕见的特大索赔案谈判成功了。中方在有理、有利、有节的斗争之下，基本上赢得了这次谈判的胜利。

迂回出击，巧妙说服

【原文】 不知而言，不智；知而不言，不忠。(《韩非子·初见秦》)

【大意】 将不知道的说了，是不明智；知道的又不说，是不够忠厚。

韩非子在这段话中揭示了"言"与"知"、"智"与"忠"之间的辩证关系，强调了为臣者要对君主"知无不言，言无不尽"。当然，这种言说对于下属来说，也是需要一定胆量和技巧的。

中国历史上著名的丑女无盐，便是以敢于劝谏和巧于劝谏而名垂青史的。

这位叫无盐的女子，长相奇丑无比：眼睛深陷，鼻孔朝天，大喉头，黑皮肤，头发稀疏，驼背粗脖，长相之丑堪称冠绝古今。虽然无盐才识渊博，颇有见识，仅就才学来说堪称巾帼英豪，但她的"尊容"却让人们避而远之，已经三十多岁了，仍旧"待在深闺人未识"。

但这并未影响到无盐，她依旧刻苦学习，博览群书。她看到齐宣王整天只知道饮酒作乐，沉湎于后宫佳丽之中，非常担心他荒废朝政，因此很想规劝齐宣王。

这一天，无盐来到王宫门前，对守门的卫士说道：

"请向大王禀报一声，就说齐国嫁不出去的丑女无盐前来求见，愿意给大王作个嫔妃。"

齐宣王闻报，心中不觉好笑，愿给自己作嫔妃不说是国色天香，也必然会有几分姿色，不知何方女子敢如此狂妄。可是，她居然声称自己是嫁不出去的丑女，有意思。

于是齐宣王下令："传她进宫！"

等到无盐来到大殿，文武大臣见了她的容貌，无不掩面而乐。心中纳闷：如此奇丑无比的人也敢自荐给大王作嫔妃，这不是取笑大王吗？触怒大王是要杀头的，众人不禁又为无盐捏了一把汗。

齐宣王见到无盐这副容貌，也哭笑不得，好在那天心情不错，便问无盐："我的宫中已经不缺嫔妃了，你想到我宫中，那你一定有什么特殊的能耐了？"

无盐直率地回答："那倒没有，只是会点隐语之术。"

不等齐王问话，无盐便举目咧齿，手挥四下，拍着膝盖，高声喊道："危险了，危险了！"反复说了四遍。

齐宣王不解地问道："这是何意？"

无盐解释道："举目是替大王观察烽火的变化，咧齿是替大王惩罚不听劝谏的人，挥手是替大王赶去阿谀奉承之徒，拍膝是要拆除专供大王娱乐的渐台。"

"那么你的四句'危险了'又是何意？"

"今大王统治齐国，西有强秦之患，南有强楚之仇，外面有三国之难，朝廷上又有许多奸臣，而大王您又只爱阿谀奉承之徒。您百年之后，国家社稷就会不稳，这是第一个危险。"

"您大兴土木，高筑渐台，聚集大量金银珠宝，搞得百姓困顿不安，怨声载道，这便是第二个危险。"

"贤明者隐居在山林，阿谀奉承者在左右包围着您，奸邪的人立于朝堂，想规劝您的人却见不到您，这是第三个危险。"

"您每天夜以继日地饮酒作乐，只图眼前享乐，外不修诸侯之礼，内不关心治理国家，这是第四个危险。所以，我才说'危险了，危险了'！"

齐宣王感到眼前的这位丑女实在不简单，讲的全都是治国安邦的大道理，而且，句句切中要害，他想到无盐讲的四条"危险"之理由，不由得不寒而栗，长叹一声说："无盐批评得真是太深刻了，我确实处于危险的境地。"

于是，齐宣王立即按照无盐的劝谏，停渐台，罢女乐，退谄谀，选兵马，纳直言，经过一段时间的励精图治，齐国便逐渐强大起来。同时，齐宣王觉得无盐是个不可多得的人才，便纳她为王后。

说话讲究实效，不做无用之功

【原文】 夫言行者，以功用为之的彀者也。（《韩非子·问辨》）

【大意】 凡言语与行为，当以功用作为它的目的。

韩非子在《问辨》中提出语言要以它的功用为目的，也就是要注意语言的实效，不做无用功。对于这一点，17世纪英国一个盗贼便用其智慧做到了极致。

1671年5月，英国伦敦发生了一起举世震惊的盗窃案，一伙盗贼潜入伦敦市郊的马丁塔，想要盗走英国的镇国之宝——英国国王的皇冠。然而，这帮盗贼技艺不高，惊动了守塔的卫队，刚一出塔就被团团围住，束手就擒。

后来查明，这伙盗贼共有五个人，是集团作案，为首的是一个叫莱德尔的家伙，此人能言善辩，机警诡诈。

英国国王查理二世听说有人去盗国宝，非常震惊，决定亲自审问这些胆大包天的狂妄之徒。

于是，罪大恶极的首要分子莱德尔被押到了国王面前。

查理二世看着眼前这位其貌不扬的人，心中暗想：我倒要看看此人究竟有何能耐，居然敢盗国宝！想到这里，便开口问道：

"听说你还有男爵的头衔？"

"是的，陛下。"莱德尔老实地回答。

"我还听说你这个头衔是因你诱杀了一个叫艾默思的人而得来的？"

"陛下，我只是想看看他是否配得上您赐给他的那个高位，要是他轻而易举地被我打发掉，陛下就能挑选一个更适合的人来接替他。"

查理二世沉思了一会儿，觉得莱德尔不仅胆大过人而且口齿伶俐，于是又厉声问道："你胆子越来越大，竟然敢来偷我的王冠！"

"我知道我这个举动太狂妄了，但是，陛下，我只是想以此来提醒您关心一下我这个生活无依无靠的老兵。"

"什么？你可不是我的部下！"

"陛下，我从来不曾反抗过您，现在天下太平，所有的臣民不都是您的部下吗？我当然也是您的部下了。"

说到这里，查理二世觉得布勒特更像是个无赖，便问道："那你说吧，该怎么处治你？"

"从法律的角度说，我们应当被处死。但是，我们五个人每一位至少会有两位亲属为此而落泪。从陛下您的角度看，多十个人赞美总比多十个人落泪要好得多。"

查理二世没有想到他会如此回答，接着又问："你觉得自己是个勇士还是懦夫？"

"陛下，我没有一处地方可以安身，到处有人抓我，去年我在家乡搞了一次假出殡，希望大家以为我死了而不再追捕我，这不是一个勇士的行为。因此，尽管在别人面前我是个勇士，但在陛下的权威面前我还是个懦夫。"

这番强词夺理而又似乎无懈可击的狡辩竟然让查理二世大悦，最后不但免了他的死罪，还给了他一笔不小的赏金让他安度余生，从此不再做贼。莱德尔的歪理可以说是歪到了点子上，查理二世觉得既可气又好笑，这种方式虽然不怎么光明正大，而且难登大雅之堂，但确实也是一种颇有心计与智慧的旁门左道了。

中国古代也有人用过这种办法去说服别人，而且是用启发式的方式来打动别人，从而达到自己的目的。

春秋时期的晋灵公，生活奢侈腐败。某年下令兴建一座九层高的楼台，群臣劝得他怒了，于是干脆又下了一道命令，敢劝阻建九层台者斩首，这样一来便没人敢说话了。

只有一个叫孙息的大臣很得灵公喜欢。他就告诉灵公他能把九个棋子摞起来，上面还能再摞九个鸡蛋。灵公听了，觉得这事挺新鲜，便立即要孙息露一手，让他开开眼界。孙息也不推辞，就把九个棋子摞在一起，接着又小心翼翼地把鸡蛋往棋子上摞，放第一个，第二个……

孙息自己紧张得满头大汗，战战兢兢，看的人也大气不敢出一口。因为孙息倘若不能把鸡蛋摞好，就犯了欺君杀头之罪。

这时，灵公也憋不住了，大叫："危险！"孙息却从容不迫地说："这算什么危险，还有比这更危险的事哩！"灵公也被勾起了好奇心，便问道："还有什么比这更危险的吗？"

孙息便掂掂手中的鸡蛋，慢吞吞地说："建九层台就比这危险百倍。如此之高台三年难成，三年中要征用全国民力，使男不能耕，女不能织，老百姓没有收成，国家也就穷困了。而国家穷困了，敌国便会趁机打进来，大王您也就完了。您说这不比往棋子上摞鸡蛋更危险吗？"

灵公听出了孙息的话中之话，这几句话就像银针一样插在了灵公的穴位上，让灵公惊出了一身冷汗。于是他立即下令停工。

孙息让晋灵公看了场不成功的杂技表演，更受了一场形象生动的批评，那味道确实是又甜又苦。正在气头上的人，是很难听进别人的诤言相劝的，何况他还拥有至高无上的权力。但孙息的几句"绵里藏针"的话语，便让灵公如梦初醒，药到病除了。

赞美的语言别人最爱听

【原文】凡说之务，在知饰所说之所矜而灭其所耻。(《韩非子·说难》)

【大意】说服人的要务，在于懂得将对方所骄傲的事情装饰得更华美，而完全不提令对方羞愧的事。

韩非子在《说难》中深刻地讨论了论说在现实生活中的重要意义，对于说话的技巧，他提到的很重要的一点便是不提别人的"羞愧"之处，即多多赞扬一下别人会更有效果。

人们正是在别人的赞美声中认识自己的存在价值，获得非常重要的社会满足感。人在婴儿时期，就从父母的点头、微笑、拍手、抚摸等赞美性的动作中获得满足。成人以后，更多的是在别人、在社会舆论的赞许声中获得强烈的成就感。在社会心理学上，这被称为"社会赞许动机"。其实，每个人都有他的优点和长处，这些优点和长处正是个人存在价值的生动体现。人们一般都希望他人能看到和肯定自己的优点和长处，从而肯定自己的价值。因此，诚恳的赞美之声总是能够赢得对方的欢心，同时也为自己打开局面创造了良好的气氛。

英国前首相丘吉尔曾经说过："你想要人家有怎么样的优点，那你就怎么样去赞美他吧。"这话是很有道理的，因为在人和人的交往中，适当的赞美能束缚对方的缺点，引其向善。比如，对方本来具有优柔寡断的缺点，若听你称赞他很果断，那么他就可能鼓足勇气向自己的缺点挑战，朝你赞许的方向去努力。因为他的自尊心受到了你赞扬声的激励。

行为科学的研究指出，别人对待你的方式大部分取决于你对他们的态度。有的人总是抱怨别人不热情、不友好。其实更多的时候应该反省一下自己。打个不完全贴切的比方：面对镜子，如果镜子中的形象令你不悦，那么最好从自己的脸上去找原因。一个热情友好的赞许，总能换取对方同样的态度，从而为相互沟通找到一个良好的途径。

在现实生活中有人抱怨找不到赞美的理由，其实只是他们不善发现罢了。在人类身上，值得赞扬的地方也的确很多。且不说优秀的、杰出的人物身上有许多闪光的东西，即使是普通人也有许多优秀品质、优良品格值得我们去赞美。因此，在日常交往中，善于发现别人身上的优点，恰到好处地赞扬别人，不仅能起到鼓舞他人的作用，而且也能密切人与人之间的关系。亚当森对乔治·伊斯曼的赞美则是一个很好的例子。

乔治·伊斯曼因发明了感光胶卷而使电影得以产生，他积累了一笔高达一亿美元的财产，从而使自己成为世界上最有名望的商人之一。

伊斯曼曾经在曼彻斯特建过一所伊斯曼音乐学校。同时，为了纪念他母亲，还盖过一所著名戏院。当时，纽约高级坐椅公司的总裁亚当森想得到这两座建筑里的大笔坐椅订货生意。于是，他同负责大楼工程的建筑师通了电话，约定拜见伊斯曼先生。

为了使谈话更有成效，他拜访了这两座建筑的建筑师，因为建筑师比较了解伊斯曼。于是建筑师向亚当森提出了一条忠告："我知道你想争取这笔生意，但我不妨先告诉你，如果你占用的时间超过了五分钟，那你就一点希望也没有了，他是说到做到的，他很忙，所以你得抓紧时间把事情讲完就走。同时，你要尽量多地运用世界上最动听的语言——赞美。"

亚当森被领进伊斯曼的办公室，伊斯曼正伏案处理一堆文件。

过了一会儿，伊斯曼抬起头来，说道："早上好！先生，有事吗？"

建筑师先为他俩做了引见，然后，亚当森满脸诚意地说："伊斯曼先生，在恭候您的时间里，我一直在欣赏您的办公室，我很羡慕您的办公室，假如我自己能有这样一间办公室，即使工作辛劳一点我也不会在乎的。您知道，我从事的业务是房子内部的木建工作，我一生还没有见过比这更漂亮的办公室呢。"

伊斯曼回答说："您提醒我记起了一样差点儿已经遗忘的东西，这间办公室很漂亮是吧？当初刚建好的时候我对它也是极为欣赏。可如今，我每来这儿时总是盘算着许多别的事情，有时甚至一连几个星期都顾不上好好看这房间一眼。"

亚当森走过去，用手来回抚摸着一块镶板，那神情就如同抚摸一件心爱之物，不禁自言自语："这是用英国的栎木做的，对吗？英国栎木的组织和意大利栎木的组织就是有点不一样。"

伊斯曼答道："不错，这是从英国进口的栎木，是一位专门同栎木打交道的朋友为我挑选的。"

接下来，伊斯曼带亚当森参观了那间房子的每一个角落，他把自己参与设计与监造的部分一一指给亚当森看。他还打开一只带锁的箱子，从里面拉出他的第一卷胶片，向亚当森讲述他早年创业时的奋斗历程。

伊斯曼情真意切地说到了他孩提时家中一贫如洗的惨状，母亲的辛劳，那时想挣大钱的愿望，怎样没日没夜地在办公室搞实验等。

"我最后一次去家具城时买了几把椅子运回家中，放在我的阳光房里。可阳光使之褪了色，所以有一天我进城买了一点漆，回来后自己动手把那几把椅子重新刷了一遍。你想看看我刷漆这活儿干得怎样吗？好吧，请上我家去，咱们共进午餐，饭后我再给你看。"当伊斯曼说这话的时候他俩已经谈了两个多小时了。吃罢午饭，亚当森看了那几把椅子，每把椅子的价值最多只有1.5美元，但伊斯曼却为它们感到自豪，因为这是他亲自动手刷的。对伊斯曼如此引以为荣的东西，亚当森自然是大加赞赏。最后，亚当森轻而易举地谈成了那两幢楼的坐椅生意。

世界上没有人能拒绝赞美的语言。令别人感到开心和快乐，并不会使我们有半点损失，反而会使我们受益无穷，你又何乐而不为呢？如果你照这一准则办事，对此信守不渝，它会给你带来大量的生意，让你的事业突飞猛进。人性中最强烈的欲望是成为举足轻重的人，人性中最根深蒂固的本性是想得到别人的赞赏，人类最终最深切的渴望是成为一个重要人物的感觉。人之所以区别于动物，也正是因为有这种欲望。可以说，你如果能对别人进行赞美，你就满足了他内心深处最急切的欲望，这样的赞美之词别人当然就爱听了；别人爱听，办事便会便有效果。

谬论还需歪理治

【原文】 凡说之难：在知所说之心，可以吾说当之。(《韩非子·说难》)

【大意】 游说的困难，在于如何了解被游说之人的心理，以便用我的说辞去适应他。

常言道"有理不在声高"，要说服别人，最好是能够以理服人，当然面对歪理时亦可用巧妙的智慧和口才去应对。

辜鸿铭留学英国时，生活的孤独压迫着他，常产生独在异乡为异客的思乡情感。每逢中国的传统节日，他总要按照古老的中国习俗，设下供桌，摆上丰盛的酒菜，遥祭祖先，寄托自己的思乡思国之情。有一次，房东太太看到辜鸿铭跪在桌前，叩头如仪，不无蔑视地问："喂，小伙子，你这样认真地叩头，你的祖先会到这里来享用这些酒菜吗？"辜鸿铭大受刺激，一股怒气冒上来，自尊心使他的刻薄和幽默同时爆发，他平静地答道："想来你们到处给你们祖先奉上鲜花，你的祖先也该嗅到了鲜花的芳香吧！"

以谬治谬，这是一种语言反击的高明方法。其高明之处就在于，抓住对方话语中的漏洞，利用他的逻辑，推导出令其自我否定的结论。此之谓以子之矛，攻子之盾。

在生活中，常常会遇到蛮不讲理的人，面对他荒谬的逻辑，你根本无理可讲。在这种情况下，许多人往往一怒之下，大骂其无赖。而对方则会铿锵有力地讲出串串歪理，令你无言以对。在这种情况下，应冷静地分析其理论的荒谬之处，将错就错地展开推理。这种方法之所以能在对话中取得明显的效果和成功，首先在于对话者能抓住对方谈吐中的语言错漏或荒谬之处，巧妙地运用类比推理的方式设喻、设例去迎击对方，让对方哑口无言。如我国民间故事"公鸡下蛋"与"男人生儿"的巧对就是以谬治谬的一个典型例子。

　　有位县太爷想刁难一位憨厚的农夫，便诬陷他伙同乡里百姓借口天灾歉收，抗拒缴纳租税，强加以抗交皇粮的罪名。农夫被毒打一顿之后，县太爷限他三天之内交出两枚公鸡蛋，否则将被处以死刑。农夫不知所措，但其妻聪明机智。三天后，农夫的妻子代丈夫来到公堂回话。县太爷劈头怒喝："你丈夫为何不亲自来面见？这分明是目无本县！"农夫的妻子平静地答道："回县太爷的话，我丈夫不敢抗拒县太爷之命。只是他正在家中生孩子，实在脱不开身，才叫民妇代其前来。"县太爷此时早已忘了自己要公鸡蛋的荒唐逻辑，怒喝道："什么？你家男人会生孩子？真是天大的笑话！大胆贱妇，竟敢愚弄本官！来人呀，给我打！"农妇听罢却胸脯一挺，面无惧色，勇敢地说道："且慢！大人，既然男人生孩子是天大的笑话，那公鸡生蛋不也是天大的笑话吗？县太爷要贱民交出公鸡蛋，岂不也是在愚弄百姓吗？"荒唐苛刻的县太爷被驳得哑口无言。

　　可见，以谬治谬的关键是抓住对方的荒谬、错漏之处，以其自身的逻辑使对方陷入进退不得的两难境地，以其人之道还治其人之身。这种语言反击方式的有效性在于一语击中要害，有力反击，让对方既无招架之功，又无还嘴之力，从而使自己避免受气。

　　在生活中，有时由于场合、身份等条件的限制，以谬治谬的反击不能像这位农妇这样简捷，针锋相对在语言交流中不这么直接。而是要顺水推舟，顺藤摸瓜，经过有目的、有计划地层层诱导，才能使对方在不知不觉中入彀，使对方自己否定自己的观点。但无论是直截了当地反击，还是诱导对方自己否定自己，都要抓住对方的要害，步步进逼，语出有力。

直谏不如婉谏

【原文】 贵人有过端,而说者明言礼义以挑其恶,如此者身危。(《韩非子·说难》)

【大意】 君主有过错,而进说者毫不掩饰地阐明礼义来指正他的毛病,像这样的情况进说者就会身遭危险。

一般来说,劝说他人的困难,在于是否能深入了解被劝者的心态,以便用自己的说法去顺应他,说服他。反之,如果不顺应讲说对象的心态,即使言之有理,也难以起到应有的作用,有时甚至会引火烧身,招致祸害。

其实我们在生活中也是如此,讲述你的意见,应分清对象,顺应他的需求。摸清别人的心态是进言的关键之所在。

历史上有许多忠臣,他们以不惧死的精神来打动国君,希冀达到他们谏言的目的,但结果往往是触动龙颜,落得个悲惨结局。而触龙说赵太后这个经典的婉谏故事,却从另一个角度给我们带来了说服别人的妙处所在。

战国时代,赵国的实力在七国中并不算是最强大的,在赵燕文王驾崩后,由孝成王继位,可是孝成王当时还年幼,就由他的母亲赵太后听政。

秦国趁此机会大举攻赵。赵太后转而向齐国求援。

齐国提出了严厉的条件,"一定要以长安君为人质,否则就不出兵"。

长安君是孝成王最小的弟弟,赵太后最小的儿子。狭隘的母爱,使赵太后变成了铁石心肠。

赵太后坚决拒绝齐国要求,无论群臣们如何竭力劝谏都不答应。"如果再有人要我把长安君送去当人质，我就将口水吐到他的脸上。"然而，左师触龙却以迂回诱导的办法，寓理于情，说服了赵太后。

首先左师触龙装作若无其事地慢慢走了进去，抱歉地说："我的脚有点毛病，行走困难，所以许久未向您请安，但又担心太后的健康状况，所以前来谒见……"

"我都是以车代步。"

"那饮食方面呢？"

"都是吃粥。"

"我最近也是食欲不振，所以我每天要固定地散散步，以增加些食欲，也可以使身体健康些。"

"我可不能像你那样。"

至此，赵太后的表情才稍稍缓和了下来。

触龙又说："我有个小儿子，名叫叔祺，非常不成材，真叫我生气，我的年纪也大了，希望在我有生之年向太后请求，给他个王宫卫士的差事，这是我一生的愿望啊！"

"可以，他今年几岁了？"

"15岁，或许太年轻了，但我希望能在生前将他的事情安排好……"

"看来父亲也是疼爱小儿子的。"

"是啊，而且超过了做母亲的。"

"不，母亲才是最疼爱小儿子的。"

触龙以为小儿子叔祺谋事做借口，终于引出了赵太后的小儿子长安君的话题。"是吗？我觉得太后比较疼爱长安君嫁到燕国的姐姐。"

"不，我最疼爱的是长安君。"

触龙说："如果疼爱孩子，一定会为他考虑到将来的事。当长安君的姐姐出嫁时，你因不忍离别而哭泣，之后又常常挂心她的安危而掉泪，每当有祭拜时，你一定祈求她'不要失宠而回赵国'，而且希望她的子孙都能显贵，继承王位。"

"是啊，是这样的。"

"那么请您仔细想想看，至今为止有哪位封侯的地位能持续三代而不坠的？"

"没有。"

"不止是赵国，其他诸侯怎么样呢？"

"也没有听过这回事。"

"为什么呢？所谓祸害近可及身，远可殃及子孙，王族的子孙并非全是不肖者。但是他们没有功绩而居高位，没有功劳而得到众多的俸禄，其最终结果就是误了自己。现在您赐给长安君崇高的地位、丰沃的封地，却不给他建立功绩的机会，万一您将来出了什么意外，长安君的地位能保得住吗？所以我认为您并没有考虑到长安君的将来，您最疼爱的是长安君的姐姐。"

赵太后被触龙的情理说服了："好吧！一切照你的意思去做。"

最终触龙用巧妙的劝谏方式打动了赵太后，并暂时拯救了赵国的命运。

事以密成，语以泄败

【原文】夫事以密成，语以泄败；未必其身泄之也，而语及所匿之事，如此者身危。(《韩非子·说难》)

【大意】人做事因为保守秘密而成功，若是秘密泄露出去就可能导致失败。这不一定是讲说者本人泄露了机密，而是言谈间不自觉地涉及了机密的事，像这样，讲说者就危险了。

"事以密成，语以泄败"，说话保守秘密是一个人必要的生存心机之一，官场如此，商场更应如此。

商场如战场，不懂计谋、不懂保密的商人肯定会被商海无情地吞噬掉。因此，身在商海的商人应该学会保守秘密。虚虚实实，让对手无从下手，这样才能在激烈的商战中脱颖而出，成为最后的胜利者。

在20世纪70年代中期的一场"世纪工程"夺标大战中，韩国企业家郑周永就采用虚虚实实，巧妙"泄密"的办法，在夺标过程中大获全胜。让我们来看看这位精明的韩国企业家是怎么做到的。

1975年，石油富国沙特阿拉伯对外宣布了一个惊人的决定：沙特将在东部杜拜兴建大型油港，预算总额为10亿至15亿美元，并向全世界各大承建公司公开招标。

这项工程投资十分庞大，在当时堪称"世纪工程"。这个惊人消息立即传遍世界各国，引起了世界顶级建筑商们的关注，其中跃跃欲试者有之，望而却步者也有之。

1976年2月，这场惊人的"世纪工程"夺标大战正式拉开帷幕。

这时，号称"欧洲五大建筑公司"的联邦德国"莫力浦·霍斯曼"

"朱柏林""包斯卡力斯",英国的"塔马",荷兰的"史蒂芬",已早早踏上了这个海湾国家,企图打败竞争对手,夺标取胜。另外,美国、法国、日本等国家的头号建筑公司也匆匆赶来,决意参与这场大角逐。

最后一个到来的,是韩国郑周永率领的现代建设集团。尽管这是个姗姗来迟的插队者,但他却是竞争中的强者。

"世纪工程"的招标还未正式开始,各路英雄豪杰都在暗暗地使用技巧,施展法术。

一天,郑周永的好友、大韩航空公司社长赵重勋突然来找郑周永。

好友重逢,显得十分热情。赵重勋盛情邀请郑周永去喝酒叙旧,郑周永再三推辞不过,只好应邀赴宴。

他们找到一间幽静的小单间,边喝边聊起来。酒过三杯,赵重勋突然对郑周永说:"郑兄,这桩工程可是块难啃的骨头呵!""就是再难啃,我也有把握把它啃下来!"郑周永胸有成竹地说。

"唉,你何苦非要冒这个险呢!"接着,赵重勋压低嗓门说,"只要你肯退出来,你还可以不劳而获,得到一笔可观的意外之财,何乐而不为呢?"

郑周永暗吃一惊,这才知道老友的意思,却不动声色地问:"有这样的好事?"

赵重勋以为对方动心,便干脆把话挑明:"不瞒老兄,是法国斯比塔诺尔公司委托我来劝你的。他们说,只要不参加竞标,他们立刻付给你1000万美金。"

郑周永暗暗冷笑:法国人也太小瞧我了,这点小钱就想打发我退出!他沉吟了一阵,想出了一条妙计。

"赵兄的好意,小弟心领了。但这桩工程我还是争定了。"

"唉,两头都是朋友,我也是为你们着想。"赵重勋不免有点失望地说道。

这时,郑周永举杯一饮而尽,抱歉地说:"赵兄,失陪了。我还有件紧急的事要办。"

"什么紧急的事?我能帮你吗?"

"唉，还不是为那1000万保证金……"郑周永故意把话"闸"住，匆忙告别老友。

法国人得知这一来之不易的"情报"后，就开始在郑周永的投标报价上做文章，按照投标规定，中标者需要预交工程投标价格2%的保证金。由此，他们便判定郑周永的现代建设集团的投际报价可能在20亿美元左右，最少也在16亿美元以上。

然而，这正是郑周永的"良苦用心"，他想通过朋友的嘴给对方一个"回报"。

在此期间，郑周永频频利用"假情报"向其他竞争者施放烟幕弹，设置假象，来扰乱对手的阵势。

在郑周永的那间封闭保密的会议室，灯火通明，气氛紧张。郑周永正在为他的决战作最后准备。

在报价问题上，郑周永煞费心机。他旗下的现代重工业及造船厂等大企业能够提供前线大量廉价的装备和建材，他仗着自己建立起来的"桥头堡"，决心使出杀手锏"倾销价格"，来力排群雄，在竞争中大获全胜。

起初，他经过分析和借鉴国外建设工程价目表，初步拟定了总体工程报价为12亿美元。

尔后，经过再三考虑后，郑周永对初始报价12亿美元先后进行了25%和5%的两次削减，最后定价为8.7亿美元。

对此，他的高级助手田甲源持反对态度，认为削减到25%，即9.3114亿美元就可以了。但是郑周永却一意孤行，他认为在投标报价，不同于比赛，它只有第一名，没有第二名，要想取胜，报价必须通过强烈的竞争，尤其是在大型项目上更要有十拿九稳的把握。

1976年2月16日，这是决定郑周永与他的现代建设集团走向世界的关键一刻。

现代建设集团的投标代表是田甲源，然而这位肩负重担的田甲源先生却在关键性的最后一刻钟里自行其事，在投标价格表上填了9.3114亿美元。填完报价数目后，田甲源怀着胜利的信心走进工程投标最高审决办公室。

那里的工作人员紧张地忙碌着，整个办公室里就像一张巨大的针毡，田甲源坐也不是，站也不是，当听到主持人说美国布朗埃德鲁特公司报价9.044亿美元时，刹那间他脸色惨白，踉跄地走到郑周永面前，含含糊糊地说：

"郑董事长的决定是对的，我……我没有照你的办，结果比美国人多……多了近2700万美元。我们失败啦！"

郑周永看到田甲源难受的样子，感到中标已经没有希望了，他真想给田甲源一记响亮的耳光，然而这里毕竟不是韩国，而是"世纪工程"的招标会议室。

正当他拔腿想要离开会议室的一瞬间，另一个助手郑文涛激动万分地从仲裁室跑到郑周永面前大声地喊道：

"董事长，我们胜利了！我们成功了！"

郑文涛的消息使现代建设集团的所有在场人员都像木偶似的。他们不知所措，到底是田甲源错了，还是郑文涛对了？真让人大惑不解。

原来，美国布朗埃德鲁公司的报价是分两部分进行的，仅上部分就是9.044亿美元。相比之下，田甲源填的9.3114亿美元的报价是最低报价。

当沙特阿拉伯杜拜海湾油港招标仲裁委员会最后宣布现代建设集团以9.3114亿美元的报价摘取这项20世纪最大工程的招标桂冠时，在场者都像中了什么法术似的，个个呈现一副惊呆之状。

对于这个报价，西方的所有强劲对手都惊愕不已，他们觉得受了郑周永的骗。尤其是那些法国佬，他们老羞成怒地骂他是"骗子""土匪""强盗"。

其实骂则骂矣，到头来他们还是不得不佩服郑周永的谋略和智慧，吃了这一次亏后，那些建筑巨头以后得长点记性了。

批评的语言是苦口良药

【原文】 以至智说至圣，未必至而见受，伊尹说汤是也；以智说愚必不听，文王说纣是也。（《韩非子·难言》）

【大意】 用最聪明的才智之士去进说最圣明的人，未必一到就被接受，伊尹向汤进言就是这种情况；而用聪明的才智去进说愚蠢的人，必定不被接受，周文王进说商纣就是这种情况。

一般而言，好话谁都爱听，正所谓"好言一句三冬暖，恶语伤人六月寒"。但很多时候该批评时还得批评，否则的话轻则伤及个人，重则误国误民。只是批评时应注意分寸，把握好尺度，还要有一定的技巧，这样才能起到很好的效果。

宋朝时有个官员叫张咏，听说寇准当上了宰相，对其部下说："寇公奇才，惜学术不足尔。"这句话一语中的。张咏与寇准是多年的至交，他很想找个机会劝劝老朋友多读些书。因为身为宰相，关系到天下的兴衰，应该有更丰富的学识。

恰巧时隔不久，寇准因事来到陕西，刚刚卸任的张咏也从成都来到这里。老友相会，格外高兴，寇准设宴款待。在郊外送别临分手时，寇准问张咏："何以教准？"张咏对此早有所考虑，正想趁机劝寇公多读书。可是又一琢磨，寇准已是堂堂的宰相，居一人之下，万人之上，不能直截了当地说他没学问。张咏略微思考了一下，便慢条斯理地说了一句："《霍光传》不可不读。"当时寇准弄不明白张咏这话是什么意思，可是老友不愿再多说一句，言讫而别。回到相府，寇准赶紧找出《霍光传》，他从头仔细阅读，当他读到"光不学亡术，谏于大理"时，恍然大悟，自言自语地说："此张公谓我矣！"书中所描述的霍光，正是当年任过大司马、大将军要职，地位相当于宋朝的宰相，他辅佐汉朝立有大功，但是居功自傲，不好学习，不明事理。这与寇准有某些相似之处。因此寇准读了《霍光传》，很快明白了张咏的用意，感到从中受益匪浅。

寇准是北宋时期著名的政治家，为人刚毅正直，思维敏捷，张咏赞许他为当世"奇才"。所谓"学术不足"，正是指寇准不大注重学习，知识面不宽，这就会极大地限制寇准才能的发挥，因此，张咏对寇准"学术不足"的评价是既客观又中肯。然而，说得太直，对于刚刚当上宰相的寇准来说，面子上不好看，而且传出去还影响其形象。张咏知道寇准是个聪明人，给了一句"《霍光传》不可不读"的赠言让其自悟，何等婉转曲折！而"学术不足"这个连常人都难以接受的批评，通过一种委婉方式，使当朝宰相也愉快地接受了。张咏这一"借书言事"的妙招着实让人敬佩，他不但保护了身为宰相的寇准的尊严，也使老朋友能够从批评中醒悟，从而获益良多。寇准作为北宋名相与张咏的这一劝谏不无关系。

批评是一种技术，更是一种艺术，巧妙的批评不但能使别人接受，更能在彼此之间架起一座沟通的桥梁。恰到好处的批评能帮别人改正错误，找到自身的缺点，但批评别人时一定要注意方式方法，否则会适得其反。

奥斯特洛夫斯基曾经说过："批评，这是正常的血液循环，没有它就不免有停滞和生病的现象。"我们每个人都不是生活在真空里，就像我们身上要沾染许多病菌一样，在我们的思想意识和言谈行为上，也会不可避免地出现一些缺点、错误。采取积极的自我批评，才能保证自己的身心健康。但是当我们批评别人时就没有那么容易和简单了，一定要讲究批评的方式和方法，才能达到预期的效果。

那么，采取什么样的批评方式才会取得好的效果呢？

（1）体谅对方的情绪，取得对方的信任。

这是使批评达到预期效果的第一步。"心直口快"作为人的一种性格来说，在某些方面的确可体现出它的优点，但在批评他人时，"心直口快"者往往不能体谅对方的情绪，图一时"嘴快"，随口而出，过后又把说过的话忘了，而在被批评者的心理上却蒙上了一层阴影。所以当你在批评他人时，不妨学会从别人的角度来看问题，设身处地地站在对方的立场考虑一下，自己是否能接受得了这种批评。如果所批评的话自己听来都有些生硬，有些愤愤不平，那么就该检讨一下措辞方面有何要修改之处。

（2）要有诚恳而友好的态度。

批评是一个敏感的话题，哪怕是轻微的批评，都不会如赞扬那样使人感到舒畅，而且，批评对象还有可能用挑剔或敌对的态度来对待批评者。所以，如果批评者态度不诚恳，或者居高临下，冷峻生硬，就会引发矛盾，产生对立情绪，使批评陷入僵局。

因此，批评必须注意态度，诚恳而友好的态度就像一剂润滑剂，往往能使摩擦减少，从而使批评达到预期效果。

（3）把批评用作鼓励是最佳的批评模式。

英国18世纪著名评论家亚迪森曾经说过："真正懂得批评的人看重的是'正'，而不是'误'。"这里所说的"正"，实际上就是隐恶扬善，从正面来加以鼓励，也就是一种含蓄的批评，能使批评对象不自觉地改正自己的错误和缺点。可以说从正面鼓励对方改正缺点、错误的间接批评方法，比直接批评效果会更快、更好。因为这种批评方法易于被对方所接受，从而产生良好的效果。

在开展批评时，除了以上几点外，还有几个问题务必要注意。

（1）就事论事，勿伤及人格。

批评他人，有什么问题就说什么问题，切勿把"陈谷子烂芝麻"统统翻出来，纠缠在一起，算总账。这样做，只能引起对方的反感。而揭对方的疮疤，甚至伤害其人格，则会容易引起对方的愤怒，应该绝对避免。

（2）具体明确，切勿抽象笼统。

在批评他人之前，先要明确是就哪件事或事情的哪个方面进行批评，那么就以事实为基础，越具体明确越好。抽象笼统，"一竿子打死一船人"，别人就难以弄懂你的意思了。

（3）语气亲切，勿武断生硬。

有什么样的态度就有什么样的用语。如果态度诚恳，语气也必定会亲切，让人听了心里舒服；如果态度生硬，自以为是，别人也就不会买你的账。有的人批评人时总喜欢用"你应该这样做……""你不应该这样做……",仿佛只有他的看法才是正确的,这种自以为是的口吻只会引起人的反感。

(4)建议定向,勿言不及义。

批评和建议是紧密联系在一起的,批评的主要目的是希望对方能改正缺点、错误,从而向正确的方向发展,所提的建议当然应该是为对方指出方向。但有的人提的建议不具体,让人糊里糊涂,弄不明白。如有客人要来家吃饭,妻子对丈夫说:"你能不能不老在那看报?"不如说:"你能不能帮我摆好桌椅、碗筷,客人就要来了。"这样就从另一个角度婉言批评了丈夫的懒惰,同时给他指明了改正的方向。

巧妙的批评是一门学问颇深的口才艺术,只有批评批到"点子"上,别人才能接受你的批评,批评时尽量要委婉含蓄,才能让人真心改正自己的缺点。

第八章　谋事在人，成事也在人
——韩非子的办事技巧

人们常说"谋事在人，成事在天"，但韩非子的思想里却透露着这样一种观念，即"谋事在人，成事也在人"。韩非子在《外储说》中有"因事之理，则不劳而成"的说法，意思是遵循事物的规律办事，则会达到事半功倍的效果。按规律办事，集中众人的智慧办事，则能达到"人定胜天"的境界。

善于借助朋友的智慧

【原文】 凡人之大体，取舍同者则相是也，取舍异者则相非也。(《韩非子·奸劫弑臣》)

【大意】 观点相同就彼此肯定，取舍不同就相互反对，这是人之常情。

韩非子在《奸劫弑臣》中提到了对意见的肯定和否定的问题，这在成事的过程中有着很大的借鉴意义。

物以类聚，人以群分。正所谓志同而道合，道合者必是自己可以信赖的朋友。

朋友有许多种，不同类型的朋友会给予我们不同的帮助，但有一种朋友对我们有着非凡的意义，那就是能够在事业上给予支持和帮助的伙伴，这种借助朋友的智慧而成大事的做法，古今中外并不鲜见，但却以微软帝国的两位创始人比尔·盖茨和保罗·艾伦最为典型。

比尔·盖茨在中学毕业后如愿以偿地被哈佛大学录取。一般的孩子，中学毕业后考取了大学，会利用进大学前的漫长假期痛痛快快地玩一玩。比尔·盖茨也可以如此，可是，程序员的工作和计算机的魅力深深地吸引着他。他无暇考虑怎样去玩，而是和他的好友保罗一起每天夜以继日地工作，常常是渴了喝一罐可乐，饿了吃一个汉堡，他们在计算机前通宵达旦地工作，与此同时，两个人的计算机技能和知识水平都有了突飞猛进的发展。这种进步，使他们看到了别人看不到的希望。

临近开学，比尔·盖茨不得不到很多人梦寐以求的哈佛大学报到，但是，他的心里却仍然想念着计算机的工作。哈佛大学有一个计算机中心，这使比尔·盖茨喜出望外，因为他可以在此为自己的理想努力了。比尔·

盖茨平时把主要精力用在计算机上，但在临近学业考试时便全力以赴、昼夜加班突击背笔记和必考的内容。就这样，他保证了每门课程都能获得及格成绩。而在计算机方面，他却达到了没有哪个同学能与之相比的程度。

为了与比尔·盖茨及时联系，保罗来到波士顿。他已经退学，专心在计算机行业寻找新的开发项目。

比尔·盖茨一边在哈佛大学读书，一边想着计算机领域的开发，而且主要的心思用在了计算机上。他几次想退学去做计算机开发，可是，由于父母的反对和未找到合适的项目，他不得不继续在哈佛上学。他的好友保罗一有计算机世界的新动向，就跑来告诉比尔·盖茨。有一次，保罗在一份杂志上见到了一台微型计算机照片，就拿着它来找比尔·盖茨。比尔·盖茨见说明文中写着"世界上第一部微型计算机，可与商用型号的计算机相匹敌"，其超前的思维能力使他肯定地对保罗说："看来计算机像电视机一样普及的时代就要到来了。"两个人为此兴奋不已。他们在朦胧中看到了自己的事业和梦想，因为比尔·盖茨和保罗擅长的是计算机程序，如果计算机得不到普及，那么，对程序的需求也就不会兴旺；相反，当计算机普及的浪潮到来时，人们对计算机各种程序的需求就会自然地成为一种必然，这样，比尔·盖茨和保罗就有了用武之地。这两个天才少年用他们自发的兴趣和天才的头脑，预见了一个庞大的新兴科技领域的出现，并为之做好了准备。

比尔·盖茨和保罗在喜出望外过后，决定大干一番。他们决定为新诞生的微型计算机编制语言，也就是系统软件。他们超前的思维已经意识到，如果没有便于应用的程序，计算机就毫无可利用的价值了。说到做到，比尔·盖茨马上给生产第一台微型计算机的微型仪器遥测系统公司打电话，要求编制可使用的程序。该公司的创办人已经接到了好几个这样的电话，所以，对比尔·盖茨说道，如果你真的做成了，就应该拿来试试。比尔·盖茨和保罗抓住这个非常渺茫的机会，立即进了哈佛大学的计算机中心。两个孩子昼夜奋战，一刻不停地干起来。经过连续八个星期的奋战，他们为微型计算机设计了一个取名为"登上月球"的游戏程序。在实验后，他们认为可以让这个程序工作了，于是，就由保罗带着这个刚刚诞生的程序，乘飞机到新墨西哥州的微型计算机诞生公司去试用，而比尔·盖茨则留在学校等待保罗的消息，他的心情是紧张和不安的。与比尔·盖茨怀着同样心情的保罗，抑制住紧张的情绪，按照设计步骤在实验室里操作着，结果是，第一次实验就获得了成功。

当实验成功后，保罗干的第一件事是奔向电话机，把这个好消息告诉比尔·盖茨。比尔·盖茨接到电话后，和保罗一样兴奋。但当微型计算机公司提出立即把他们设计制作的程序推向市场时，比尔·盖茨立即冷静了下来。这个聪明的少年，不仅有过人的才能，而且有着超越一般人的思维能力。他懂得，市场上需要的是完善的产品，而他设计的程序则刚刚经过实验，还必须经过反复实验，直到完美无缺之后，才能在市场上站住脚。在这个时候，比尔·盖茨已经意识到，一个大好的商机已经来临了，为此，他决定离开哈佛，和保罗一起开办软件开发公司。

1975年7月，比尔·盖茨和保罗在亚帕克基市创立了微软公司。最初名字为Mi-crosoft，不久其中间的连字符即被去掉，"微软"之名出自"微电脑软件"之意。虽然，比尔·盖茨并不认为构思一个名字就是一项成就，但是他对这个由他亲自替公司起的名称感到十分得意。他认为，"微软"之名用于一个专门开发微电脑软件的公司最合适了，何况，整个电脑软件行业目前只有一家微软公司。

他们创办公司的宗旨是：要为各种各样的微电脑开发软件。当时，比尔·盖茨还不到20岁。

后来的故事便印证了这两位天才少年的远见，他们的事业在短短的二十多年时间里突飞猛进，使微软成就了软件帝国的地位，而比尔·盖茨也一跃成为世界首富，保罗·艾伦也成为身价超百亿的富豪。

做事要有好点子

【原文】 智周乎远，则所遗在近也。(《韩非子·喻老》)

【大意】 人们智慧周全考虑得远，结果就会丢掉近处的东西。

《老子》上说"其出弥远者，其智弥少"，意思是说，走得愈远，知道得愈少。这与后来"智者千虑，必有一失"是一脉相承的，韩非子也在《喻老》中表达了类似的观点，认为世间没有完美的东西，也没有无所不知的人。再有智慧的人，也会有考虑不到的地方。因此看似强大的东西必然有自身的弱点，看似弱小的东西也有其生存的空间。尤其是在瞬息万变的商场之中，找准对方的弱点，发挥自己的长处，便会产生好的作用。

日本的泡泡糖市场，多年来一直被劳特公司所垄断，其他企业要想打入泡泡糖市场似乎已毫无可能。而在1998年，弱小的江崎糖业公司一下子就夺走了劳特公司1/4的市场，这成了日本这一年经济生活中一条轰动性的新闻。江崎公司是怎样获得成功的呢？

首先，公司成立了由智囊人员、科技人员和供销人员共同组成的班子，在广泛搜集有关资料的基础上，专门分析劳特公司生产、销售的泡泡糖的优点与缺点。经过一段时间的研究，他们找出了劳特公司生产的泡泡糖有以下缺点：

销售对象单一，以儿童为主，对成年人重视不够（其实成年人喜欢泡泡糖的也不少，而且越来越多）；

口味单一，只有果味型（其实消费者的口味需要是多样的）；

形状基本上都是单调的条状（其实消费者对形状的审美情趣也是多样的）；

售价每块110日元，顾客购买时要找零钱，颇不方便。

发现以上这些问题以后，江崎公司对症下药，迅速推出了一系列泡泡糖新产品：提神用的泡泡糖，可以消除困倦；交际用的泡泡糖，可以清洁口腔，消除口臭；运动用的泡泡糖，可以增强体力；轻松休闲的泡泡糖，可以改变抑郁情绪。在泡泡糖形状上，推出了卡片形、圆球形、动物形各种形状。为了方便食用，采用一种新包装，只需一只手就可以打开使用。在价格上，为了避免找零钱的麻烦，一律定价为50日元和100日元两种。这样通过一系列措施，加上强大的广告宣传，1998年江崎糖业公司在泡泡糖市场上的占有率一下子由原来的零上升到25%，创造了销售额达150亿日元的高纪录。

江崎糖业公司的创办人江崎谈他的创业成功秘诀时这样说："即使是已经成熟的市场，也并非无缝可钻。市场在不断变化，只要能够创新，能够有好的点子，机会总能够找到。"

20世纪60年代美国的饮料市场被两大可乐公司所统治。作为1968年刚刚问世的新饮料——七喜，如何才能突破垄断、抢占市场呢？

当时的美国人在口味上已经习惯于可乐饮料，而且在思维方式上也拘泥于可乐才是饮料。如何打破可乐在消费者心目中的统治地位呢？七喜公司打破了人们传统的逻辑习惯和思维方式，到饮用者的头脑中去找产品的位置。他们大胆地提出"非可乐"的产品位置，这一石破天惊的口号被美国的广告界称为"辉煌的口号"。也正是"非可乐"这一简单有力的口号，使七喜脱离开硝烟弥漫的可乐竞争圈，以清新的口味和逻辑习惯赢得了消费者。这个策略口号打出的第一年，七喜的销售量上升了15%。1978年菲里普·莫里斯公司收购了七喜公司，又使用"美国转向七喜"这一定位战略，虽然没有改变大众对可乐的消费口味，但它却夺走了非可乐饮料的生意。

七喜公司采用了两级划分的方法，把饮料市场划分为可乐产品和非可乐产品两大部分，将七喜定位为非可乐产品，这就与两大可乐公司的产品有了明确的区分，突出了七喜与可乐产品反其道而行的产品形象，既给消费者留下了深刻的形象，又避开了两大可乐公司之间的激烈竞争，使其赢得非可乐产品市场的霸主地位。

菲律宾有一家地理位置极差但生意却极佳的餐馆，餐馆生意的成功全在于餐馆生意人奇思妙想的小创新。

这家餐馆的生意起初并不好。由于地处偏远，且交通不方便，去餐馆用餐的顾客很少。有人建议生意人干脆关掉餐馆，另谋他路。餐馆老板思索再三，决定看看其他餐馆的生意状况后再说。于是，生意人扮作一个顾客，一个餐馆一个餐馆地去察访。最后他发现，那些地处闹市区、生意较好的餐馆有一个共同点：现代感十足，热闹至极。他不止一次发现一些不喜欢热闹的顾客直皱眉头，匆匆用餐，匆匆离去。

餐馆老板想起了自己餐馆所处的独特幽静的地理位置，不由计上心来，"来个幽静高雅，会怎么样呢？"

老板请来装修工，将餐馆的外貌精心装饰得淡雅、古朴；屋内的装饰只用白、绿两种颜色，白色的柱子、白色的桌椅、绿色的墙、绿色的花草。他还用莎士比亚时代的酒桶为顾客盛酒，用从印度买来的古战车为顾客送菜。

奇迹出现了：早已被喧嚣声搅得烦不胜烦的顾客们听说有一个古朴幽静的餐馆可以进餐，你传我，我传他，纷至沓来，餐馆的生意顿时好转。

一个奇妙的好点子便能让一个陷在困境中的企业重新勃发出生机，这便是创意的魅力所在。

创新才会赢

【原文】 不适国事而谋先王，皆归取度者也。（《韩非子·外储说左上》）

【大意】 治理国家，不按照国家政事的需要从实际出发，却硬要谋求所谓的先王之道，就如同郑人买鞋时回家拿量脚的尺子一样，无疑是典型的教条主义。

教条主义显然与哪个时代都是格格不入的，遵循教条主义只能导致落后、愚昧和消亡。

韩非子的这一思想显然是非常超前的，虽然他的出发点是在治国方面，但万物皆有相通之处，处事亦是如此，因循守旧只会导致落后，创新才会赢，掌握了其中的奥秘，便会为自己打开一扇成功之门。吉列系列刀片的发明人金·坎普·吉列，就是在创新中成就一番事业的。

吉列虽然出生在一个商人家庭，但是家境贫寒。在吉列刚16岁那年，因为他的父亲破产，年幼的吉列不得不离开他所喜爱的学校。

回到家之后的吉列，无奈地走上了社会大舞台。因为他必须要学会养活自己。吉列所从事的第一项工作是做推销员——这是一项苦差使。因为推销员的工作辛苦又不稳定，在激烈的竞争环境中，他不得不多次更换工作，曾经推销过包括食品、日用百货、服饰、化妆品在内的各类物品。

虽然这份工作非常辛苦，但是吉列仍然非常认真地对待它，于是也就渐渐地积累了丰富的经验。当吉列每次出门会见客户之前，他总要修饰打扮一番，其中必不可少的一项内容就是刮剃胡须、整理发型。因为对于一个推销员来说，外在的仪表是相当重要的。

但是，吉列也像其他爱打扮或需要修饰的男人一样，早上起来的时候，总会遇到剃须刀不锋利、笨重，刮脸费时费力的情况。他的胡须又硬又长，一不小心就会刮破脸皮。

和今天不一样的是，当时的剃须刀是刀柄和刀身连在一起，因而使用起来非常不方便。况且剃须刀很容易变钝，磨刀时要么是放在荡刀皮上来回荡磨，要么是得送到专业磨刀店铺里去打磨。一旦遇到急事或要赶时间就来不及应对。

或许是由于男人们觉得这种小事不值一提，因为这么多年来，数以亿计的男人们在默默地忍受着这种不方便的折磨。但是吉列那颗活跃的脑子却开始积极地思考了：必须要用轻便锋利的剃须刀来代替这种老式的剃须刀。如何促使产品更新换代呢？推销员节奏紧张的生活使他难以深入地去思考这一问题。

机遇总是惠顾那些有准备的人，因为一旦错过，它就再也不会回来。但抓住机遇的关键在于你本人具有一种逆向思维的能力，有一颗积极思考的大脑。

有一次，由于有一厂家生产新型瓶塞，而吉列刚好要为这一家推销新商品。这种产品毫不起眼并且价钱也不高，但很受人们欢迎，十分畅销。吉列工作十分卖力，颇受老板的赏识，而眼快心细的吉列下决心要搞清楚这种产品受欢迎的原因。他的老板笑着告诉他："这是一种一次性产品，消耗得快，卖得也就快，因为价格便宜，人们重复购买也就不会有心理障碍。你想一想，一种用完即扔的产品，人们自然会多次购买和消费。"

或许他的老板说出这番话是不太经意的，但对吉列的心理冲击却是强烈而持久的。尤其是他的那句"用完即扔"。于是他又想到了自己干推销员已经十余年了，整天忙忙碌碌，却不能拥有自己的一份事业。为什么自己不能够发明出一种用完即扔的产品来赚钱呢？

有一天下午，吉列没有出去工作，仍然坐在他自己的屋里冥思苦想。刹那间，那刮不干净的胡须扎了一下他的双手。而就在这时，吉列的大脑中犹如醍醐灌顶，他的思路就在这眨眼的工夫里豁然开朗：每个男人都需要刮胡子，而刮胡子则需要剃须刀。如果发明一种用完即扔的一次性剃须刀，那肯定能够赚到大钱！一想到这儿，抑制不住兴奋的吉列像发现新大

第八章 谋事在人，成事也在人——韩非子的办事技巧

193

陆一样狂奔到洗手间，急急忙忙地找出那些废弃不用的剃须刀，细细观摩。

说干就干的吉列，第二天便买来制作剃须刀的工具：锉刀、夹钳及钢片，还把自己关在屋子里，拒绝外人的打扰。在他的构想当中，只要制作出能够避免原来缺点的剃须刀就可以获得成功。因此，他首先要把刀柄和刀片部分分开，这样有利于产品的更新换代；刀片必须具有锋利和安全双重特点，这样更容易得到大众的认可。

经过数夜的奋战，新型剃须刀的设计方案终于确定了。于是他自费邀请专业技术人员做成样品，并第一个尝试了这种刀片的效果。经过亲自实践，他发觉新型的剃须刀和传统剃须刀相比，无论是锋利程度还是安全性能都有所提高。初战成功，吉列备受鼓舞。剩下的就要看市场的反应如何了。

这时候，吉列曾经的工作经历开始派上了用场。想想当初，他为别人的产品去拼命地推销，现在轮到他为自己的新型产品大显身手了。颇有谋略的吉列开始了他的传奇创业过程。吉列首先是说服身旁的好友，因为他知道，一旦这些朋友认可了他的新产品，那么这些人无形当中就会为他做广告，这是他一个人无法单独完成的。果然在他的极力鼓动下，几位最为亲近的朋友为他投资了 5000 美元——这在当时来说是一笔不小的数目！

1901 年，吉列保险剃刀公司成立，吉列终于结束了推销员的生涯，开始了他的事业。创办新公司之后的吉列并没有故步自封之意，相反他进一步研制制作刀片的新材料，使刀片更薄、更具有柔韧性、更容易夹在金属片中间。第二年，这种新型剃须刀便开始批量生产。

在吉列的预想当中，由于新产品性能的改进，人们必然会争相抢购，产品必定会供不应求，财源也一定会滚滚不断。但是，出乎他意料的是，这种新产品竟然滞销。1903 年整整一年，他总共才售出 51 个刀架、168 片刀片。吉列对此真是百思不得其解。

但是乐观的吉列是不会放弃的，他经过认真的反思，发现了新型剃须刀滞销的症结所在：人们还是习惯于用老式剃须刀来刮胡子，而对于新型剃须刀的优点却没能够深入地了解，而且当时新的产品价格也有点偏高。

总的说来，一要继续改善产品效用，二要改变人们的消费习惯。

认识到了问题关键所在，吉列于是开始了他的新产品广告营销以及拓宽市场的销售策略。基于刀柄坚固耐用，买一个可以用几年，刀片则为一次性产品，买一个刀柄不知要买多少个刀片的考虑。吉列大幅度削减刀片的价格，而适当地提高刀柄的价格。

这样一来就成功地解决了新型剃须刀价格有点偏高的缺陷，而且刀片也就由于价格的下调而变成了真正的用完即扔的一次性产品。大胆的吉列这时又果断地做出决定：凡是购买新型剃须刀的，一律免费赠送刀柄。这一措施推出后，公司的销售额果然直线上升。

与此同时，推销员出身的吉列看到了当时的美国社会正处于大众传播媒介蓬勃发展时期，为提高媒体的经济效益，各报纸、杂志均开设了广告服务栏目。吉列则敏锐地抓住机会，东奔西跑，选择传播面广、影响力大的刊物大做新型剃须刀的广告。

果然，通过吉列有效的广告宣传，新型剃须刀的消费市场逐渐拓宽，其销售量也不断地上升。当时的统计资料表明：吉列剃须刀已成为美国男子最常用的修面工具。而美国男子借助剃须刀提升形象也逐渐成为一种时尚。

正当吉列的事业小有所成的时候，第一次世界大战爆发了。很多企业破产，战争中的人们似乎也没有那么多的闲情逸致来注意自己的仪容，吉列的生意又一次面临着危机，但吉列是不会放弃的。当时美国的钢铁、汽车、武器、造船、冶金、化工等工业部门得到迅速发展，吉列生产剃须刀所使用的原材料价格也有所下调，而新型剃须刀所需要的生产工艺则进一步提高。这样，吉列剃须刀在市场上的竞争力进一步提升。1917年美国放弃"中立"政策，直接参加了协约国对德、奥作战。随着美国士兵源源不断地涌入欧洲战场，吉列剃须刀也顺势走进了每个士兵的背包之中。

吉列剃须刀走进美国兵背包的意义是非凡的。战时的士兵们保持着刮胡须的习惯，战后的他们则将这种习惯带回各自生活的圈子，影响着周围的人。使用新型剃须刀的人越传越多，吉列剃须刀对人们生活产生的影响也越来越大。

战争结束后，美国作为战胜国成为《凡尔赛和约》的受益者。在相对和平的环境里，人们的消费水平也在稳步地提高。大多数的商店为了招徕顾客，逐渐形成一种赠送小礼物的风气。具有敏锐目光的吉列紧紧抓住这一有利商机，大做广告，把新型剃须刀当作最佳赠品来宣传。当人们纷纷向商店询问这种赠品的时候，吉列则乘机把剃须刀以低廉的价格批发给商店。人们得到赠品，就成为吉列的潜在顾客，他们需要不断地购买刀片来替换，结果使吉列新型刀片的销售额大幅度上升。

吉列清楚地看到了美国工商业呈现出的繁荣景象。趁着这一欣欣向荣的经济发展契机，他开始马不停蹄地在世界各地成立分公司，吉列剃须刀开始走进不同肤色人们的生活之中。到了20世纪20年代末，吉列的资产已达6000万美元，其业务已拓展到欧洲的大部分国家和地区。即使在吉列去世后，公司的继承者们仍把吉列刀片努力销到世界每个角落。

或许每个人都有很多绝妙的创意，但所不同的是有的人积极地去实现它，有的人却任创意埋葬在自己的脑海里，而不愿意付诸行动。吉列的成功是必然的，无论他处在经济萧条期还是繁荣发展期，也无论是在战争时代还是在和平时代，都能够走向成功，原因就在于他有着积极的心态，这种心态使得吉列即使是身处逆境，仍有不断学习思考的能力和勇往直前的创新勇气与动力。

遵循事物的规律去办事

【原文】 因事之理，则不劳而成。（《韩非子·外储说右下》）

【大意】 遵循事物的法则办事，不费劳苦就能成功。

现代社会是开放的智能型社会，智慧的大小直接决定着一个人成就的大小，运用智慧并遵循事物内在的规律是一个人成功的关键所在，"金融大鳄"乔治·索罗斯便是深悟此法的智者。

都说犹太人聪明，而索罗斯则是聪明犹太人里面的聪明人。他有幸得到哲学大师波普尔的指点，并成功地运用哲学的观点来实践他的新型赚钱法则，从而在全球刮起了一场索罗斯风暴。

索罗斯是一个很有争议的人物，但不可否认的是，他是个奇才，是个成功的富豪。有人骂他是"魔鬼"，也有人称他是"上帝"。不管怎么评价他，从一个穷大学生一跃成为私人财产达数十亿美元的巨富，他已成为一个令世人关注的金融家。

1930年索罗斯出生于匈牙利首都布达佩斯的一个犹太律师的家庭，童年时他是在富足的生活中度过的，受到了匈牙利最好的教育。然而好景不长，第二次世界大战的爆发改变了他一家人的生活。

第二次世界大战结束后，索罗斯逃到了瑞士。1947年他搬迁到英国，随后在1949年进入英国伦敦经济学院的经济系就读。

在伦敦经济学院读书期间，索罗斯对经济和哲学产生了浓厚兴趣。当时的著名哲学家卡尔·波普尔对索罗斯影响很大，这种影响不仅是物质上的，更多的是文化上、精神上的。喜欢哲学的索罗斯选修了研究社会制度的许多课程，因为他很崇拜波普尔。

有一次，索罗斯找到他素未谋面的心中偶像波普尔，小心翼翼地问："尊敬的波普尔先生，我有个问题想请教您，打扰一下可以吗？"

当时索罗斯正在阅读波普尔的《开放的社会及其敌人》一书，他越看越觉得这本书写得好。的确，此书让他有了不少体会，也给了他极大的震动。当然，也有些他一时弄不懂的东西，所以他毕恭毕敬地来请教波普尔。

没想到名气那么大、学问那么深的波普尔却热情地对待他，真诚地听了索罗斯的问题后，平易近人地和他一起探讨。探讨完有关问题后，波普尔鼓励索罗斯多思考问题，多探索有益的东西。

波普尔对索罗斯的影响是巨大的，当然这种影响不是教他如何去敛财，如何去投资，本来就是学经济学的索罗斯在这方面自有精明之处。波普尔教会了他站在哲学家的高度如何全面地看问题，如何从宏观与微观的角度进行分析，如何变抽象的问题为具体等。也正是从波普尔的社会运行理论中，索罗斯发现了金融市场的运转规律，从而使他成为震惊世界的"金融杀手"。

大学毕业后，索罗斯在伦敦和纽约默默无闻地干了几年股票分析、推销工作。在积累了一些经验后，1969年他创立了名为"量子基金"的私募投资合伙基金。该基金成立后，经历了大起大落的历程。到1981年有近半数的投资者退出了量子基金，但在第二年量子基金的收益率却达57%。

通过深入研究波普尔的《开放社会及其敌人》，索罗斯总结出了一套所谓的"折射理论"和"走在曲线前面理论"。这些理论的核心是：人们对世界的认识是不完全的，因此要想获得成功，就必须寻找突破口，并抢在别人前面发起攻击。

作为一个哲学化的金融家，索罗斯充分运用与发展了波普尔的理论，此后他的一举一动令世界震惊。

索罗斯的暴富，宣告了哲学化金融家的胜利。有人说索罗斯是"金融大鳄""坏小子"，但他有了钱后并不吝啬。1994年至1996年的三年间，他先后为设在全球的31个国家的各种基金会资助了十多亿美元。取之于社会，再回报给社会，这也是受到了波普尔理论影响的结果。

　　索罗斯之所以能在金融世界里天马行空，是他创造性地运用了波普尔的哲学理论，掌握了全球经济运行的自身规律，从而为他的暴富创造了一个机会。他对全球经济有了一种无人能及的俯视感，当一个人对一个领域有了这种感觉之后，在这个领域称王称霸也就不足为奇了。

第八章　谋事在人，成事也在人——韩非子的办事技巧

利用同仁的力量成事

【原文】事至而结智，一听而公会。(《韩非子·八经》)

【大意】遇到事情就要集中众人的智慧，一一听取意见，然后把大家集合起来议论。

俗话说：三个臭皮匠，顶个诸葛亮。韩非子认为，君主不能仅凭个人的智力进行统治，而必须汇聚臣下的一切智慧和力量，一一听取，集思广益，果断而有主见地采取其中的一种意见，这样才能敌过众人的智慧而胜过万物。一个人的智慧和能量总是有限的，如果能够兼取各家之长，就会形成一股强大的力量，使人更快成功。

韩非子的这一思想对于今天的我们来说无疑有着深刻的启发。我们不管做什么事情，离开了别人的帮助和支持是不可想象的，尤其在现代经济社会，更加需要集中同仁的力量来办大事。

历来为人们所称道的"桃园三结义"，就是同仁之间相互依靠、共图大业的一个例子。在中国古代，只要志同道合就可以义结金兰，结拜换帖，成为同甘共苦的兄弟。当初，刘备为了让关羽和张飞辅佐他打江山，与其结为换帖兄弟。其实，他们三人都是普通人，当时谁也不会想到就是这样三个处于社会下层的普通人，最后经营起一番事业来，在群雄逐鹿的三分天下过程中取得一席之地。

纵观历史，这样的例子数不胜数。不但在创立政权的时候需要广大同仁的共同努力，在巩固政权或治理国家的时候更离不开同仁的作用力。唐太宗李世民就非常善于利用这种力量，他曾经对大臣们说："许多帝王总是按个人喜好做事，心情好的时候连毫无功绩的人也胡乱封赏，一旦有不顺心的事，便马上大发雷霆，不分青红皂白滥杀无辜。天下之所以大乱往往是因为这个原因。我日夜以此为警戒，如果各位有意见，不妨直接提出来。"唐太宗正是由于广泛地听取和采纳臣子的谏言，才能不断地自我反省，扬长避短，从而巩固自己的政权，创立了太平盛世的繁荣局面。

巧妙地利用同仁的力量，不但在古代可以帮助自己建功立业，对我们现代人来说也不无启发。比如说经商，如果一个人资本不足，各方面的条件都还欠缺，那就不如多和几个人结为同仁，集众人的智慧与财力，使自己经营的事业变得更大，从而更具竞争力。

曾经在香港房地产界名噪一时的新鸿基企业有限公司，就是依靠同仁的力量取得了巨大的成功。

新鸿基企业有限公司来源于1958年香港商界"三剑侠"组合的永业企业公司。所谓香港商界"三剑侠"指的是三位取得重大成就的企业家，即地产巨子郭德胜、证券大王冯景禧、华资探花李兆基。他们在20世纪50年代看好香港的房地产业，但又缺乏单独作战的实力，于是经过协商而"誓师结义"，提出了一个同仁企业的"基本纲领"，那就是他们所说的"同心协力，进军地产，你发我发，大家都发"。

当时英国殖民政府把"官地"用"官契"的形式批租给公民使用，公民只要交了租金，如何使用土地，政府基本上不问，这样任何人只要能租到土地，就可以获得转租土地使用的利润。香港地少人多，各业兴旺发达，土地转租的利润必然越来越高。为此，从1950年起，冯景禧与人合伙购买土地官契，进入房地产领域，到1958年，已经积累了不少经验。郭德胜来找冯景禧，确实是找到了一个行家里手。

李兆基对香港的实业进行了多方面的考察，认为进入房地产领域是最佳选择。他反应敏捷，足智多谋，有他加入永业企业公司，就像是刘、关、张桃园结义的同仁企业请出诸葛亮来做总经理。

永业企业公司以"三剑侠"为核心，再伙同另外五位股东开业，首先以买入沙田酒店表现出不同凡响的手腕。郭德胜老谋深算，冯景禧精通财务，李兆基胆大心细，三人上阵，可以说是珠联璧合。他们三位后来都是进入香港十大富豪行列的企业家，能够在一家公司共同奋斗，算得上是香港现代经济史上的一段佳话。

由于公司起家时资金有限，最初的经营方式是以低价买进旧楼，拆掉重建，再伺机收购一些无人问津却又有发展潜力的土地，进行转手买卖，并且制定了"分层出售，十年分期付款"的营销政策，赢得了用户的信任。

五年下来，虽然没有大发展，却为后来的大发展奠定了基础。在已经看到前景的情况下，"三剑侠"决定亮出自己的旗号，他们甩掉其他股东，重新组合了新鸿基企业有限公司。"新"字源于冯景禧的新禧公司中的"新"字，"鸿"字源于郭德胜的"鸿昌合记"的"鸿"字，"基"字干脆取自李兆基的名字。对永业向新鸿基改组一事，香港舆论界后来评论说："我们可以想象，他们从永业开始三人联手，生意做得很顺，否则的话不会五年后继续合作。"其实，"三剑侠"得以继续合作，主要原因不在于生意做得顺，而在于三人在这五年内感受到同心协力的成果和愉快。他们甩掉其他永业股东，说明他们是精明的企业家，审时度势后迅速作出决断；而且他们一开始就立下自己成就大业的志向，找来可以共谋大事的同仁。如同《三国演义》中十八路诸侯联军讨董卓，是在各自力量不足的情况下，选择一个大家都能接受的定向目标作为合作的基础。当这个目标实现或不能实现时，合作便必须中止，不应受其他因素的干扰。这也是他们仿效"桃园结义"的办法组建公司、经营产业，却不为传统体制束缚的务实态度的体现。

"三剑侠"得以继续合作，是他们认为在前进的道路上还会有风浪，只有靠三人继续同心协力，才能闯过险滩。否则，他们不会等到1972年才协议分手，共分"天下"。新鸿基成立的十年，是"三剑侠"以"桃园结义"精神合作奋斗的十年，据说三人都是全身心投入，每人每天都要工作十五六个小时，相互比赛，这或许也是新鸿基得以成功的原因之一。

的确，同仁之间共同努力，相互合作，在借助别人优势的同时，也弥补了自身的不足，壮大了自己的力量，为事业的成功奠定了坚实的基础，达到了1+1>2的影响和效果。借助同仁之力，共谋大事，是一个人成大事的捷径之一。

办事要灵活

【原文】不期修古，不法常可，论世之事，因为之备。(《韩非子·五蠹》)

【大意】不期望照搬古法，不死守陈规旧俗，而是根据当前社会的实际情况制定相应的措施。

我们无论做什么事情，都要讲究一个"变"字，正所谓"穷则思变，变则通"。一个国家或个人，因循守旧是没有出息的，韩非子的法家思想里也集中体现了求变的思想。

北京获得2008年奥运会举办权，举国欢庆，成了全世界华人的一大盛事。可是在20世纪后半期时，举办奥运会却是让人"恐怖"的事，奥运会成了众所周知的鸡肋。

1972年，第20届奥运会在联邦德国的慕尼黑举行，最后欠下了36亿美元的债务，很久都没有还清；1976年，第21届奥运会在加拿大的蒙特利尔举行，最后亏损了十多亿美元之巨，成了当地政府的一个大包袱。直到今天，蒙特利尔人还在缴纳"奥运特别税"；1980年，第22届奥运会在莫斯科举行，苏联的确财大气粗，比上两届举办城市耗费的资金更多，一共花掉了90多亿美元，造成了空前的亏损。

面对这种情况，1984年的奥运会几乎到了无人问津的地步，美国的洛杉矶看到没有人敢拿这个烫手的山芋，就以唯一申办城市获此"殊荣"，企图通过这种方式来显示其泱泱大国的实力。可是等拿到了奥运会的举办权后不久，美国政府就公开宣布对本届奥运会不给予经济上的支持。接着洛杉矶市政府也说，不反对举办奥运会，但是举办奥运会不能花市政府的一分一厘。

谁能够出来挽救这场危机呢？最后是杰出人士彼得·尤伯罗斯化解了这场危机，并让举办奥运会成为新的生产力，大幅度拉动了经济的增长。彼得·尤伯罗斯到底是何许人呢？

1937年，彼得·尤伯罗斯出生在美国伊利诺伊州文斯顿的一个房地产主家庭。大学毕业后在奥克兰机场工作，后来又到夏威夷联合航空公司任职，半年后担任洛杉矶航空服务公司副总经理。1972年，他收购了福梅斯特旅游服务公司，改行经营旅游服务行业。1974年，他创办了第一旅游服务公司，经过短短四年的努力，他的公司就在全世界拥有了200多个办事处，手下员工1500多人，一跃成为北美的第三大旅游公司，每年的收入达2亿美元。他的这些业绩不能不说是惊天动地，其非凡的管理才能由此可见一斑。彼得·尤伯罗斯因此挑起了这副重担，担任起了奥运会组委会主席。举办奥运会的难处是他始料不及的。一个堂堂的奥运会组委会，居然连一个银行账户都没有，他只好自己拿出100美元，设立了一个银行账户。他拿着别人给他的钥匙去开组委会办公室的门，可是手里的钥匙居然打不开门上的锁。原来房地产商在最后签约的时候，受到了一些反对举办奥运会的人的影响把房子卖给了其他人。事已至此，尤伯罗斯只好临时租用房子——在一个由厂房改建的建筑物里开始办公。尤伯罗斯激动人心的"五环乐章"开始了，下出了惊人的三招妙棋：

第一招：拍卖电视转播权

彼得·尤伯罗斯是这样分析的：全世界有几十亿人，对体育感兴趣的人有很多，很多人不惜花掉多年积蓄，不远万里去异国他乡观看体育比赛，但是更多的人是通过电视来观看体育比赛的。事实证明，在奥运会期间，电视成了人们不可缺少的精神食粮。很显然，电视收视率大大提高，广告公司也会因此大发其财。彼得·尤伯罗斯看准了，这就是举办奥运会的第一桶金子。他决定拍卖奥运会电视转播权！这在奥运会的历史上可是破天荒的。要拍卖就要有一个价格，于是有人就向他提出最高拍卖价1.52亿美元。

尤伯·罗斯微微一笑："这个数字太保守了！"

大家一致认为，1.52亿美元都已经是天文数字了，那些嗜钱如命的生意人能够拿出这样一大笔钱就已经不错了。大家都用怀疑的眼光看着他，觉得他的胃口也太大了。精明的尤伯罗斯早就看出了这一点，不过只是微微一笑，没有做过多的解释。他知道，这一仗关系重大。于是，他决定亲自出马，来到了美国最大的两家广播公司进行游说，一家是美国广播公司（ABC），一家是全国广播公司（NBC）。同时，他又策划了几家公司参与竞争，一时间报价不断上升，出乎人们的意料，就这一笔电视转播权的拍卖就获得资金2.8亿美元。真可以说是旗开得胜！

第二招：拉赞助单位

在奥运会上，不仅是运动员之间的激烈竞争，而且各个大企业之间也在竞争，因为很多大企业都企图通过奥运会宣传自己的产品。从某种程度上说，这种竞争常常会超出运动场上的竞争。

为了获得更多的资金，尤伯罗斯想方设法加剧这种竞争，于是奥运会组委会作出了这样的规定：

本届奥运会只接受30家赞助商，每一个行业选择一家，每家至少赞助400万美元，赞助者可以取得在本届奥运会上获得某项产品的专卖权。鱼饵放出去之后，各家大企业都纷纷抬高自己的赞助金，希望在奥运会上取得一席之地。在饮料行业中，可口可乐与百事可乐竞争异常激烈。在1980年的冬季奥运会上，百事可乐获得了赞助权，出尽了风头，此后百事可乐销量不断上升，尝到了甜头。可口可乐对此耿耿于怀，一定要夺取洛杉矶奥运会的饮料专卖权。他们采取的战术是先发制人，一开口就喊出了1250万美元的赞助标码。百事可乐根本没有这个心理准备，眼巴巴地看着别人拿走了奥运会的专卖权。

照片胶卷行业比较具有戏剧性。在美国，乃至在全世界，柯达公司都认为自己是"老大"，摆出"大哥"的架子，与组委会讨价还价，不愿意出400万美元的高价，拖了半年的时间也没有达成协议。日本的富士公司乘虚而入，拿出700万美元的赞助费买下了奥运会的胶卷专卖权。消息传出之后，柯达公司十分后悔，把广告部主任给撤了。

不用细细叙述。经过多家公司的激烈竞争，尤伯罗斯获得了3.85亿美元的赞助费。他的这一招的确比较凶狠：1980年的冬季奥运会的赞助商是381家，总共才筹集到了900万美元。

第三招："卖东西"

尤伯罗斯的手中拿着奥运会的大旗，在各个环节都"逼"着亿万富翁、千万富翁、百万富翁及有钱的人掏腰包。火炬传递是奥运会的一个传统项目，每次奥运会都要把火炬从希腊的奥林匹克村传递到主办国和主办城市。1984年美国洛杉矶奥运会的传递路线是：用飞机把奥运火种从希腊运到美国的纽约，然后再进行地面传递，蜿蜒绕行美国的32个州和哥伦比亚特区，沿途要经过41个城市和将近1000个城镇，全程长达15000公里，最后传到主办城市洛杉矶，在开幕式上点燃火炬。尤伯罗斯为首的奥运会组委会规定：凡是参加火炬接力的人，每个人要交3000美元。很多人都认为，参加奥运会火炬接力传递是一件人生难逢的事情，拿3000美元参加火炬接力——"值"。就是这一项，他就又筹集了3000万美元。奥运会组委会规定：凡是愿意赞助25000美元的人，可以保证在奥运会期间每天获得两人最佳看台的座位，这就是1984年美国洛杉矶奥运会的"赞助人票"。

奥运会组委会规定：每个厂家必须赞助50万美元才能到奥运会做生意，结果有50家杂货店或废品公司也出了50万美元的赞助费，获得了在奥运会上做生意的权利。组委会还制作了各种纪念品、纪念币等，到处高价出售……

尤伯罗斯就是凭着手中的指挥棒，使全世界的富翁都为奥运会出钱，他则不断地把钱扫进奥运会组委会的腰包里。

现在我们来看洛杉矶奥运会的结果：美国政府和洛杉矶市政府没有掏一分钱，最后盈利2.5亿美元，创造了一个世界奇迹。从此，奥运会的举办权成了各个国家争夺的对象，竞争越来越激烈。尤伯罗斯之所以受命于危难之际而最后创造了奇迹和神话，关键就是他求变创新的奇思妙想，以创新思维突破发展的瓶颈。

办事要注重细节

【原文】 治无小而乱无大。(《韩非子·内储说上七术》)

【大意】 治理国家,这样严肃的事情是没有大小之分的,而乱世也不一定都是由大事造成的。

中国有句古话叫作"治大国若烹小鲜",从中也可体现治理国家是需要注意细节的。推而广之,无论是治国还是做事,都得在细节上下足工夫,否则的话就有可能"一失足成千古恨"了。

有一个著名的传奇故事发生在英国国王查理三世时候。在1485年的一场战役中,查理三世率领的军队与他的死对头里奇蒙德伯爵率领的军队相遇了,这场战斗的胜败决定着将来谁会统治英国。

战斗进行的当天早上,查理三世派马夫去为他备好最喜欢的战马。

"快点给它钉掌,"马夫对铁匠说,"国王希望骑着它打头阵。"

"你得等等,"铁匠回答,"我前几天给国王全军的马都钉了掌,现在我得找点儿铁片来。"

"我等不及了。"马夫不耐烦地叫道,"国王的敌人正在推进,我们必须在战场上迎击敌兵,有什么你就用什么吧。"

铁匠埋头干活儿,从一根铁条上弄下四个马掌,把它们砸平、整形,固定在马蹄上,然后开始钉钉子。钉了三个掌后,他发现没有钉子来钉第四个掌了。

"我需要一两个钉子,"他说,"得需要点儿时间砸出两个钉子。"

"我告诉过你我等不及了,"马夫急切地说,"我听见军号了,你能不能凑合?"

"我能把马掌钉上，但是不能像其他几个那么牢固。"

"能不能挂住？"马夫问。

"应该能，"铁匠回答，"但我没把握。"

"好吧，就这样。"马夫叫道，"快点！要不然国王会怪罪的！"

两军交锋，查理国王冲锋陷阵，鞭策士兵迎战敌人。"冲啊，冲啊！"他喊着，率领部队冲向敌阵。他看见战场另一头几个自己的士兵退却了。如果别人看见他们这样，也会后退的，所以查理策马扬鞭冲向那个缺口，召唤士兵调头战斗。

他还没走到一半，一只马掌掉了，战马跌倒了，理查也摔倒在地。

国王还没有再抓住缰绳，惊恐的战马就跳起来逃走了。查理环顾四周，他的士兵们纷纷转身撤退，敌人的军队包围了上来。

他在空中挥舞宝剑。"马！"他喊道，"一匹马，就因为这一匹马，我的国家就倾覆了。"

他没有马了，他的军队已经分崩离析，士兵们自顾不暇。不一会儿，敌军俘获了查理，战斗结束了。

从那时起，人们就说：

少了一个铁钉，丢了一只马掌。

少了一只马掌，丢了一匹战马。

少了一匹战马，败了一场战役。

败了一场战役，失了一个国家。

一个马掌钉出了问题，便影响了整个国家，可见不重视细节的危害之大。大到国家，小到企业和个人，重视细节便能成功，不重视细节便有可能失败。

世界著名的迪斯尼乐园可以说是注重服务细节的典型：在等候游玩的地方，种上可以遮阴的树木，并在多处安置装在木箱里不为人注意的电风扇，为等候的游客扇凉。隔离队伍的栅栏也做成了天然树枝模样，空中则飘荡着悦耳的音乐，使得等候的游客不会感到寂寞无聊。在入口附近，设立了一个儿童乐园，让孩子们在等候游玩的父母时能够在这儿尽兴地玩耍。如果想同米老鼠合影，而又没有人为你按快门，这时在附近扫地的员工会微笑着站在你面前，问你要不要帮忙。为实现"让每个人都感受到欢乐"的目标，还明确提出了服务标准：安全性、礼仪性、表演性、效率性，这四条要求的顺序是绝对不会颠倒的。迪斯尼要求所有员工都要彻底领会，遇到发生难以预料的突发事件时应按照这个标准采取应对措施。

又如，美国希尔顿大酒店发现旅客最害怕的是在旅馆住宿会睡不着觉，即人们通常所说的"认床"，于是和全美睡眠基金会达成协议，联合研究是哪些因素导致一些人一换睡眠环境难以入眠，然后对症下药，消除这些因素。从 1995 年 3 月起，美国希尔顿大酒店用不同的隔音设备，为顾客配备不同的床垫、枕头等，欢迎顾客试用。通过一段时间的试验，摸索出一种基本适合所有旅客的办法，从而解决了这一问题。

注重细节的确能使一些看似不起眼的事情也能成为挣钱的途径，日本的一家搬家公司便是这样的典型。

在日本有一家叫阿托搬家中心的公司。该公司创办于 1977 年，仅用了九年时间，年营业额就增加了 347 倍，达到了 140 多亿日元，并从一个地区性公司的小型企业，发展成在全国近 40 个城市拥有分公司或联营公司的大型企业。美国和东南亚一些国家还争相购买它的搬家技术专利。阿托搬家中心的总经理叫夺田千代乃，由于经营上的成功，已成为日本服务业的明星，被评为日本最活跃的女企业家之一。

夺田千代乃生于 1947 年，学生时代就颇有点男孩气质，曾经是以往只有男生才能参加的剑道部的成员。她从小就暗下决心，长大要与男人争高低。1968 年，她与夺田寿男结婚，他们一起干起了当时比较赚钱的运输业。但好景不长，1973 年的石油危机使运输业由盛转衰。为了生存，夺田夫妇日夜奔驰在公路上，少睡觉，多付出，但仍逃脱不了破产的厄运。

正当夺田千代乃为今后生计发愁时，报纸上一则简短的消息引起了她的注意。消息中说，日本关西地区每年搬家开支 400 亿日元，其中大阪市就有 150 亿日元。夺田千代乃立刻产生这样一个念头：为什么不在这不引人注目的行业上试一试运气？她和丈夫商量后，就决定办一个搬家公司。

搬家的市场虽然相当大，但怎么能把成千上万分散的住户吸引过来呢？做广告可花不起钱呀！想来想去，她决定利用电话号码簿为自己做不花钱的广告，因为想搬家的人肯定会在电话簿上找运输公司的电话。她了解到日本的电话簿是按行业分类的，在同一行业内，企业的排列是以日语字母为序。所以，她就给自己的公司取名为"阿托搬家中心"，使它在同行业中名列首位，人们查找时很容易发现它。然后，她又在电话局的空白号码中，选了一个又醒目又容易记的号码——0123。

公司开张后，果然生意很红火，许多顾客都打电话预约。夺田千代乃在经营之初对搬家技术就作过全面的了解，根据顾客的需要，她对搬家技术进行了一系列革新，另外开发出许多附带的服务项目。她抓住顾客珍惜家财和怕露财的心理，设计了搬家专用车，把家用器具装在这种车上，既安全可靠，又不会为路人看见。针对日本城市住宅多是高层公寓，夺田千代乃专门设计了搬家专用吊车和集装箱，为高层公寓居民搬家时，只要用吊车把集装箱送至窗前即可进行作业。此外，夺田千代乃的阿托搬家中心还提供300多项与搬家有关的服务。例如：日本人有一种传统习惯，因搬家难免会打扰左邻右舍，每逢搬家，都要给邻居送一些点心或面条，以表歉意，但是往往因为忙乱而忘掉这一礼节，阿托搬家中心便可代顾客办理此事。它还为顾客提供消毒、清扫服务；代理因迁居而发生的变更户籍、改换电话、学生转学、报刊投递、结算账目等手续；还提供室内设计、代购用品、处理废弃物品、修理门窗家具、调试钢琴等服务。

以往搬家总是"行李未到，家人先到"，搬家总是留给人烦恼的回忆，夺田千代乃决心把它变成终生难忘的旅行。为此，她特地在欧洲最大的大轿车厂——德国的巴尔国际公司定做了一种名为"21世纪的梦"的搬家专用车。这种车长12米，宽2.5米，高3.8米，前半部分为上下两层，下层是驾驶室，上层是一个可以容纳6人的豪华客厅，里面有舒适的沙发、婴儿专用摇篮，还装有电视机、立体组合音响、电冰箱、电子游戏机等设施。后半部才是装运行李家具的车厢，载重量为7吨。这种新型搬家专用车通过电视广告向日本全国展示后，各地的搬家预约蜂拥而至。特别是好奇心强的顾客，他们指名要乘坐"21世纪的梦"搬家车。

细节决定成败，无论对一个国家、一个企业或者个人来说都是如此，因此细节的作用便是成功与失败的一道分水岭，值得每个人去重视。

从细微之处寻找机遇

【原文】圣人见微以知萌，见端以知末。(《韩非子·说林上》)

【大意】聪明的人通过事物微小的征兆便能预知将来可能发生的结果。由小见大，由微知著，才能了解事物的本质。

"见微知著"是流传千古的成语，这一成语的发明者正是战国时代的韩非子。韩非子通过这个成语告诉大家一个道理：从细小之处发现别人不能发现的道理，就要"见人之所未见，思人之所未思"，这样才能走出一条与众不同的路来。

人生漫漫，机遇常有，但决定我们命运的并不是存在的机遇，而是我们对机遇的把握能力。机遇通常会悄然而降，稍纵即逝。不管你怎样地扼腕叹息，她很可能一去不复返。因此人们要想取得成功，要想捕捉到成功的机遇，就必须擦亮自己的双眼，这样才能够在机遇到来的时候伸出自己的双手，从而捕捉到成功的机遇。那些之所以能够取得成功的人并不是幸运之神偏爱他们，幸运之神对谁都一视同仁，不会偏爱任何一个人。成功的人之所以能每每抓住成功的机遇，完全是由于他们在生活中处处留心，能够以小见大，由微知著，渐渐培养了一双捕捉机遇的慧眼，当机遇来临的时候，他们就能迅速做出反应，从而牢牢地抓住机遇。

一个苹果从树上掉了下来，恰好掉在了牛顿的头上，牛顿由此受到启示，发现了万有引力定律。

机遇就是这样古怪，有时候你苦苦追求、苦苦思索，甚至你觉得已尽心竭力，它也不一定出现；可就在你已经不抱什么希望，几乎信心全无的时候，机遇却不期而至，让你顿时有一种柳暗花明之感。

有两个鞋商来到非洲一个尚未开发的地区准备推销他们的鞋,他们俩都发现,这里的人们都赤着足,从来没有穿鞋的习惯。其中一个鞋商立即打道回府,而另一个鞋商则留了下来,在当地做起了鞋生意。留下来的鞋商后来生意做得非常火,而打道回府的鞋商则白白地错失了一次发展的良机。打道回府的鞋商之所以离开,就在于他不具备捕捉机会的慧眼,他想,这儿的人从来都不穿鞋,因此鞋在这里肯定没有销路。而留下来的商人则非常用心,他想,这里还没有人穿鞋,一旦穿起鞋来,市场前景将十分广阔。所以他就以自己的慧眼发现了机会。

捕捉机遇一定要处处留心,独具慧眼。其实只要你仔细留心,身边的每一件小事中都可能蕴藏着相当的机会。成功的人绝不会放过每一件小事,他们对什么事情都极其敏感,能够从许多平凡的生活中发现成功的机遇。

有一次,日本索尼公司名誉董事长井琛大到理发店去理发,他一边理发一边看电视,但由于他躺在理发椅上,所以他通过镜子看到的电视图像只能是反的。就在这时,他突然灵机一动,心想:"如果能制造出反画面的电视机,那么即使躺着也能从镜子里看到正常画面的电视节目。"有了这个想法,他回到索尼公司之后就组织力量研制和生产了反画面的电视机,并把自己研制出来的电视机投放到市场上去销售。果然这种电视机受到了理发店、医院等许多特殊用户的普遍欢迎,因而取得了成功。这则事例给我们的启示就是功夫不负有心人,只要你能够处处留心,那么就会有很多机会向你招手。

意大利人对足球的狂热是人尽皆知的,但这份狂热却在一定程度上冲击了餐饮业。因为每到足球联赛,特别是像世界杯这样的足球大赛到来的时候,成千上万的球迷都闭门不出,端坐在电视机前观看足球赛转播。因而,众多的餐饮业主都为生意的萧条而一筹莫展,然而有一位餐饮业主开设的餐馆却异常火爆。那么,这位老板有什么绝招呢?说来他的招数其实也很简单。他不过是在自己餐馆的角落,包括走廊、卫生间,都安装上了电视机,以保证每位前来光顾的客人在任何一个角落都能够看到精彩热闹的球赛。说穿了,这位老板的成功完全得益于他是一位生活当中的细心人。由于他的细心，他发现意大利人在球赛到来时不愿意到餐馆来的原因并不是意大利人每到赛季就变得节俭了，而是因为意大利人深深地爱着足球，如果让他们在美食和足球之间做出选择，他们会毫不犹豫地选择足球。要使顾客回到餐馆就得有一个两全其美的方法，因此，他才想出了用电视服务招揽顾客的方式，这一方法果然非常有效，使他取得了非常可观的收入。这个事例再次说明，只要你是生活中的有心人，幸运之神就一定会冲过来和你拥抱。

处处留心皆机遇，要做生活当中的有心人，因为机会往往来得偶然，出现得也很突然。因此，只有留心、用心的人才有可能在机会来临的一瞬间捕捉到它。比如说世界上第一个防火警铃就是在实验中偶然被发明的。当时杜妥·波尔索正在试验一个控制静电的电子仪器，忽然他注意到身边的一个技师所抽的香烟把仪器的马表弄坏了。杜妥·波尔索的第一反应是非常懊恼，因为马表坏了必须中止实验，重新再装一个马表。但他很快地就想到，马表对香烟的反应可能是一个非常有价值的资讯。这个只是一瞬间发生的看似很不起眼的偶然事件，促使杜妥·波尔索发明了防火报警警铃，在防火领域做出了突破性的贡献。

不仅仅防火警铃的发明来自生活中的突发事件，其实，世界上有很多的发明创造都是来自于生活里的偶然事件。被称为"杂交水稻之父"的我国农业科学家袁隆平发明水稻杂交也是如此。袁隆平有一次在稻田里无意间发现了一株自然杂交的水稻。由此，他想到目前我们人类所认定的水稻不能杂交的结论可能是个错误的结论。于是，通过艰苦的科学研究，他攻克了一个又一个难关，终于成功地培育出了杂交水稻，从而一举成了足以改善人类生存的世界级的科学家。

如果这世界上没有牛顿，我们人类则有可能到现在还不知道万有引力定律；如果这世界上没有袁隆平，那么人类也许将永远身陷水稻不能杂交的误区。所幸的是世界上却出现了牛顿、袁隆平这样的世界级科学家，从而为我们人类拨开了一团又一团的蒙在科学上的迷雾，使我们人类得以看见许许多多的光明。

牛顿、袁隆平等成功人士为什么就能捕捉到这些成功的机遇呢？他们与一般人都有什么不同呢？

当然，要捕捉到成功的机遇需要一定的知识技能，这是不言而喻的。但若以知识而论，牛顿的物理学知识，袁隆平对水稻的知识，当初也许都不是最全面的、最权威的，相信肯定有很多人在知识技能方面超过他们。他们凭的就是那双能够发现机会的慧眼，他们有着天生的见微知著的本领。这也就是牛顿、袁隆平与一般人的区别所在。

处处留心皆机遇，人生的机会可能会以多种方式降临在我们面前。要捕捉它，你就得在平时练就一双慧眼，养成从平凡的小事中寻找机遇的习惯，时时刻刻全身心地准备着去迎接、去拥抱每一次光顾你的幸运之神。

立足自身，敢于冒险

【原文】挟夫相为则责望，自为则事行。(《韩非子·外储说左上》)

【大意】怀着相互依赖的心态就会互相埋怨，如果都能依靠自己事情就会办好。

成大事者大多是要有独立精神和冒险精神的，胆小如鼠者一般难成大气候，但冒险并不是盲目地乱投赌注，而是要立足自身，冷静分析，在事情有一定把握的前提下敢于拼搏，方能有很大的胜算。

摩根金融王朝的主要缔造者 J. P. 摩根，便是这样一位有勇有谋又能对自身实力作出准确评估的实干家兼冒险家。

J. P. 摩根出生于美国康乃狄格州哈特福的一个富商家庭。摩根家族于 1600 年前后从英格兰迁来美洲大陆。最初，摩根的祖父约瑟夫·摩根开了一家小小的咖啡馆，积累了一定资金后，又开了一家大旅馆，既炒股票，又参与保险业。可以说，约瑟夫·摩根是靠胆识发家的。一次，纽约发生大火，损失惨重。保险投资者惊慌失措，纷纷要求放弃自己的股份以求不再负担火灾保险费。约瑟夫横下心买下了全部股份，然后，他把投保手续费大大提高。他还清了纽约大火赔偿金，信誉倍增。尽管他增加了投保手续费，投保者还是纷至沓来。这次火灾，反使约瑟夫净赚 15 万美金。就是这些钱，奠定了摩根家族的基业。摩根的父亲吉诺斯·S·摩根则以开菜店起家，后来他与银行家皮鲍狄合伙，专门经营债券和股票生意。

生长在传统的商人家族中，经受着特殊的家庭氛围与商业熏陶，摩根年轻时便敢想敢做，颇富商业冒险和投机精神。1857 年，摩根从德哥廷根大学毕业，进入邓肯商行工作。一次，他去古巴哈瓦那为商行采购鱼虾等海鲜，途经新奥尔良码头时，走下船在码头一带兜风，突然有一位陌生人从后面拍了拍他的肩膀："先生，想买咖啡吗？我可以半价。"

"半价？什么咖啡？"摩根疑惑地盯着陌生人。

陌生人马上自我介绍说："我是巴西货船船长，为一位美国商人运来一船咖啡，可是货到了，那位美国商人却已破产了。这船咖啡只好在此抛锚……先生！您如果买下，等于帮我一个大忙，我情愿半价出售。但有一条，必须现金交易。先生，我是看您像个生意人，才找您谈的。"

摩根跟着巴西船长看了看咖啡，质量还不错。想到价钱如此便宜，摩根便毫不犹豫地决定以邓肯商行的名义买下这船咖啡。然后，他兴致勃勃地给邓肯发出电报，可邓肯的回电是："不准擅用公司名义！立即撤销交易！"

摩根勃然大怒，但转念一想，邓肯商行毕竟不是他个人的。自此摩根便产生了一种强烈的愿望，那就是开自己的公司，做自己想做的生意，依靠自己来打天下。

摩根无奈之下，只好求助于在伦敦的父亲。吉诺斯回电同意他用自己伦敦公司的户头偿还挪用邓肯商行的欠款。摩根大为振奋，索性放手大干一番，在巴西船长的引荐之下，又买下了其他船上的咖啡。

摩根初出茅庐，做下如此一桩大买卖，不能不说是一次冒险。但上帝偏偏对他情有独钟，就在他买下这批咖啡不久，巴西便出现了严寒天气，一下子导致咖啡大量减产。咖啡价格随后暴涨，摩根便顺势大赚了一笔。

从咖啡交易中，吉诺斯认识到自己的儿子是个人才，拿出了大量资金为儿子办起摩根商行，供他施展经商的才能。摩根商行设在华尔街纽约证券交易所对面的一幢建筑里，这个位置对摩根后来叱咤华尔街乃至左右世界风云起了不小的作用。

这时已经是1862年，美国的南北战争正打得不可开交。

林肯总统颁布了"第一号命令"，实行了全军总动员，并下令陆海军对南方展开全面进攻。

一天，克查姆——一位华尔街投资经纪人的儿子，摩根新结识的朋友，来与摩根闲聊。

"我父亲最近在华盛顿打听到，北军伤亡十分惨重！"克查姆神秘地告诉他的新朋友，"如果有人大量买进黄金，汇到伦敦去，肯定能大赚一笔。"

对经商极其敏感的摩根立时心动，提出与克查姆合伙做这笔生意。克查姆自然跃跃欲试，他把自己的计划告诉摩根："我们先同皮鲍狄先生打个招呼，通过他的公司和你的商行共同付款的方式，购买四五百万美元的黄金——当然要秘密进行；然后，将买到的黄金一半汇到伦敦，交给皮鲍狄，剩下一半我们留着。一旦皮鲍狄黄金汇款之事泄露出去，而政府军又战败时，黄金价格肯定会暴涨，到那时，我们就堂而皇之地抛售手中的黄金，肯定会大赚一笔！"

摩根迅速地盘算了这笔生意的风险程度，爽快地答应了克查姆。一切按计划行事，正如他们所料，秘密收购黄金的事因汇兑大宗款项走漏了风声，社会上流传着大亨皮鲍狄购置大笔黄金的消息，"黄金非涨价不可"的舆论四处蔓延。于是，很快形成了争购黄金的风潮。由于这么一抢购，金价飞涨，摩根一瞅火候已到，迅速抛售了手中所有的黄金，趁混乱之机又狠赚了一笔。

虽然这时的摩根年仅26岁，但他那闪烁着蓝色光芒的大眼睛，看去令人觉得深不可测；再搭上短粗的浓眉、胡须，会让人感觉到他是一个深思熟虑、老谋深算的人。

精明的摩根依靠自己的实干精神和冒险精神缔造了一个无与伦比的金融帝国，直接影响了美国经济长达一个多世纪。直到今天，摩根家族依然活跃在美国的政治和经济舞台上。

很多时候，冒险会成就大的事业，摩根家族是如此，别的公司也不例外。

1984年，美国航天飞机成功地回收了人造卫星。悬挂在英国劳埃德保险公司大楼内的小铜钟发出了一阵喜悦的响声，向全公司职员宣告公司因这次飞行保险而赚了5000万美元。敢冒最大风险，才能赚最多的钱，这是劳埃德保险公司生意的一贯宗旨，也是他们赚钱的秘诀。

做生意有赚也有赔，这已是司空见惯的事，更何况保险业本身就是一种冒险，但劳埃德公司敢于承担风险很大的保险项目是其他公司望尘莫及的。旷日持久的两伊战争曾经使海湾水域成了危险地区，许多保险公司都视其为畏途而裹足不前，劳埃德公司也因一些油船和货轮的沉没、损坏和被困赔偿了5.25亿美元。但劳埃德公司在海湾的保险业务并未因此中断，而其他保险公司纷纷退出或不敢进入，结果使保险费大涨。从伊朗哈格岛驶出的每艘价值2000万美元的油轮，7天有效期的保险费高达4000万美元。劳埃德公司因此获得了大宗的巨额收入。

在世界保险市场上，劳埃德公司善于接受新事物，开拓创新，总是争当最新保险形式的第一。1866年，汽车诞生了。劳埃德公司在1909年率先承接了这一新事物的保险，当时还没有"汽车"这个名字，劳埃德公司将此项目命名为"陆地航行的船"。该公司还首创了太空技术领域的保险。目前，该公司承保的项目可谓洋洋大观，从太空卫星、超级油轮，直到脱衣舞女郎的大腿。总之，只要能赚更多的钱，公司就敢冒更大的风险。

经验告诉人们：想发家致富又怕担风险，往往就会在关键时刻失去良机，因为风险总是和机遇联系在一起的。从某种意义上说，人们冒的风险有多大，取得成功的机会就有多大；人们冒风险有多少次，把握机遇的可能就有多少次。从平凡人走向富翁需要的是把握机遇，而机遇平等地来到大家面前时，有勇有谋的人才能抓住它，走向成功。

第九章　小人是针，沾着穿心
——韩非子的防小人术

世间小人难防且难对付，尤其是城府极深、深藏不露的小人，其杀伤力更是非比寻常。韩非子在《制分》一文中提到："夫至治之国，善以止奸为务。"也就是说，治理好国家，应该把禁止奸邪的活动视为最紧要的任务。可见，韩非子对防小人、治小人认识之深刻。

千万不要"与狼共舞"

【原文】 削迹无遗根，无与祸邻，祸乃不存。(《韩非子·初见秦》)

【大意】 砍伐树木就不要留下根。不与祸害接近，祸害就不会存在。

有人说，与狼共舞方显英雄本色。殊不知狼是会吃人的，稍不留意便会被狼所伤，甚至被狼所害。因此，我们最好不要与狼这样的祸害为邻，否则的话自己被别人害了还分不清东南西北。

中国历史上被狼一样的小人暗算的人不计其数，其中唐朝的著名宰相杨炎便是典型一例。

杨炎与卢杞在唐德宗时一度同任宰相，卢杞的爷爷是唐玄宗时的宰相卢怀慎，以忠正廉洁而著称，从不以权谋私，清廉方正，是位颇受时人敬重的贤相。他的父亲卢奕也是一位忠烈之士。卢杞在平日里不注重衣着吃用，穿得很朴素，吃也不讲究。人们都以为他有祖风，没有人知道他本人则是一个善于揣摩上意，很有心计，貌似忠厚，却以厚脸皮来取得别人信任的人。卢杞除了巧言善辩，别无所长，但嫉贤妒能，脸厚心黑，使坏主意害人却是拿手好戏。但大奸似忠，卢杞靠着左右逢源的厚黑之道，很快就由一名普通官员变身宰相。

与卢杞同为宰相的杨炎，是中国历史上著名的财政能手，他提出的"两税法"为缓解当时中央政府的财政危机立下了汗马功劳。后来的史学家评论他说："后来言财利者，皆莫能及之。"可见杨炎确实是个干练之才，深受时人的尊重和推崇。此外，杨炎与卢杞在外表上也有很大不同，杨炎是个美髯公，仪表堂堂；卢杞脸上却有大片痣斑，相貌奇丑。

然而，博学多闻，精通时政，具有卓越政治才能的杨炎，虽然有宰相之能，却没有宰相之度。尤其是在处理与同僚的关系上，他恃才傲物，目中无人，特别是对卢杞这样的小人，压根儿就没放在眼里。两人同处一朝，共事一主，但杨炎几乎不与卢杞有丝毫往来。按当时制度，宰相们一同在政事堂办公，一同吃饭，杨炎因为不愿与卢杞同桌而食，便经常找个借口在别处单独吃饭。有人趁机对卢杞挑拨说："杨大人看不起你，不愿跟你在一起吃饭。"

相貌丑陋、内心自卑的卢杞自然怀恨在心，便先找杨炎手下亲信官员的把柄，并上奏皇帝。杨炎因而愤愤不平，找卢杞质问："我的手下人有什么过错，自有我来处理，如果我不处理，可以一起商量，你为什么瞒着我暗中向皇上打小报告！"弄得卢杞很下不来台。于是，两个人的隔阂越来越深，常常是你提出一条什么建议，明明是对的我也要反对；你要推荐那个人，我就推荐另一些人，总是较着劲、对着干。

卢杞与杨炎结怨后，千方百计谋图报复。他深知自己不是进士出身，又面貌奇丑，才干更是无法与杨炎相比，但他凭借厚黑之才，极尽阿谀奉承之能事，并逐渐取得了唐德宗的信任。

不久，机会终于来了。节度使梁崇义背叛朝廷，发动叛乱，德宗皇帝命淮西节度使李希烈前去讨伐。杨炎不同意重用李希烈，认为此人反复无常，对德宗说："李希烈这个人，杀害了对他十分信任的养父而夺其职位，为人凶狠无情，他没有功劳时就傲视朝廷，不守法度，若是在平定梁崇义时立了功，以后就更不可控制了。"

然而，德宗已经下定决心，对杨炎说："这件事你就不要管了！"谁知，不会察言观色的杨炎并不把德宗的不快放在眼里，还是一再表示反对用李希烈，这使本来就对他有点不满的德宗更加生气。

不巧的是，诏命下达之后，赶上连日阴雨，李希烈进军迟缓，德宗又是个急性子，就找卢杞商量。卢杞看到这是扳倒杨炎的绝好时机，便对德宗皇帝说："李希烈之所以拖延徘徊，正是因为听说杨炎反对他的缘故，陛下何必为了保全杨炎的面子而影响平定叛军的大事呢？不如暂时免去杨炎宰相的职位，让李希烈放心。等到叛军平定以后，再重新起用，也没有太大关系！"

这番话看上去完全是为朝廷考虑，也没有一句伤害杨炎的话，卢杞用厚黑术排挤人的手段就是这么高明。德宗皇帝果然信以为真，听信卢杞的话，免去了杨炎的宰相职务。这样，杨炎因为不愿与小人同桌就餐而莫明其妙地丢掉了相位。

从此卢杞独掌大权，杨炎落在他的掌握之中了，他自然不会让杨炎东山再起的，便找茬儿整治杨炎。杨炎在长安曲江池边为祖先建了座祠庙，卢杞便诬奏说："那块地方有帝王之气，早在玄宗时代，宰相萧嵩就曾在那里建立过家庙，因为玄宗皇帝曾到此地巡游，看到此处王气很盛，就让萧嵩把家庙改建在别处了。如今杨炎又在此处建家庙，必定是怀有篡权夺位的谋反野心！近日长安城内到处传言：'因为此处有帝王之气，所以杨炎要据为己有，这必定是有当帝王的野心。'"

什么！杨炎有谋反篡位之心？岂能容之！于是，在卢杞的鼓动之下，勃然大怒的德宗皇帝便以此为借口，将杨炎贬为崖州（今海南省境内）司马，随即下旨于途中将杨炎缢杀。

俗话说"惹不起躲得起"，杨炎明知道卢杞是个得罪不起的小人，自己的厚黑手段又没有对方高，惹不起偏不躲，为了芝麻粒大的小事，喜怒形于色，犯了卢杞内心自卑的忌讳，甚至与对方撕破了脸面，让对方毫无顾忌地与你相斗，最后遭到对手的暗算，实在是不明智之举！

小人不会风光一辈子

【原文】 衿伪不长，盖虚不久。（《韩非子·难一》）

【大意】 夸饰伪装不能长远，掩饰虚假不能持久。

中国有句古话叫"路遥知马力，日久见人心"，小人虽然善用心计，但日子久了自然会有露马脚的时候，因此小人的下场大多也并不好看。

作为清朝乾隆帝第一宠臣的和珅，一生都在不停地用各种手腕追求金钱、权力和美色，但到头来还是"机关算尽太聪明，反丢了卿卿性命"，这也许是我们中国人所讲的因果循环吧。

和珅少年时就进宫当差了，他只在官学中念过几天书，除了"四书"读得比较熟，没有什么真才实学。和珅善于巴结逢迎，并凭借这一特长讨取了乾隆帝的欢心和宠信，得以官运亨通、青云直上。但是，和珅肚子里除了几根花花肠子，没有多少真"货"，这毕竟是他的弱点，和珅最怕和别人比才学，最恨别人比他强，容不得高过他的人。

仁宗嘉庆帝的师傅朱珪，是一位学识渊博、正直能干的大臣。嘉庆当时还是一位很不起眼的皇子，他对老师极为敬重，师生二人时常往来和诗，感情颇为融洽。有一次，皇子给朱珪写了一首祝诗，诗中称颂了老师的人品才学，表达了对老师的尊重之情。和珅一向嫉妒朱珪，对朱珪的一举一动都很留心，伺机找他的毛病，以便进行陷害。

后来，朱珪离京出任两广总督，上任后，兢兢业业，秉公办事，执政清廉，卓有成效，赢得了较好的声誉。乾隆帝考察了朱珪的政绩，打算召他回京，并授予大学士之职。和珅听说乾隆帝的这个意思，心里又气又妒，他早已觊觎大学士的职位，岂能甘心这个大权落在别人手中，再说，他又很忌妒朱珪的才能。和珅表面上不露声色，暗中却变着法地说朱珪的坏话，他把当年皇子给朱珪写贺诗的旧事又翻了出来，添油加醋地渲染一番，说朱珪和皇子的关系不正常，教唆皇子写诗恭维他。和珅还列举了一大串历史事例，别有用心地说凡是有"市恩"行动的人都有野心，恐怕大清将来要重蹈覆辙。

他这一通诬告使乾隆帝对朱珪心生厌恶，乾隆帝最憎恨怀有野心的人，他当即就要下旨逮捕朱珪，严加治罪。幸亏有大臣董浩从中劝谏，澄清当时写贺诗的事实真相，朱珪才免于下狱受刑，但朱珪的政治生涯也就被断送了。不久以后，朱珪被降调为安徽巡抚，并命其以后不得传召，永为外任。朱珪不仅没当成大学士，还被狠狠地踢了一脚，踹下深沟，而大学士之职在不久以后则加在了和珅头上。

乾隆五十六年（公元1792年），乾隆皇帝又颁旨刻《石经》辟邪，命和珅为负责人。当时的负责人共有八人，算起来，数和珅的学识最浅。他只不过在年轻时读过"四书"，后来进宫这些年只顾玩弄权术，肚里的几滴墨水差不多都干涸了。但他是总负责人，因此别人必须听他的。

尚书彭元瑞文字功底较深，担任校勘工作，曾受命于乾隆帝编写《石经考文提要》，写好后呈送乾隆帝过目。乾隆帝看过，颇为满意，特别下诏褒奖了彭元瑞。这下引起了和珅的强烈嫉恨，他便到处散布彭元瑞的坏话，说他才疏学浅，功底不够厚，所写的《石经考文提要》错误百出；又说"非天子不考文"，彭元瑞身为臣子，没有资格写这个《提要》。和珅制造了这些舆论，又把这些流言作为朝臣的议论奏明给乾隆帝，乾隆帝很不以为然，替彭元瑞辩解说："此《提要》是朕授意他撰写的，不算不合制度，不要听信流言。"和珅见皇上这样维护彭元瑞，陷害不成，只好作罢。

和珅怎么也不甘心自己的失败，一计不成，又施一计。他暗中又找人撰写《考文提要举正》，针对彭元瑞的《石经考文提要》进行攻击。《举正》书成后，他将其冒充为自己的作品，呈送给乾隆帝，请求乾隆帝下令销毁彭元瑞的《提要》。乾隆帝这次仍没有听从和珅的挑唆。和珅更加气急败坏，干脆偷偷派人把彭元瑞撰写的、镌刻在石碑上的字全部磨掉。

心胸如此狭窄的和珅，到最后也没落个什么好下场，被乾隆的儿子嘉庆以一条白练赐死，结束了其风光又可悲的一生。可见小人的虚伪是不会太长久的，总有失算的一天。

古人有一句话说得非常好，叫"多行不义必自毙"，即使一些小人得逞了，也只是暂时的，终有一天要自食其果，和珅的结局便是这样的一个代表。

第九章　小人是针，沾着穿心——韩非子的防小人术

远离小人为上策

【原文】 豺狼在牢，其羊不繁。(《韩非子·扬权》)

【大意】 圈中若有豺狼，羊群就不可能顺利地繁殖，不会增长数量。

圈中有豺狼，羊群当然不可能顺利地繁殖；而国家有小人，如果城府深了，也会搞得整个国家鸡犬不宁、乌烟瘴气。

李林甫是唐玄宗手下常伴随其身边的一个奸臣，也是中国历史上著名的小人，他心胸极端狭窄而且城府极深，容不得别人得到唐玄宗的宠爱。唐玄宗有个喜好，他比较喜欢外表漂亮、一表人才、气宇轩昂的武将。有一天，唐玄宗在李林甫的陪同下正在花园里散步，远远看见一个相貌堂堂、身材魁梧的武将走过去，便感叹了一句："这位将军真漂亮！"并随口问身边的李林甫那位将军是谁，李林甫支吾着说不知道。此时他心里很慌张，生怕唐玄宗偏爱那位将军。事后，李林甫在暗地里指使人把那位受到唐玄宗赞扬的将军调到一个非常边远的地方，使他再也没有机会接触到唐玄宗，当然他也就永远丧失了升迁的机会。从这里也可以看出，小人的行为真是让人莫名其妙，其心眼儿极小，为一点小荣辱都会不惜一切，干出损人利己的事来。

小人是琢磨别人的专家，敢于为芝麻大的小恩怨付出巨大代价，因此在待人处世中如何与小人打交道，得有一套行之有效的方法才行。如果你既不想把自己降低到与小人同等的地步，也不想与小人两败俱伤的话，那就尽量不要与小人发生正面冲突。一句话，如果不是特别必要，那就别得罪小人。

归纳历史上有关小人的论述，大体上可以划分为七类：

（1）外表虽显忠贞，心里想的却是利禄，喜好逢迎拍马，察言观色以受宠，歌功颂德以卖弄忠诚。

（2）结纳身边的人，专心巩固自己的名位，完全没有真话，沽名钓誉。

（3）只图安逸，醉心于好处，淡泊人情，唯利所在，不体恤他人。

（4）讨厌胜过自己的人，喜欢谄媚自己的人，听到他人的善行就妒忌，听到他人的恶行就宣扬，本身无能，坏的方面却无所不为。

（5）专门爱好声色，没有正经的心思，遇到财物就想坏主意。

（6）急于攀结显赫宦官，暗中巴结权贵，不求实学，只图虚名，只要有益于己的，小则冒险存侥幸，大则寡廉无耻。

（7）混迹于斯文，崇尚旅游，以吃喝为潇洒，以勤事为俗流，以避祸为清高，以消极为无过。

所以在待人处世中，与上述七种小人打交道时务必多留个心眼儿，最好不要与其发生正面冲突。

每个地方都有小人，这种人常常是一个团体纷扰之所在，他们的造谣生事、挑拨离间、兴风作浪，很令人讨厌，所以有些人对这种人不但敬而远之，甚至还抱着仇视的态度。仇视小人固足以显出你的正义，但这并不是保身之道，反而凸显了你的正义的不切实际，因为你的正义公然暴露了这些小人的无耻、不义。

再坏的人也不愿意被人认为自己很坏，总要披一件伪善的外衣，这是人性。而你特意凸显的正义却照出了不少人的原形，这不是故意和他们过不去吗？

君子不畏流言不畏攻奸，因为他问心无愧。小人看你暴露了他的真面目，为了自保，为了掩饰，他是会对你展开反击。也许你不怕他们的反击，也许他们也奈何不了你，但你要知道，小人之所以为小人，是因为他们始终在暗处，用的始终是不良的手段，而且不会轻易罢手。你别说你不怕他们对你的攻击，看看历史的血迹吧，常有忠臣抵挡不过奸臣的陷害。

所以，还是不同小人一般见识为好，和他们保持距离，既要疾恶如仇地和他们划清界限，也要慎重对待对手的自尊和面子。

小人猖獗是国家的祸害

【原文】亡国之廷无人焉。(《韩非子·有度》)

【大意】即将衰亡的国家里，朝廷中就没有可治国的能人了。

此话的另一层意思便是，朝廷中充斥着奸邪的小人，他们把持朝政，胡作非为，因此，亡国之日也就指日可待了。

中国第一个封建王朝的衰落、灭亡，便是由臭名昭著的奸臣赵高直接造成的。

赵高是赵国人，是赵国国君的宗族，其父因犯罪被处以宫刑，其母也被罚作宫奴，赵高兄弟也因此当了太监。后来秦始皇灭亡了赵国，赵氏兄弟也就被掳到秦国。

赵高很有心计，他发现秦始皇非常疼爱他的小儿子胡亥，就想尽办法去接近和讨好胡亥，很快就博得胡亥的欢心。

秦始皇从东海返回咸阳途中得了暴病，而且愈来愈重。

秦二世即位之后，一味宠信赵高。赵高狐假虎威，滥用权威，干尽坏事。朝野上下，怨声载道，对他恨之入骨，却不敢明言。赵高自知结怨太多，生怕大臣在秦二世面前揭露他的鬼蜮之心和罪恶行径，因此便千方百计地割断秦二世与大臣之间的联系，甚至尽可能不让二世和大臣见面。

其他大臣比较好对付，但丞相李斯一直是赵高的一块心病。因为，李斯是一个很有政治经验的人，他能识破赵高的一切阴谋，所以赵高时时刻刻都在想着除掉李斯。

一天，赵高诡诈地对李斯说："关东群盗蜂起，可皇上根本不把这事放在心上，反而急于征调役夫修筑阿房宫，采办聚敛那些狗呀马呀之类无用的东西。我想劝谏他，可是人微言轻，恐怕起不了什么作用。这些其实是您当丞相分内的事，您为什么不去劝谏一下呢？"李斯不知是计，非常赞同赵高的意见，说："本来我早就想进谏，可是现在皇上不上朝，居于深宫之中，很难找到进言的机会。"赵高见李斯上了圈套，就说："如果您真想进谏的话，我给您留意着，等皇上一有空闲，我就来通知您。"

赵高在秦二世拥姬挽妾、宴乐正浓时派人通知李斯说："皇上正有空闲，可以去奏事了。"李斯赶紧去求见，结果引起秦二世的反感。一连几次都是这样，惹得秦二世大怒，说："我平常有很多空闲的日子，丞相却不来奏事，偏偏在我玩得高兴的时候，丞相就来奏事，莫非丞相以为我年轻好欺吧！"赵高乘机向秦二世进谗言说："丞相要是这么想的，那就危险了。现在陛下已当了皇帝，李斯的地位并没有提高，他的意思是想裂土封王啊！另外，还有一件事，今天陛下不问，我一直不敢说。丞相的长子李由为三川郡守，造反的陈胜、吴广等都是丞相邻县的人，这正是楚地强盗横行的缘由。陈胜的军队经过三川时，李由不肯出击。我听说他们之间还有文书往来，因为现在没有拿到实证，所以一直没敢奏闻。况且丞相在外边的权力比陛下还要大啊！"秦二世认为赵高说得有道理，想治李斯的罪，但没有证据，不好贸然行事，于是就派人去调查李由通贼的事。

李斯得知此事，才如梦初醒，知道上了赵高的当。他想面见秦二世，澄清赵高对他的诬陷，但秦二世在甘泉宫中宴乐，拒不见他。于是，李斯上书揭发赵高是一个如同宋国的司城子罕、齐国的田常那样弑君篡位、怀有邪恶的阴谋家、野心家，并劝告秦二世："陛下如果不趁早灭他，恐怕后患无穷。"秦二世根本不信李斯的上书，此时的秦二世已完全信任赵高，他怕李斯杀掉赵高，就把这事私下告诉了赵高。赵高乘机对秦二世说："丞相顾忌的就是我，我一死，丞相就会干出田常篡齐那样的事来。"赵高这一番恶毒的挑唆，使秦二世从根本上动摇了对李斯的信任，于是就把李斯交给赵高治罪。

赵高除掉李斯后，在官场中春风得意，脸皮更厚了，心也更黑了，当然"成就"也就更高。他的下一个目标就是篡夺权位当帝王。

秦二世三年（公元前207年），赵高被任命为中丞相，封武安侯。当时关东地区农民起义烈焰正炽，赵高预感到秦朝将亡，又见秦二世昏庸无能，便想自己窃国当政。为此，他施展诡计，欲架空秦二世。

有一天，赵高向秦二世献上一只鹿，却口口声声说他献的是马。秦二世很觉奇怪，便笑问赵高是否看错了，何以会指鹿为马。赵高却一本正经地说，自己没有搞错，他所献的正是一匹骏马。秦二世又问左右大臣是鹿是马，结果他们有的默不作声，有的则附和赵高。"秦二世惊，自以为惑，乃召太卜，令卦之。"太卜在赵高的威逼之下，只好以假话回奏秦二世说，陛下每年春秋两次祭天，奉祀祖宗神灵时都"斋戒不明"，所以才会发生这样的惑乱。只有"依盛德而明斋戒"，才能恢复理智。秦二世听了，立刻诚惶诚恐地离开了京师咸阳，来到上林苑（今陕西户县西）进行斋戒。但赵高依然觉得上林苑离京师太近，担心自己行动起来不方便，还要把秦二世支得更远。正当他苦于找不到借口的时候，秦二世将一个误入上林苑的人射死了。赵高闻讯，立刻计上心来。他先指使自己的女婿、咸阳令阎乐去找秦二世，说是不知是谁射死了一个人，却将其尸体移入上林苑内，请求他批准在上林苑中搜捕凶手，迫使秦二世承认此人是他所杀。赵高便煞有介事地吓唬他说："天子无故贼杀无辜人，此上帝之禁也。"又说上天会因此不再保佑二世，并且还要降灾于他，建议他速速远离上林苑，另择他地祈祷祭祀神祇，以求免灾降福。迷信天命的秦二世听了赵高的话，不敢怠慢，赶紧离开了上林苑，移住望夷宫（今陕西泾县东南）去祭祀泾水之神。结果是天灾未降而人祸先至，三天之后，赵高发动兵变，不费吹灰之力就逼死了秦二世。

赵高的阴谋诡计不仅使秦二世完全失去了解外界真实情况的可能，而且还始终将他置于自己的严密监视和控制之下。秦二世虽然名义上贵为天子，但其实却是赵高手中的玩物和傀儡。可怜的秦二世一直到临死之前都未曾觉察到这一点，这固然是其昏庸愚昧所致，但也不能不说与赵高的阴险狡诈有关。他在秦二世面前始终是一副忠信模样：他劝二世深居内宫，说是为了维护二世的权威；他劝二世远离京师，则是打着乞求上天庇护保佑的招牌。从表面上看，这全是忠君爱主的肺腑之言，根本没有掺杂一点个人的私心杂念。以秦二世之昏庸，他怎么可能想到赵高的居心不良，又怎么可能不对他言听计从呢？

  赵高杀死秦二世后，就立了胡亥哥哥的儿子子婴当秦王，赵高的这一建议，朝廷上下无人反对。虽然大家都明白赵高这么做就等于宣布秦朝的灭亡，是为自己建立新朝做准备，但也无人敢发表不同意见。只是子婴非常清楚，赵高很快就会杀掉自己的。于是，子婴趁赵高来看他之际，埋伏好士兵，让自己的两个儿子突然出击，杀死了赵高。不久，刘邦率农民军攻入咸阳，子婴投降，秦朝灭亡了。

  就这样，中国历史上的第一个封建王朝走完了其15年的短暂历程。

  赵高专权于秦，宫中之人无敢揭露真相者，任赵高胡作非为，秦国的灭亡也就是顺理成章的事情了。

第九章 小人是针，沾着穿心——韩非子的防小人术

小人是针，沾着穿心

【原文】 凡奸臣皆欲顺人主之心，以取亲幸之势者也。是以主有所善，臣从而誉之；主有所憎，臣因而毁之。(《韩非子·奸劫弑臣》)

【大意】 凡是小人佞臣们都会想借由顺从领导者的心意，来取得信任与宠爱。所以领导者喜欢的，他们就会吹捧；领导者讨厌的，他们就会诽谤。

小人是最善于趋炎附势的，他们为了得到自己想要的东西而不惜用尽一切手段；小人也是最擅长吹捧拍马的，为达目的他们会费尽心思。正因为小人有如此多的方法和套路，历史上中招的人不在少数，赫赫大名的齐桓公便是其中之一。

春秋五霸之首的齐桓公不可不谓不强，无论文治还是武功都值得后世称道。孔子曾这样赞叹他"管仲相桓公，霸诸侯，一匡天下，民于今受其赐"，又说"如其仁，如其德，盖深美之也"。但是，就这样一位霸主却在死后未得安宁，十个月之后才得以安葬入土。究其原因，桓公的悲惨后事都是因为他没采纳管仲的最后一条建议：疏远自宫者、食子者和自贱者这些小人。

自宫者叫竖刁，从小就在宫中服役，侍奉桓公的宠妃长卫姬等人。后来因为他年纪逐渐大了，已通人事，不能在宫中继续侍奉了，但是因为在内宫长大，习惯了宫廷内闱的权力斗争，贪恋宫中的享乐，不愿离开权势，最后一咬牙，竟然把自己阉割，当了一名宦官，留在宫中，主管宫中的事务。

食子者是易牙。他本是齐国宫中的御厨。有一次，齐桓公的宠姿长卫姬突然得了厌食症，茶不思饭不想，于是竖刁推荐易牙。易牙当时做了一碗汤献了上来，长卫姬吃后，胃口大开，甚觉美味，于是又把他推荐给桓公。齐桓公吃易牙做的饭菜还算可口，宫中的大臣也都赞叹易牙的精湛厨艺。一天桓公开玩笑说："人世间的百味我唯一没有吃过的就是人肉，真不知道人肉是什么味道啊！"易牙听了，当天就回去把自己年仅三岁的儿子给杀了，做成一盘蒸肉，呈献给桓公。桓公听说之后，虽很恶心，但是被易牙的忠心感动，对他另眼看待。

自贱者叫开方，是长卫姬的侄子，本来是卫国的太子，可因为觉得卫国地处穷山恶水之中，于是放弃了继承权，呆在繁华富庶的齐国，成为一名围绕着桓公打转转的普通幕僚。

对于这三个人的表现，管仲是看得清清楚楚的，但是国君贪图享乐的通病让他始终没有机会说服桓公疏远他们。在管仲病重的时候，桓公曾经就接班人的问题询问过他。

桓公问："你死之后群臣中还有谁可以来当丞相啊？"管仲谦虚地说："其实还是国王您自己对臣下最了解。"桓公于是说："你看易牙这个人怎么样？"管仲答道："杀死自己的儿子来迎合国君，可谓无情无义，不能够用。"桓公问："开方这个人呢？"管仲说："背弃自己的父母来迎合别国的国君，不近人情，也不能接近啊。"桓公又问："那竖刁这个人如何啊？"管仲说："阉割自己来迎合国君，不近人情，也不能亲信。这三个人您以后无论如何都不能接近他们，否则只会给齐国带来灾难。"

桓公当时就答应了管仲，但是没有多久，就又和这三个小人待在一起了。当时桓公喜爱女色，宠妾众多，因此也有不少子女。虽然桓公和管仲早已将郑姬生的孝公昭送托付宋襄公，立为太子，但这并不能打消其他宠妃和公子的非分之想。长卫姬也不甘落于人后，便派亲信易牙通过宦官竖刁向齐桓公献厚礼，于是桓公答应改立长卫姬所生的公子无诡为太子。不久桓公去世，于是易牙进宫，与竖刁一起凭借着桓公对长卫姬的宠爱而把持朝政，杀戮群臣，将公子无诡立为齐国国君。

这些人由于齐桓公在其病重的时候就结党营私，阴谋篡夺王位，因此在桓公死后，就相互攻击，相互攻杀，因此宫中空无一人，无人敢来收尸。直到无诡即位之后，才殓尸入棺，遍告诸侯。而当内乱平息之后，齐桓公才得以入土安葬。

齐桓公的结局可以说是咎由自取，但是这三个人采取自宫、食子和自贱的极端方式，不惜将身体、血缘和尊严弃置不顾的狠劲儿着实让人脊背发凉，冷意暗生，君子失色。中华历史涵盖了五千年的跨度，但是在遥远的春秋，在古老的齐国将这三个人的卑劣行为同台上演，不禁令人触目惊心。

孟子曾经说过："天将降大任于是人也，必先苦其心志，劳其筋骨，饿其体肤，空乏其身，行拂乱其所为……"这三个小人与圣人的锻造经历何其相似！孤注一掷的念头对于小人来说有时候会比君子还强烈，可惜的是，小人并不为仁，也不为义，而为自己的私利与兽欲。在人群中，这类小人并不是深藏不露的，通常会因为只顾着谄媚和巴结而放浪形骸，所以识别他们并非难事。但问题在于识别之后，并不是所有人都会拒之于千里之外，低估了防备的难度。号称春秋霸主之首的齐桓公死后多日都不能入土为安，这对后世的历史不能不说是一个莫大的教训。

小人兴风作浪，忠臣补漏填缺

【原文】 故有忠臣者，外无敌国之患，内无乱臣之忧，长安于天下，而名垂后世，所谓忠臣也。（《韩非子·奸劫弑臣》）

【大意】 有了忠臣，外部没有敌国的威胁，内部没有乱臣的忧患，而长治久安于天下，美名流传于后世，这即是所谓的忠臣。

中国历史是一部治乱循环的历史，小人兴风作浪，忠臣补漏填缺，少一点奸邪小人是一个朝代的幸运，多一名忠良之臣则是一个朝代的福气。元朝的勃兴在很大程度上来说，得益于耶律楚材这位良臣兼忠臣。

耶律楚材生于金章宗明昌元年（公元1190年）金朝中都燕京（今北京）的一个世宦人家，其父耶律履，本是金代的学者，因其品学兼优，官至尚书右丞，是一位有很大权力的宰相。

耶律楚材成长于动乱的社会中。当时，中国正处在元朝大统一之前的列国纷争阶段，金国为最强，占据中原，统治着中国北方。但它的全盛时期已过，国势乃一年不如一年。南宋王朝虽偏安于江南，却时刻不忘北上收复失地，不时地向北方挑战。立国甘陕的西夏，也对称霸中国怀有野心，趁机与南宋交结，从西北方向侵扰。真是诸强对峙，战事频生。此时，金国西北部的附庸蒙古族也乘机崛起，铁木真被本部族推举为首领后，经过连年的征战，统一了蒙古；金章宗泰和六年（公元1206年）成为全蒙古的"汗"（皇帝），尊称成吉思汗，是为元太祖。这个新起的蒙古，更是雄心勃勃，在北方不断地向金国发动进攻。金国对其咄咄逼人之势难于应付。

成吉思汗十年（公元1215年）五月，围攻燕京年余的蒙军终于攻克燕京，右丞相完颜承晖自尽殉国，耶律楚材眼看金朝的大势已去，于是在城陷之后，便"将功名之心束之高阁"，空怀经天纬地的才智绝迹于世，弃俗投佛，在万松老人（行秀）门下钻研佛理，一去三年。艰难的时世磨炼了耶律楚材，他静观时局的发展，等待着实现壮志的机会。

成吉思汗十三年（公元1218年），机会终于来了，成吉思汗既定燕地，逐渐感到人才的重要。这时，他听说了耶律楚材是位难得的人才，而且又是被金国所灭、与金国有世仇的原辽国宗室后裔，便遣人求之，询问治国大计。耶律楚材虽然修身养性，过着隐居的生活，然而，他时刻也没忘掉干戈扰攘、生灵涂炭的神州大地，极想倚傍靠山，伸出双手去拯救水火中的芸芸众生。得知有雄才大略的成吉思汗召见，他感到是一个图谋进取的好机会，二话没说，即刻应召前往，以便使自己的盖世才华得以施展。

成吉思汗十四年（公元1219年），成吉思汗的军队在对自己的宗主国金国实施了一连串痛击之后，在军事上完全取得了主动，于是，除了仅用小股兵勇继续对中原金地蚕食鲸吞外，集中精锐之师，进行了著名的西征，攻打花剌子模国。

在进军花剌子模国过程中，耶律楚材曾力主并主持在塔剌思城（在西辽都城虎思窝鲁朵西）屯田。这个地方是中西交通的要道，且土地肥饶，经济繁荣。这一恢复发展后方的社会经济之举，对于只知道打仗、掠夺财富的蒙古军事贵族来说，从军事活动转变到恢复发展社会经济，意义重大。蒙古军也正是以此为基地继续西进的。

成吉思汗二十二年（公元1227年）的冬天，成吉思汗病逝。依照蒙古国的惯例，成吉思汗的四子拖雷获得其父的直接领地，即斡难河及客鲁连河流域一带蒙古本部地方，并且代理国政，是为元睿宗。

公元1229年，睿宗拖雷已监国两年，按照成吉思汗的遗命，帝位应继传太祖三子窝阔台，蒙古进入了太宗时代。

蒙古帝国在成吉思汗时代才进入奴隶制社会，窝阔台即位以后，其管理的国域，多为已经进入封建社会的北中国，所以使这位少主在治理国家上显得力不从心，加上应兴应革的事太多，真是一时摸不到头绪。此时，全靠耶律楚材尽心竭力，定国策，立制度，出台了一系列当务之急的法令，加速了这一民族的封建化进程。

在颁发法令之前，首先规定了既往不咎的政策，对那些因法律不明，而误触禁网，按当时的老规矩必杀无赦的百姓们，不追究颁发政策前的法律责任，或给予从轻发落。这是抑制蒙古一向滥杀，因获某种罪过而死者不计其数的最有效的办法。同阁的一些臣僚讥笑他，说此举实过迂阔。耶律楚材不为所动，力排众议，反复而耐心地把得民心者得天下的道理讲给太宗听，终得圣准。此项政策的实施，安定了人心。

接着，耶律楚材便制定、颁发了十八项法令，成为官民遵照执行的准绳，包括官吏设置、军民分治、赋役征收、财政管理、刑法执行等。这些采撷中原先进制度，列为蒙古国策的法令，可以说是历史性的决策，对后来正式确立的元代政治制度奠定了基础。如实行军民分治后，军职不得干预民事，军队由国家直接掌管，这样，不仅遏制了军官的骄横不法，同时也打击了分裂割据的势力，保证了国家政治上的巩固和统一。此项法令，一直作为元朝的一项基本国策。

耶律楚材深知如今的蒙古国已是一个多民族的国家，应行汉法，大力发展农业，如果保守地强调畜牧，是狭隘的、不合国情的落后政策。他直截了当地给太宗算了一笔账："陛下马上要南征金国，军需从何而来？仅靠畜牧是远远不够的。假使发展燕赵的生产，以地税、商税，及盐、酒、冶铁、山泽中可以获利 50 万两银、8 万匹帛、40 万石粮食，足以供给南征，这不远胜于变农为牧吗？"窝阔台经过认真考虑，认为颇有道理，便命耶律楚材全权筹划，立行征税制度。

随着法制的健全和实施，国家日益兴旺起来。

窝阔台六年（公元 1234 年），蒙古灭金。

1257 年，南宋政权终于在蒙军的铁蹄下宣告灭亡。

蒙古灭宋，统一了中国，后来蒙古军还远征欧洲，使其成为全世界瞩目的军事大国。其间，耶律楚材的智谋起到了相当大的作用。

耶律楚材崇奉儒术，力倡教化，当务之急便是网罗人才，积极宣传。他遣人寻得孔子五十一世孙孔元措，奏请袭封为"衍圣公"，下令收集旧礼乐人员，设置太常礼乐吏官。召集名儒梁陟、王万庆等人到东宫讲释儒学，使大臣子孙受读。另外，还在燕京等地建立编修所、经籍所，宣传孔孟之道，从事文化教育活动。耶律楚材收集到周、程、张、朱等理学书籍后，在燕京建立了"太极书院"，传授理学。耶律楚材推行这些政治措施，卓见成效，使儒学成为维护蒙古国统治的官方哲学，受到了最高统治者的称颂。

窝阔台九年（公元1237年），太宗听罢耶律楚材"制器必用良工，守成必用儒臣。儒臣之事业，非积数十年恐未易成"的启奏后，当即宣布"我可任儒者为官"的旨令。耶律楚材接旨后，具体制定了分为经义、辞赋、策论三科的校试办法，命宣课使刘中、杨奂等人到各地选试儒生，这一年使得士子4000余人。由于大批的儒生入仕理国，加上耶律楚材反复的倡兴，不但大大地改变了官员的文化结构，而且有力地促进了由武功向文治的转变。

儒家学说为统治阶级提供的一整套攻心御人的统治术，耶律楚材在"只识弯弓射大雕"的蒙古帝国积极倡导和实施，对于完善统一后的元朝国家机制，统一全国的思想意识和蒙古民族的发展，都有着相当大的作用。

耶律楚材不仅在政治、军事活动中富有远见卓识，而且在改革经济、理财富国方面，也处处表现出高人一筹的谋略思想。

在耶律楚材的努力下，蒙古统治者较快地适应了中原地区高度发展的封建制度，恢复了战乱的破坏创伤，把封建经济推向了正常发展的轨道。

耶律楚材历仕成吉思汗、拖雷和窝阔台三朝，长达三十余年，一直是君臣相得，耶律楚材从政治国有一句名言，"兴一利不如除一害，生一事不如省一事"。事无巨细，只要与国与民有利，对君王他都或极诤或巧谏，运用自己的智慧和谋略，力争得以实现。即便是君王个人也不例外。

元朝因有耶律楚材而得以从游牧传统逐渐向农耕文化靠拢，元朝的勃兴从很大程度上来说有耶律楚材的功劳在里面，这在历史的长河中也得到了最好的验证。

忠臣当道，小人便销声匿迹

【原文】夫至治之国，善以止奸为务。(《韩非子·制分》)

【大意】治理得最好的国家，善于把禁止奸邪的活动视为最要紧的任务。

小人误国，小人多了甚至能够亡国，因此中国历史上很注重对臣子的品德修养，更加重视臣子的诤谏之言，但毕竟忠言逆耳，能够听得逆耳之言的皇帝并不多，在这方面做得最好的便是唐太宗李世民了，一代名臣魏征、褚遂良等都是敢于诤谏的直臣，并被后世所铭记。

唐太宗时，褚遂良身为谏议大夫，兼任记"起居注"，记载唐太宗每天做的事情。他凡事用心，绝无疏漏，无论好坏都直言无忌，秉笔直书。

一次，唐太宗对褚遂良说：

"你记的'起居注'，朕想看看，你快拿出来吧。"

褚遂良站立不动，后说："古代的左史右史记载君主的言行，好坏皆记，并不为君主的意念所左右。这是史官的职责所在，用来警戒君主不做非法的事。陛下还是不看为好，臣从未听说天子看自己史官是如何记载历史的。"

褚遂良的拒绝，虽使唐太宗大感意外，却没有责备。还对褚遂良心生敬意，故意又问："如果朕做了不好的事，你一定要如实记下吗？"

褚遂良重重点头，口说："这是自然了，否则臣就失职。"

唐太宗微微一笑，再道："普通人尚且不宣小恶，何况君主呢？如朕命你不记某事，你可愿意听从？"

面对唐太宗的逼视，褚遂良亦不怯弱，他朗声说："忠臣犯颜直谏，并不顺从君主的性情。史官直书其过,意在让君主知错有改。这都是不让君主的过失任其发展啊,否则事情到了不可收拾的地步,劝谏和直书又有什么用呢?小的毛病如果不纠正,大的失败就会孕育;恶的倾向不阻止,坏的结果就会潜藏。为臣者不能为天子着想,只思保身邀宠,就是陷君王于不义之中,臣不敢这样。"

唐太宗笑着夸奖他忠心可嘉,又颇为自信地说:"朕以史为鉴,自省自励,广纳谏言,只要朕无缺失,史官要记下朕不好的事也就无从下笔,朕何必担心呢?"

唐太宗宠爱魏王李泰,为此他特命李泰的礼节等级和太子一样,以示其情。褚遂良为此寻机进谏,他对友人说:"朝廷礼制不可因人而废,否则祸不可解。太子尊贵,魏王自不能与之相比,皇上因厚爱乱了礼制,这样下去人们就会妄加猜测。"

友人怪他小题大做,还推测说:"皇上关爱魏王,这只是皇上的私事罢了,你何必危言耸听呢?皇上为一代明君,说不定有了改立太子之意,你若贸然上谏,岂不既得罪魏王,又让皇上不快?"

褚遂良听此更急,忧心说:"若真如此,我更要劝谏皇上了,古时祸事常因小节引发,皇上若态度不明,只凭好恶轻言废立,只怕从前故事又要重演。"

他直谏唐太宗,据理力争,终使唐太宗减免了魏王的礼节等级,在名分上没有逾越失当之处。

当时,皇子们年纪不大,却担当各地的都督和刺史之职,褚遂良认为不妥,他向唐太宗坦诚说:"陛下厚爱皇子,自是唯恐他们有所不周。陛下的关爱不能有碍其成长,这就需要陛下还应把未成年的皇子留在身边,时时教导才是。皇子如今不能任事,离开宫中若失于培养,其性一成便难以纠正了,请陛下明察。"

他以东汉史事为例,一一详加解析,唐太宗最后采纳了他的意见。

褚遂良学问精深,见解深刻,唐太宗若有疑难,多向他征询。一次,唐太宗有惑不解,问他:"舜制作漆器,禹雕刻俎版,这点小事却招来十多人劝谏阻止,为什么呢?"

褚遂良解答说："从事雕琢就要损害种田，从事编织刺绣就会妨碍纺纱织布，奢靡风气便由此而起了。如果制作漆器不停止，随之而来的一定是要求金器，金器不停止，就必定要用玉了。人们规劝舜禹，是在堵塞国家危亡的本源，绝不是一件小事啊。"

褚遂良的忠诚成就了唐太宗的美名，同时也成就了历史赫赫有名的贞观之治，有了这样的忠臣，太宗一朝的小人奸邪便隐匿得无影无踪了，这的确是中国历史上值得记载的一个时期。

第九章 小人是针，沾着穿心——韩非子的防小人术

对待小人要勇于斗争、巧于斗争

【原文】 夫惜草茅者耗禾穗,惠盗贼者伤良民。(《韩非子·难二》)

【大意】 爱惜茅草便会损坏庄稼,宽容盗贼便会伤害良民。

韩非子认为,对恶人仁慈就是对好人残酷,因此对待小人应有斗争的勇气和决心。当然,拥有斗争的技巧也是非常必要的。

世上小人难对付,这是众所周知的事情,在不触及原则性问题时通常忍忍就过去了。但若触及到原则性问题,那你也就不能再沉默了,否则的话他们会变本加厉,得寸进尺。这时应该采取必要的手段来捍卫自己的尊严和利益;但最好的办法是"智斗",而不是力取。

人们所说的原则性问题主要有两种,一是尊严;一是应得的利益。尊严是精神上的原则性问题,一个人格健全的正常人是不允许别人轻易冒犯自己的尊严的,尊严受到损害有时比物质利益的损失更能让人感到痛苦和难以忍受。一个人的素养越高越看重自己的人格与尊严,所谓"士可杀不可辱"正是这个意思。

我们说在尊严问题上必须寸步不让,但在很多情况下是自己的尊严已被人严重地侵犯了,却还不知如何申辩,结果只能白白地受气。其实,别人侮辱我们的人格,并不意味着他们的人格有多高尚,如果我们能对那种见利忘义、心胸狭窄的小人来个"以其人之道,还治其人之身",就会收到意想不到的效果。

在某大城市的一户人家,有一位乡下来的小保姆,由于性情实在,干活儿利索,给女主人的印象颇佳。但是,生性狐疑的女主人还是担心这位乡下姑娘手脚不干净,于是在试用期的最后几天想出个办法来试一试她。

一天早晨，小保姆起床要去做饭，在房门口捡到一元钱，她想肯定是女主人掉下的，就随手放在了客厅的茶几上。谁知第二天早晨，小保姆又在房门口捡到了一张五元的钞票，这让她感到很奇怪。"莫非是在试探我吗？"小保姆产生了这样的疑问。但她又很快打消了这个念头，因为女主人是位刚从科长位子上退休的体面人，怎么会做出这样侮辱人的事情呢？这样想着，她就把钱放进了茶几底下，但心里面还是略有疑惑。

到了晚上，小保姆假装睡下，从卧室的窗户窥看客厅中的动静。正当她困意袭来，准备放弃时，女主人竟真的悄悄到茶几前取钱来了。小保姆彻底惊呆了，怒火冲上了她的心头：怎么可以这样小看人！她咬了咬嘴唇，下定了一个决心。

次日早晨，小保姆又在房门口发现了一张钞票，这次是十元钱。她笑了笑，把钱装进了自己的口袋。到了傍晚，她在女主人下楼去练气功之前把这十元钱悄悄地放在了楼梯上，也准备测试女主人一番。果不出所料，女主人之所以怀疑别人手脚不干净，正是因为她自己是一个自私而贪心的人，她在下楼时看见了那十元钱，顿时眼睛一亮，然后趁着左右没人把钱塞在了口袋里。这一幕，全都被暗中偷窥的小保姆看到了。

当晚，女主人就像科长找科员谈话一样找到了小保姆，严肃而又婉转地批评她为人还不够诚实，如果能痛改前非，还是可以留用的。小保姆故作懵懂地问："你是不是说我捡了十元钱？""是呀！""难道你不觉得自己有错吗？"小保姆摇了摇头："不，我不认为我做错了什么，因为我已经将那十元钱还给您了。"女主人一脸诧异："咦，你啥时啥地还我钱了？"小保姆大声回答："今天傍晚，公共楼梯……"女主人一听到"楼梯"两个字，登时像触了电一样浑身一颤，狠狠得一句话也说不出来了……

聪明的小保姆来了个"以其人之道，还治其人之身"的方法，既为自己保留了尊严和面子，也揭穿了女主人虚伪的外表和小人的本性，可谓是一石双鸟、一举两得。这种斗争的勇气和技巧值得我们去仿效和学习。

第十章　知人者智，自知者明
——韩非子的智慧箴言

　　老子的朴素唯物主义思想是中国思想史的一朵奇葩，而以法家思想著称的韩非子也在中国思想史上占有重要地位。韩非子的法家思想不仅体现在治国之道上，也体现在他对人自身的修养、生活的感悟以及对事物的洞察上。

自信人生二百年

【原文】 知之难，不在见人，在自见。(《韩非子·喻老》)

【大意】 了解事物的困难，不在于看清别人，而在于看清自己。

古言道"知人者智，自知者明"，但偏偏有许多人能够看清别人却看不清自己，有的人甚至对自己完全没有自信，从而失去了许多成功的机会。因此，克服自卑、增强自信便成了许多人成就事业所必须面临的问题。

自卑是成功的一个大敌，对于一个人来讲，只有认识到自己的长处和短处，分清自己的优势和弱点，才能做到"自信人生二百年，会当击水三千里"的境界，才能在事业上有所成就。

有些人非常怀疑自己的能力，别人的失败和坎坷有时会严重影响到他们的心理。

具有自卑心理的人总是过多地看到自己不利、消极的一面，而看不到有利、积极的一面，缺乏客观全面地分析事物的能力和自信心。这就要求我们努力提高自己透过现象看本质的能力，客观地分析对自己有利和不利的因素，尤其要看到自己的长处和潜力，而不是徒自嗟叹、妄自菲薄。

有自卑心理的人大都比较敏感，特别在意自己的缺点，更容易接受外界的消极暗示，从而愈发陷入自卑不能自拔。如果我们能正确对待自身缺点，把压力变为动力，奋发向上，就会取得不断的成功，从而增强自信、摆脱自卑。

艾摩·汤玛斯，一个从丑小鸭变成白天鹅的美国参议员，就是从改掉自卑性格最终走向成功的。

这是他自述的心路历程：

我16岁时，经常为烦恼、恐惧、自卑所苦。就我的年龄来说，我实在长得太高了，但却瘦得像根竹竿。我身高6.2英尺，体重只有180磅。虽然我长得很高，但身体却很弱，永远无法和其他小男孩在棒球场上或田径场上竞争。他们开我玩笑，喊我"瘦竹竿"。我十分忧愁，又自卑，几乎不敢见人，而我确实很少与人见面，因为我们的农庄距离公路很远，四周全是浓密的树林。我经常整个礼拜没见到任何陌生人，所见到的只是我的母亲、父亲、姐姐、哥哥。

每一天，每一小时，我总是在为自己那高瘦虚弱的身体发愁。我几乎无法想到别的事情。我的难堪与恐惧如此严重，几乎难以描述。我母亲知道我的感觉，她曾经当过学校老师。所以她对我说："儿子，你应该接受高深的教育，你应该依靠你的头脑为生，因为你的身体不行。"

由于我父母没有能力送我上大学，我知道我必须自己奋斗。因此，有一年冬天，我去打猎、设陷阱，捕捉动物。春天时我把兽皮卖掉，得到4美元，然后用那笔钱买了两只小猪。我先用流质饲料喂它们，然后改用玉米作饲料，第二年秋天把它们卖掉，得到40美元。带了卖掉那两只猪的钱，我离家进了位于印第安纳州丹维市的中央师范学院。我每周的伙食费是1.4美元，房租每星期是0.5美元。我身上穿的是母亲为我缝制的一件棕色衬衫。我也有一套西装，本来是父亲的——父亲的衣服不合我身。我穿在脚上的那双鞋子也是他的，同样不合我的脚——那种鞋子两侧有松紧带，你一拉时，它们就松开，但是父亲那双鞋子的松紧带早已没有弹性，顶端又很松，因此我一走起路来，鞋子差点就从我脚上掉下来。我觉得很不好意思，不敢和其他学生打交道，所以独自坐在房里看书。当时我最大的欲望，就是使自己有能力购买一些商店中出售的衣服，既合我身也不会叫我为它感到羞耻。

过了没多久，发生了四件事，帮助我克服了我的忧虑和自卑感，并完全改变了我以后的生活。

第一，在进入师范学院八周之后，我参加了一项考试，获得一纸"三等证明"，使我可以在乡下的公立学校教书。说得更清楚一点，这张证书的期限只有6个月，但它表示某人对我有信心——这是除了我母亲之外，第一次有人对我表示信心。

第二，一所位于"快乐谷"地方的乡村学校的董事会聘请了我，每天薪水2美元，月得40美元。这表示有人对我更具信心。

第三，在我领到第一次薪水之后，我在店里买了一些衣服，穿上它们，使我不再觉得羞耻。如果现在有人给我100万美元，我也不会像当初花了几块钱买那些衣服那样地兴奋。

第四，我生命中真正的转折点——我克服忧愁和自卑感的奋斗中第一次胜利，发生在印第安纳州班桥镇举行的一年一度的"普特南郡博览会"上。我母亲鼓励我参加一项公开演说比赛，那项比赛将在博览会上举行。对我来说，这个念头真是幻想。我甚至没有勇气面对一个人谈话，更不用说面对一群观众了。但我母亲对我有信心，她对我的前途有很大的梦想——她是为她的儿子而活。她的信心使我毅然地参加了比赛。我选择了我唯一够资格演讲的题目为《美国的自由艺术》。坦白说，我刚开始准备演讲时并不知道什么是自由艺术，不过无所谓，因为我的听众们也不懂。我将我那份文采飘逸的讲演稿全部默记下来，并对着树木和牛练习了不下100遍。我急于在我的母亲面前好好表现一番。因此我是带着深厚的感情发表那篇演说的，不管如何，我得了第一名，我不禁呆了。听众中响起一片欢呼。那些一度讥笑我，称我为"瘦竹竿"的男孩子，现在拍着我的背说："艾摩，我早知道你行。"我母亲搂着我，高兴地哭了起来。我现在回顾过去时可以看得出来，在那次比赛中获胜，是我命运的转折点。当地报纸在头版对我作一篇报道，并预言我前途无限。在那次比赛中获胜，使我在当地声名大噪，成为人人皆知的人物，而更重要的是，这件事使我的信心增加了千百倍。我现在很明白，如果我不是在那次比赛中得胜，我恐怕一辈子进不了美国参议院，因为这件事使我开了眼界，扩展了我的视野，使我明白自己拥有以前甚至不敢妄想的潜在能力。不过，最重要的是，那场演讲比赛的第一名奖品，是中央师范学院为期一年的奖学金。

那时，我渴望多学一点知识。因此，在以后几年当中——从1896年至1900年——我把我的时间分为教学和学习两部分。为了支付我在迪保大学的费用，我曾经当过餐馆侍者、守过锅炉、剪过草、记过账，暑假在麦田和玉米田工作，并在公路工程中挑过石子。

在 1896 年，当时我只有 19 岁，我发表过 28 场演说，呼吁人们投票选举威廉·杰宁斯·布利恩为总统。为布利恩竞选的那份兴奋情趣，引起了我自己步入政治圈的兴趣。因此，我进入迪保大学之后，就选修法律和公开演说两门课程。在 1899 年，我代表学校参加和巴特勒学院的辩论赛，比赛是在印第安纳波利斯市举行，题目为《美国参议员是否应由大众选举》。我另外又在一场演讲比赛中获胜，成为班刊和校刊的总编辑。

从迪保大学获得学士学位之后，我接受何瑞斯·葛里黎的建议，但我没到西部去，我向西南方去，我来到一个新地方——俄克拉荷马。在基俄革、康曼奇、阿帕奇印第安人的保留区公开放领之后，我也申请了一块土地，在俄克拉荷马的罗顿市开设一家法律事务所。我在州参议院服务了十三年，在州下议院四年，当我 40 岁那年，我终于达成了我一生中的最大愿望：从俄克拉荷马被选入美国参议院。从 1917 年 3 月 4 日起，我一直服务于该职。自奥克拉荷马和印第安区成为俄克拉荷马州之后，我一直受到该州自由党的光荣提名——先是州参议院，然后是州议会，最后则是美国参议院。

汤玛斯克服了种种自卑，最终登上了美国的政治殿堂，从而实现了人生质的飞跃。他由极度自卑逐渐走向自信的过程，便是一个人从认识自我到肯定自我，再到实现自我的过程，这种过程对他来说是一种财富，对于我们来说则是一种经验了。

第十章　知人者智，自知者明——韩非子的智慧箴言

把苦恼丢一边，快乐要靠自己找

【原文】 圣人之不病也，以其不病，是以无病也。(《韩非子·喻老》)

【大意】 圣明的人之所以没有苦恼，是因为不把苦恼当作苦恼，所以不苦恼。

佛教中把生、老、病、死当作苦，认为只有历尽这么多苦才能达到极乐。我们当然不主张指望来生获得幸福，但面对现实中的苦恼还是需要我们有足够的心理调节能力和豁达的胸襟，这样的人生才能获得更多的幸福。

一艘游轮正在地中海蓝色的水面上航行，上面有许多正在度假的已婚夫妇，也有不少未婚男女穿梭其间，个个兴高采烈，随着乐队的拍子起舞。其中，有一位明朗、和悦的单身女性，大约60来岁，也随着音乐陶然自乐。这位上了年纪的单身妇人，曾遭丧夫之痛，但她能把自己的哀伤抛开，毅然开始自己的新生活，重新展开生命的第二度春天，这是经过深思之后所作的决定。

她的丈夫曾是她生活的重心，也是她最为关爱的人，但这一切全都过去了。幸好她一直有个嗜好，便是画画。她十分喜欢水彩画，现在更成了她精神的寄托。她忙着作画，哀伤的情绪逐渐平息。而且由于努力作画的结果，她开创了自己的事业，使自己的经济能完全独立。

有一段时间，她很难和别人打成一片，或把自己的想法和感觉说出来。因为长久以来，丈夫一直是她生活的重心，是她的伴侣和力量。她知道自己长得并不出色，又没有万贯家财，因此在那段近乎绝望的日子里，她一再自问：如何才能使别人接纳我、需要我？

不错，才50多岁便失去了自己生活的伴侣，自然令人悲痛异常。但时间一久，这些伤痛和忧虑便会慢慢减缓乃至消失，她也会开始新的生活——从痛苦的灰烬之中建立起自己新的幸福。她曾绝望地说道："我不相信自己还会有什么幸福的日子。我已不再年轻，孩子也都长大成人，成家立业。我还有什么地方可去呢？"可怜的妇人是得了严重的自怜症，而且不知道该如何治疗这种疾病。好几年过去了，她的心情一直都没有好转。

后来，她觉得孩子们应该为她的幸福负责，因此便搬去与一个结了婚的女儿同住。但事情的结果并不如意，她和女儿都是面临一种痛苦的经历，甚至恶化到大家反目成仇。这名妇人后来又搬去与儿子同住，但也好不到哪里去。后来，孩子们共同买了一间公寓让她独住，这更不是真正解决问题的方法。她后来找到了自己的答案——"我得使自己成为被人接纳的对象，我得把自己奉献给别人，而不是等着别人来给我什么。"想清了这一点，她擦干眼泪，换上笑容，开始忙着画画。她也抽时间拜访亲朋好友，尽量制造欢乐的气氛，却绝不久留。许多寂寞孤独的人之所以会如此，是因为他们不了解爱和友谊并非是从天而降的礼物。一个人要想受到他人的欢迎或被人接纳，一定要付出许多努力和代价。要想让别人喜欢我们，的确需要尽点心力。她开始成为大家欢迎的对象，不但时常有朋友邀请她吃晚餐，或参加各式各样的聚会，并且她还在社区的会所里举办画展，处处都给人留下美好的印象。

后来，她参加了这艘游轮的"地中海之旅"。在整个旅程当中，她一直是大家最喜欢接近的目标。她对每一个人都十分友善，但绝不紧缠着人不放，在旅程结束的前一个晚上，她的舱旁是全船最热闹的地方。她那自然而不造作的风格，给每个人都留下了深刻印象，并愿意与其为友。

从那时起，这位妇人又参加了许多类似这样的旅游，她知道自己必须勇敢地走进生命之流，并把自己贡献给需要她的人。她所到之处都留下友善的气氛，人人都乐意与她接近。

虽然现在时代进步、医学发达，但我们的社会却有一种疾病愈来愈普遍，那就是处于拥挤人群中的孤独感。

在加州奥克兰的密尔斯大学，校长林怀特博士在一次女青年会的晚餐聚会上，发表了一段极为引人注意的演讲，内容提到的便是这种现代人的孤寂感。"20世纪最流行的疾病是孤独。"他如此说道，"用大卫·里斯曼的话来说，我们都是'寂寞的一群'，由于人口愈来愈增加，人性已汇集成一片汪洋大海，根本分不清谁是谁了……居住在这样一个'不具一格'的世界里，再加上政府和各种企业经营的模式，人们必须经常由一个地方换到另一个地方工作——于是，人们的友谊无法持久，时代就像进入另一个冰河时期一样，使人的内心觉得冰冷不已。"

那些能克服孤寂的人，一定是居住在怀特博士所说的"勇气的氛围"里。无论我们走到哪里，一定要主动与人们培养出亲密的情谊关系。就好像燃烧的煤油灯一样，火焰虽小，却仍能释放出光亮和温暖来。

我们若想克服孤寂，就必须远离自怜的阴影，勇敢走入充满光亮的人群里。我们要去认识人，去结交新的朋友。无论到什么地方，都要兴高采烈，把自己的欢乐尽量与别人分享。根据统计显示，大部分结过婚的妇女，都比先生活得长寿。但是，一旦先生过世之后，这些妇女都很难再创新生活。而男性由于工作的关系，基于工作本身的要求，他们不得不驱使自己继续进步。通常，夫妇当中，先生要比太太强壮，也更富进取性。妻子则大部分以家庭为中心，并以家人为主要相处对象。

当然，孤寂并不专属于鳏夫或寡妇。无论是单身男子或美丽的女王，无论是城市的异乡人或村里的流浪汉，都一样会尝到孤寂的滋味。

几年前，有位刚从学校拿到证书的毕业生，只身来到纽约，准备大展宏图，为这座城市带来一点光彩。这位青年长得英俊潇洒，受过良好的教育，也颇有阅历，自己也很为自身的条件感到骄傲。安顿妥当之后的第一天，白天他参加了一个销售会议，到了夜晚，忽然感到孤单起来。他不喜欢独自一人吃饭，不想一个人去看电影，也不认为应该去打扰一些在城市里的已婚朋友。或许，我们还可以再多添一个理由——他也不想让女孩缠上自己。

我们能了解大都市的生活，有时会比小镇更让人产生孤寂感。我们也了解要在大都市里生活，有时更得花点心神去结交朋友，并让这些朋友接纳你、需要你。在去一个大都市之前,要先想好以后的日子——尤其是下班后的时间——要如何打发。你当然需要与兴趣相同的人在一起,但你得先伸出友谊之手。

初到一个陌生的城市,其实有很多事情可做——你可以上教堂或参加同好俱乐部——都可以增加认识人的机会。你也可以选修成人教育课程——不但可以自我进步,更可以得到同伴和友谊。但是,假如你只是默默一人在餐馆里吃饭,或在酒吧独自喝闷酒,那就无怪乎得不到什么情谊了。你一定得去安排或做些什么事。我们都知道纽约的地铁是全世界最大的地下交通网,但假如你不愿意先投下几个硬币,走进那个旋转门,整个地下铁路系统对你就没有什么用处。

好几年前,有两个女孩,她们在纽约东区共租了一间公寓同住。这两个女孩都长得十分迷人,也都有一份待遇不错的工作,都希望自己有朝一日能出人头地。让人惊奇的是,其中一位女孩,以她的年纪来说,是相当具有智慧。她认为居住在大都市的女孩——尤其是单身女孩一定要仔细安排自己的生活,并计划自己的未来。她到一间教会去,积极参加各种活动。她还加入一个研讨会,甚至选修一门改进个性的课程。她把自己的薪水尽量用来与人交往,并开创出多彩多姿的生活内容。她有适度而愉快的休闲活动,但对于社交关系则相当谨慎,尤其尽量避免暧昧不清的男女关系。

她到纽约的时候,当然也感到寂寞——哪一个女孩不会有这种感觉呢?但是,她不想像某些男性一样,在海底潜游了半天,却只寻得一块海绵。她知道,自己一定要有计划。如今,她已成了很多人的好朋友,很多人也时常去探访她。她与一位聪明的年轻律师结了婚,婚后生活十分愉快。这便是她强调"要达到目标"的结果——她得到了幸福快乐的人生。

至于另外的那个女孩呢?她当初也很孤单寂寞,却没有悉心去安排自己的生活。她到一些游乐场所或酒吧找寻朋友,结果,她最后也加入了一个俱乐部——那是协助酗酒者的"戒酒俱乐部"!

最后,让我们看一则寓言:一个马车夫正赶着马车,艰难地行进在泥泞的道路上。马车上装满了货物。

忽然，马车的车轮深深地陷进了烂泥中，马怎么用力也拉不出来。

车夫站在那儿，无助地看着四周，时不时大声地喊着大力士阿喀琉斯的名字，希望他来帮助自己。

最后阿喀琉斯出现了，他对车夫说：

"把你自己的肩膀顶到车轮上，然后再赶马，这样你就会得到大力士阿喀琉斯的帮助。如果你连一个手指头都不动，就不要指望阿喀琉斯或其他什么人来帮助你。"天助自助者，完全依赖别人的恩赐是不可能的，只有你自己先尽力而为，别人对你的帮助才能最终解决问题。若你对自己的问题也不卖力，别人凭什么要为你出力呢？任何时候，我们首先想到的应该是自助，其次才是求援。

快乐的人总有快乐的朋友，总能用好每天 8 小时之外的其他时间。如果你至今仍感到孤独，就赶快去寻找快乐吧！寻找那些对自己有益的快乐。大部分人都害怕孤独，但放弃孤独却是需要勇气的。快乐的生活离我们并不远，只要你愿意鼓足勇气去寻找！

凡事要留有余地

【原文】 刻削之道，鼻莫如大，目莫如小。鼻大可小，小不可大也；目小可大，大不可小也。(《韩非子·说林下》)

【大意】 雕塑的原则：鼻子不如先雕大一些，眼睛不如先刻小一些。鼻子大了可以改小一点，小了就无法改大；眼睛小了可以改大，大了就无改小了。

韩非子在《说林》中用雕塑的原则讨论了做事的技巧，其核心思想便是：凡事留有余地，不可把事情弄到无法挽救的地步。这种智慧的运用在古代官场最为常见，其中有"官场不倒翁"之称的五代名人冯道，便是深谙此道的高手。

冯道历经五朝宰相，直至病死家中，造就了中国古代官场的一段神话，恐怕这一纪录在中国古代官场是独一无二的了。他在五代时期纷繁复杂的环境里，周旋于各国君之间，以极高明的手段随事各代，从而创造了历事五朝不倒翁的官场纪录。人们常说"知足者常乐"，冯道是有官就长乐；俗话说"无官一身轻，有子万事足"，冯道是无官不能活，有官万事足。

冯道出生在自给自足的小康之家，以这样的家庭出身，在当时极重门第出身的社会风气下，想跻身官场是很难的。但冯道并不甘心，他也并不盲目投奔，而是仔细观察，希望能选择一位明君。冯道还真找到了一位明主，他经人介绍投到了李存勖的门下，成了李存勖的亲信。从此，冯道踏上了他传奇般的仕途。

五代时期是个战乱纷争的年代，握有兵权且略有些头脑的将帅便可称王称帝,但他们领兵打仗是内行,治理国家却是个外行,对读书人又不重视。在他们眼里,有了军队就有了一切。头脑灵活的冯道极力讨好李存勖,同时,他口齿伶俐,颇善言辞,还能引经据典,劝说君臣之间的纠纷。李存勖灭后梁、建立后唐以后,只重视名门贵族出身的人,对冯道这样没有"来历"的人并不重用,但冯道却并不着急,而且仍像原来那样谦恭、谨慎。至于他心里的打算,谁也不知道。后来明宗即位,他吸取前朝教训,决定以文治国,他想到冯道平时表现不错,便任其为宰相,这时冯道才真正开始发迹。

冯道凭谦虚谨慎的形象爬上相位,但他并没有居相位而安心行其职,而是密切地注意着时局的发展。当叛将李从珂兵变攻打京城,狡猾的冯道一想,李从珂虽然刚愎自用但他拥有大军,而刚继位的李从厚不过是个孩子而已,肯定不是李从珂的对手,于是打定了投降的主意。但一个人投降,落个骂名不说,也不会得到重用,不如劝说文武百官和自己一起投降,这样肯定能为自己捞个好差事。冯道使尽手段,苦口婆心,总算劝动了百官,一起到洛阳郊外迎接李从珂,并献上了请李从珂当皇帝的劝进文书。就这样,冯道由前朝元老重臣摇身一变成了新朝的开国功臣。

冯道对官场的敏感预见是一般人无法与之相比的。也正因为如此,有好多人办不成的事,他都能办成。国学大师钱穆先生在研究了中国历史后指出,中国古代最无耻的时代是五代。确实,这个时期还出了个臭名昭著的儿皇帝石敬瑭。石敬瑭为了能夺取皇帝的位置,答应了契丹出兵的条件,其中有一条最难的是石敬瑭向契丹皇帝耶律德光称儿子。据载,写这道诏书的官吏当时是"色变手颤"乃至于"泣下",真是奇耻大辱。至于派人去契丹当册礼使,更是一件既要忍辱负重又要冒生命危险的事。石敬瑭想派宰相冯道去,一是显得郑重,二是冯道狡诈老练。但石敬瑭也很为难,害怕冯道拒绝。谁知他一开口,冯道居然毫不推辞地答应了,这真使石敬瑭喜出望外。其实,城府极深的冯道另有打算,他想要得宠于"儿皇帝",就必须笼络好"父皇帝"。从他的这一做法看,冯道对于保全富贵的确算得上"有胆有识"了。

冯道见当时契丹强大,便使尽手段讨好耶律德光,但他很快发现契丹统治残暴，不会长久。于是，他又重新寻找主子，果不其然，石敬瑭的大将刘知远夺取政权建立了后汉。冯道因"保护汉人"有功，而被拜为太师，摇身一变又做了后汉的宰相。

岂料后汉也没存活几年，部将郭威便又造反建立了后周，冯道故技重施，又做了后周的宰相。冯道每次投靠新主都有不同的手段，比如这次投奔后周，在官场混迹多年的冯道心想，自己多次易主，这次再想轻易立足很难，怎么办呢？他有自己的一套办法，那就是以"礼"服人。于是，他打起了刘知远宗族刘崇等人的主意，并凭三寸不烂之舌说服这些人，果然他又被推荐当上了后周的宰相。

冯道当后周宰相没几年，郭威死了，郭威义子柴荣继位。这时后汉贵族勾结契丹要恢复后汉政权，冯道根据他半个世纪的经验判断，此次后周怕是保不住了，要想保住官位还得重新物色新主。柴荣绝非以前冯道所侍的几位主子可比，很有胆识气魄。当后汉、契丹联军袭来时，一般大臣都认为主上新丧，人心动摇，不可轻动，但柴荣决定亲征，别人见柴荣意志坚定，便不再说什么，只有冯道在一边冷嘲热讽。

柴荣说："过去唐太宗出战都是亲自出征，难道我就不能学他吗？"冯道说："不知陛下是不是唐太宗？"柴荣又说："以我兵力之强，出击刘崇、契丹联军，犹如以山压卵，如何不胜？"冯道说："陛下能为山吗？"这些莫名其妙的话说得柴荣大怒。他私下里对人说："冯道看不起我！"

刚毅的柴荣哪里知道已成"人精"的冯道的心态。冯道不是看不起柴荣，而是为自己在下一个朝代做官留下一条后路，弄一点投靠的资本。不过马也有失蹄的时候，这次冯道确实是看走眼了。柴荣真不怕邪，率军亲征，大败后汉、契丹联军，以事实给了冯道一记响亮的耳光。冯道自知时日无多，这位传奇般的"不倒翁"从此结束了自己的宦海生涯，老死家中。

冯道一生历事五代君主，虽然最后一场看走眼了，却无损于他中国历史上官场第一"不倒翁"的"美名"，这等做人的"心机"和官场手腕即使历经千年，后人仍为之歆歠不已。

以子之矛，攻子之盾

【原文】 夫不可陷之盾与无不陷之矛，不可同世而立。(《韩非子·难一》)

【大意】 没有什么能洞穿的盾和没有什么不能洞穿的矛，是不能同时存在的。

"自相矛盾"的故事历来被我们所熟知，但其中深刻的内涵却并非每个人都能破解，只能是"运用之妙，存乎一心"。智者能够巧妙利用对手的弱点，找到对手自相矛盾的地方，这样便能够在顷刻之间让自己由不利地位转为有利地位。

让对手自相矛盾最讲一个准度，药下准了才能药到病除，就好比打蛇要打七寸一样，打准才能一击致命。

曾经在上海滩风云一时的流氓大亨杜月笙便用"打七寸"的方法为自己渡过了难关，其事迹至今值得让人玩味。

杜月笙号称十里洋场的"第一号闻人"和"工商界巨子"，其门徒众多，权势显赫，与黄金荣、张啸林并称为旧上海滩上"三大亨"。

1948年夏，为扭转当时严重的财政经济危机，蒋介石特派儿子蒋经国督导上海地区经济管制，并组成了逮捕不法之徒的"打虎大队"。恰在这时，杜月笙的三儿子杜维屏因私自套汇港币45万元外汇，被蒋经国查获，蒋大为震怒，立即下令逮捕了杜维屏，这在上海滩引起了巨大震动。对于威风八面的杜月笙来说，这是前所未遇的事情，现在蒋经国居然如此大胆，竟欺负到他头上。杜月笙虽然恼怒，却没马上发作。对于蒋经国的下马威，杜氏门徒建议老师给蒋经国点颜色看看，让这位"皇太子"知道上海滩不是新赣南。但杜月笙却不动声色，既不向主管方面求情，也不跟亲朋故旧诉苦，反而一本正经地说："国法之前，人人平等，杜维屏果若有罪，我不可能也不应该去救他。怕什么，我有八个儿子，缺他一个又有何妨？"其实，杜月笙正在暗中寻找机会，一旦找到机会，就要好好地报复一下蒋经国。

几天后，蒋经国把上海滩上的名流都请到浦东大楼，准备当众对杜月笙施加新的压力。杜明知是"皇太子"摆的鸿门宴，却不便拒邀。会议一开始，蒋经国即正色道："对这次币制改革，上海各界人士热烈赞助者很多，但有少数不明大义的人，投机倒把，囤积居奇，兴风作浪，影响国计民生。本人此次进行经济检查，若囤积物资逾期不放，一经查出，全部没收，并予法办。"

大家都很明白蒋经国的话显然是讲给杜月笙听的。岂料他的话音刚落，杜月笙立即起立发言："我儿子违反国家的规定，是我管教不严，我把他交给蒋先生依法惩办。不过我有一个要求，也可以说是今天到会各位的要求，就是请蒋先生派人到扬子公司的仓库去检查检查。扬子公司在囤积的货色尽人皆知，是上海首屈一指的，我希望蒋先生能一视同仁，把扬子囤货同样予以查封，这样才服人心。"杜月笙还软中带硬地说："倘若蒋先生吃不准，我可以陪你检查。闲话一句，我身体有病，不能多坐了。"说完离座而去。杜的发言犹如一颗重磅炸弹，语惊四座。工商界巨头们不禁暗中佩服这位大亨。杜月笙既然敢在太岁头上动土，"皇太子"自然也不会示弱，他立即表示扬子公司如有犯法行为，决不宽恕。

顿时，"扬子囤货案"弄得满城风雨，整个上海都在议论这件事，纷纷嘲讽蒋氏家族的丑闻。扬子公司原是一家"皇亲"公司，孔祥熙的大公子孔令侃是这家公司的董事长兼总经理。孔少爷凭着他是蒋介石的外甥，根本不把"打虎大队"放在眼里。但杜月笙先发制人，蒋经国又不能按兵不动，遂下令查封了扬子仓库。孔令侃立即向姨妈宋美龄求援，哭诉蒋经国自相残害手足的举止。宋美龄立即出面调解，可是蒋经国根本不听，宋美龄无奈只好又搬出了蒋介石。蒋介石听罢原委后，不禁埋怨起儿子来，认为他毕竟出道不久，怎么假戏真做，打"虎"打到自己家族头上来了。

结果,"扬子"一案不了了之,杜月笙的三公子也早在此事了结之前出狱了。

  杜月笙不愧是老谋深算的高手,孔家和蒋介石的关系在当时是尽人皆知,杜月笙就看准了蒋经国无论如何也不能把孔家大公子怎么样,只要孔令侃的国货没事,那自己的儿子也会跟着没事了。

  杜月笙几乎是把问题推向处于两难之地的蒋介石,最终不费什么力气便将自己的儿子解救出来,所用之招确实老道。

参天大树生于毫末，百尺高台起于垒土

【原文】 有形之类，大必起于小；行久之物，族必起于少。(《韩非子·喻老》)

【大意】 有形状的事物，大的必是由小的生成；经历长久的事物，多的必定由少的生成。

中国自古以来就有"参天大树生于毫末，百尺高台起于垒土"之说，可见事物的成长是需要一个过程的，没有人能够一口吃成胖子，也很少有人能够在一夜之间成为巨富。个人的奋斗，企业的成长，都是一步一个脚印走过来的，那种指望走捷径的人很有可能会掉入幻想的巢穴而难以自拔。

老实做事，脚踏实地，一步步地积累，这种人才会得到上天的青睐。

惠普公司的创始人休莱特和帕卡德，从穷学生一跃成为全球商界领袖，他们的成功经历便是脚踏实地的结果。

1938年，威廉·休莱特在斯坦福大学工学院上学时，通过自己的努力设计出了一种电子管高频振荡器。他把这一设计告诉了自己的《无线电工程学》课程的老师特曼教授。特曼教授对此大加鼓励，他认为这项设计很有社会使用价值，要休莱特将它运用到实践中去。

教授的鼓励，大大增强了休莱特的自信心。然而要运用于实践，必须有生产企业。正当休莱特感到势单力薄时，特曼教授带的另一个学生大卫·帕卡德表示愿意与休莱特合伙创业。创业需要启动资金，这笔钱从哪来？他们向银行贷款1000美元，特曼教授又借给他们538美元。二人在特曼的支持下，租了一间破旧的汽车库，很快成立了惠普公司。

两个人的公司，创业的艰难可想而知。好在有特曼教授在，遇到问题他们总是去请教自己的恩师。特曼教授很喜欢这两个闯劲十足而又勤奋异常的年轻人，经常帮他们出谋划策。1938年11月，惠普公司生产出抗阻高频振荡器样品，休莱特将样品拿到波特兰举行的无线电工程师协会会议上展示，获得与会者的普遍好评。不久迪斯尼电影制片公司的首席音响师霍金斯订购了8台这种产品，惠普于是投入批量生产。

为了推销自己的产品，被后人称为"硅谷之父"的休莱特和帕卡德想了许多办法。创业之初，他们遵照特曼教授的教诲，专攻高频振荡器，在振荡器打开市场销路后，才研制出微波技术方面的信号发生器等几种产品。

创业后的第一年度，惠普公司销售额5369美元。这个数字在今天看来并不算什么，在当时已经很不错了！休莱特和帕卡德告诉恩师特曼教授："第一年的利润达到1563美元！"特曼鼓励他们说："这已经很不错了，许多刚创业的公司还亏本呢！好好干吧，你们一定会成功的。"

1947年两位创始人商议后，将惠普公司改成了股份制有限公司，休莱特任执委会主席，帕卡德任公司董事长。十年后，公司搬进了斯坦福工业园的新厂房，同时公司的股票首次上市。

特曼教授一再提醒他的这两位得意门生：人才是企业之本！"二战"结束后，特曼教授从哈佛无线电研究室回到斯坦福。休莱特和帕卡德立即去拜访恩师，师生谈到人才的重要性，最后师生三人商定了一项"研究生计划"。根据这项计划，斯坦福工程专业的研究生（主要是特曼教授的门生）一方面进行自由研究，另一方面为惠普公司设计和制造产品。

这项"借鸡下蛋"的研究生计划，为惠普提供了强大的人才支持。它利用大学先进的设备和优秀的师资，为惠普开发高科技产品创造了良好条件，又不需要惠普公司投入多少。能享受这种特殊待遇，完全是特曼教授对弟子偏爱的结果，休莱特和帕卡德自然心存感激。

特曼教授陆续给惠普推荐人才，使惠普精英骤增。当年与休莱特、帕卡德一起师从于特曼教授的奥利弗，1952年被惠普从著名的贝尔实验室挖过来，担任负责研究与开发工作的副总裁。奥利弗博士带领4个开发组的上百位工程师，从事不同门类的研究开发，使惠普始终保持较高的科技含量。

"二战"时期，休莱特在通信兵中当军官，参与了一些科研和工程项目，也认识了不少科技人员。他们中的不少人，战后都被休莱特招聘到惠普公司工作。

由于有了众多的科技精英，惠普产品始终保持领先地位。20世纪70年代，除了继续保持在电子检验和测量仪器系统市场的领先地位，惠普又全力开拓数据处理及计算机产品、电子医疗仪器、化学分析产品等系列。80年代进军打印机市场，1984年推出了第一台激光喷墨打印机，到1994年共卖出3000万台。90年代末，惠普成为仅次于IBM的世界第二大计算机公司。

纵观惠普成长的历史，从它创业到发展再到兴旺，都是一点一滴成长起来的，这与韩非子的智慧之言是相吻合的。

防止小错酿成大祸

【原文】千丈之堤，以蝼蚁之穴溃；百步之室，以突隙之烟焚。(《韩非子·喻老》)

【大意】千里之堤，因蝼蚁挖的穴窟而溃决；百尺高屋，因烟囱裂缝中的火苗而焚毁。

《喻老》是韩非子用历史故事和民间传说阐发《老子》思想的著名的哲学文章。《老子》说"天下之难事必作于易，天下之大事必作于细"，又说"图难于其易也，为大于其细也"。韩非子对此作了形象的阐释：千里长堤，因蝼蚁营窟而溃决；百尺高屋，因烟囱裂缝中的火苗而焚毁。因此说，要想控制事物，必须在它细小的时候着手，防患于未然，这样才能达到最好的效果。

小失误不容忽视。如果对小错误、小失误熟视无睹，那么很可能让你的成功瞬间土崩瓦解。

千里之堤何其辉煌，但也可能由于一个小小的蚁穴而使其一溃千里。因此成功者当智者千虑，提防万一的漏洞，提防"蚁穴"的小行为毁了千里之堤的大基业。那么成功者对付这些行为最好的办法是什么呢？最好的办法就是：依法办事，有规有章，心明眼亮，常有戒备，时刻不放松自己的警惕。

中国著名保健品"三株"的大起大落，就是因不注重细节而导致溃败的一个经典案例。

三株公司成立于1994年，注册资金仅为30万元，而到了1997年底，其净资产已高达48亿，4年间增长了16000倍，而且公司资产负债率为零。

总裁吴炳新曾自豪地说："中国第一大网络是邮政网，第二大网络就是三株网。"

然而，就是这样一个神话般崛起的企业，竟然在一场官司的困扰下迅速走向衰落，其衰落速度之快也同样令人瞠目结舌。

1998年3月31日，湖南常德市中级人民法院判决：消费者陈伯顺喝了三株口服液后导致死亡，由三株公司向死者家属赔偿29.8万元。继而，20余家新闻媒介广泛报道：8瓶三株口服液喝死一个老汉。尽管三株公司不服常德市中级人民法院的判决，上诉湖南省高级人民法院，但是，这次官司的败诉带来的严重后果是：同年三株公司在湖南市场上首次出现零销售，随后三株口服液及三株系列产品在全国的销售也陷入困境，生产三株口服液的两个现代化工厂全面停产。1999年3月底，湖南省高级人民法院终审判决三株公司胜诉，撤销一审法院的民事判决书。然而，悲剧已无法避免，这场波澜产生的巨大后果使三株公司陷入创业以来最困难的时期，也使我国的保健品市场随着三株公司的起伏从火爆的夏天跨入寒冷的冬天。

三株公司虽然赢了官司，却失去了市场。短短两年之内，这个年销售额达80亿元，号称中国最大的保健品企业全面瘫痪。

这场官司对于三株企业来说，可能是不可弥补的，但又是能够预料的。比如产品在投放到市场后，企业要及时收取市场的反馈信息，要针对不同人群开发不同产品，最理想的一点就是要有对待突发事件的应急预案。当然，三株的缺失可能不止这些，但我们在此并不想指责三株的过错，只想要说明这么一个道理：在企业运行过程中，公司发展常常会遇到许多不可预测的足以造成公司败局的细节因素，使其不可避免地陷入危局，甚至破产倒闭。

企业在成功发展后，可能会有众多无法预料的细节因素困扰着它，威胁着它的生存。所以，作为企业的领导者或管理者，一定要重视企业发展中的各个细节。

有大志向才有大作为

【原文】 志之难也，不在胜人，在自胜也。（《韩非子·喻老》）

【大意】 立志的困难，不在于胜过别人，而在于战胜自己。

初唐四杰之一的王勃在《滕王阁序》中写道"老当益壮，宁移白首之心；穷且愈坚，不坠青云之志"，可见少年王勃的才学之高，志向之远。但凡有大志之人，都是宁做鸿鹄不为燕雀。中国自古就有"男儿志在四方"之说，一个人若想成功，没有大的志向是不可想象的。先立志，后做事，是迈向成功的第一步。但立志不是灵丹妙药，需得付出行动才能有所收获，因此立志的困难不在于胜过别人，而在于战胜自己，也就是"坚持"二字。

一般来说，有大志者的梦想和欲望就像是一团熊熊燃烧着的火焰，热力灼人，更不会轻易地被熄灭。

杭州钱塘江大桥设计者和建桥的指挥者茅以升，一提起山东泺口的黄河大桥是德国人造的，河南郑州桥是比利时人造的，安徽蚌埠的淮河大桥是英国人造的……他就非常生气。所以他从青年时代就发愤读书，立志一定要在桥梁建筑上为中国人争口气。他正是在这种强烈愿望和情感的支配下，孜孜不倦地攻读桥梁专业书籍，精通了中国的桥梁建筑史，掌握了有关桥梁建筑的渊博知识，最终冲破了近代被帝国主义把持的中国建桥大权。在他设计和亲自指挥下，克服了重重困难，建成了当时最现代化的大桥，他自己也成了世界上第一流的桥梁专家。

杨乐是当代数学家，在中学读书时发现数学书中的定理名称全是以外国人的名字写进数学教科书中的，他很不服气，立志要为中国人争口气。

由于他的潜心钻研，终于实现了自己的宏愿。

强烈的欲望，火一般的热情，勇往直前和永不退却的精神，再加上早就立下的宏大志愿，这些都是人之所以能走向成功的最基本的保证。

世界级发明家爱迪生有一个合伙人潘兹，在进入爱迪生研究所之前，他还是一个胸怀大志、生活拮据的青年人，但他相信自己的才华，有一种渴望成功的强烈欲望。他最大的愿望就是和大发明家爱迪生一起干一番事业。

在为爱迪生研究所工作的最初五年里，在任何人的眼中，他只不过是一个毫不起眼的"小小的齿轮"，而他自己却从来没有忘记过他要成为爱迪生合伙人的愿望。为了达到这个目标，他制订了细致的计划，切断了一切退路，忘我地投入到工作中，献出了自己的全部能量。

潘兹终于成功了。他的梦想、他的意志和狂热的工作热情都得到了最好的回报。

从朦朦胧胧的梦想，到知道自己究竟想要做什么，那种清晰而又强烈的梦想，是一个心理上的飞跃；从梦想到真正确立起自己的目标，这又是一个飞跃。

只要你有足够的耐心和勤奋，你会惊讶地发现，你所取得的成功与你定下的目标惊人的一致。

如果我们自认不能表现得比现在更好，或做得更多，那么我们的成就仅止于此。

许多人喜欢贬低自己，怨天尤人，把自己的失败归咎于天生条件不足、运气欠佳、父母贫贱等。抱怨自己没有机会、遭人排挤或霉运当头，都于事无补。失败的原因与命运无关，而在于我们对自己不存厚望。

真正成功的人热切盼望并期待成功，纵然命运坎坷也不改其志。近代画家马蒂斯晚年被病痛折磨，目不能视，却完成了几幅生平最佳的作品。名列全世界十大长跑名将之一的卡塔拉诺曾有暴饮暴食的恶习，又有严重的烟瘾，后来也都一一戒除。不论出身高低、有无残疾，他们都尽力而为。他们想要有所成就，他们期望高人一等。

美国钢铁大王卡内基在很小的时候就想着："我将来一定要成为有钱

的人，让母亲能穿着绢丝制成的衣服，让她坐一坐自家用的豪华马车……"

1835年，卡内基出生于苏格兰的一个小镇上，他的父亲是一位老练的织布工人。当卡内基12岁的时候，他父亲所织出来的布开始滞销，始终卖不出去。

但是，卡内基的母亲个性很倔强，好胜而又勇敢。她首先提议："我们不要再发牢骚了，干脆到美国去找出路吧！我们就移民到美国的匹兹堡吧，或许还能闯出一番天地来。"

到达匹兹堡的初期，一家人仍然过着很穷困的生活，因此13岁的卡内基便开始找工作，也就是说，他从13岁开始就步入了社会了。

首先他到一家纺织厂做一名卷丝工，同时兼任那个工厂的伙夫，然后又找机会成为了办事员。两年后，他离开了那家工厂，去担任薪水更高的电报传达员。后来，又不断努力，在20岁的时候，已经成为向阿达木斯运输公司投资5000美元的股东了。之后，他掌握了最有利的时机，终于成为一个钢铁大王。

立志之难在于战胜自己。比如说你想爬山，你给自己定的目标是1000米，那么最后你最多也就爬到1000米。但是假如你给自己定的目标是征服喜马拉雅山，即使你这辈子达不到这个目标，爬不到顶峰，也能爬到5000米。

志当存高远，一个人应立下宏大志向，才有可能取得不俗的成功。人无远虑，必有近忧。立大志的人纵然达不到事业的巅峰，也比那浑浑噩噩的庸人要强很多倍。

贪心不可取，知足者常乐

【原文】 贪愎喜利，则灭国杀身之本也。（《韩非子·十过》）

【大意】 贪心固执，喜欢私利，则必然招致亡国杀身之祸。

锱铢必较、睚眦必报、贪得无厌的人是最愚蠢的人，在贪欲的促使下，人往往会跌入罪恶的深渊而永世不能翻身。

所谓"知足者常乐"，确实是一种高明至极的智慧，它并不是叫人消极退让，而是要我们避免那些因贪婪而生的痛苦。

人有七情六欲，本是天性。但由于物欲与情欲容易使人获得快感，也容易使人获得满足，一旦放纵人的本性去寻求满足，就会使人沉沦其中，从而迷失心智，引发贪念。人的理智一旦丧失，则会成为欲念的奴隶，如同跌落到泥潭之中无法自拔。

不良的嗜好对人的危害好似烈火，专权弄势对心性的腐蚀如同凶焰，假如不及时缓和，那猛烈的欲火即使不将其烧得粉身碎骨，也会使其迷失自己。正如老子所说"祸莫大于不知足，咎莫大于欲得"，所以人们必须加强自身的道德修养，抑制自己的贪欲，全力避免"人心不足蛇吞象"的现象出现。

霍光是骠骑大将军霍去病的弟弟。武帝去世时，他接受遗诏辅佐太子，以托孤大臣的身份主持朝政。皇帝对他都有几分敬畏，举国上下都十分尊重他。14年后，霍光和群臣迎立刘询做了皇帝。在这次换皇帝的过程中，霍光起了十分重要的作用，他在朝廷的地位也越来越高。于是霍光的亲戚朋友借他的显赫威势飞扬跋扈起来，渐渐引起了许多人的不满。

刘询本来已有妻室，他感激结发妻原先不嫌弃他贫贱，便立她为皇后。霍光的夫人显氏利令智昏,她派人杀死了原来的皇后,硬把自己的女儿推给了刘询,做了皇后。这样霍家的权势如虎添翼,在霍光死后,仍然把持朝廷军政,女儿做着皇后,儿子、女婿们担任军界和政界的要职。

刘询接到许多报告,都是揭露霍家罪行的,考虑到霍家对自己的威胁,于是他开始削弱霍家的权力。眼看着霍家走着下坡路,握惯了大权、用惯了大权的一家人不禁惶惶不可终日,最后一不做二不休竟想废黜刘询。谁知发动政变的密谋竟被泄露,刘询下令逮捕了霍家老小,显氏和她的儿子、女儿、女婿们全部被处死,受株连的有1000多人。

霍光本是一位极其谨慎的人,他受命托孤,确立了自己的地位,后来为了天下的利益废黜昏君,更是加强了自己的权威,但他并没有倚权自重、为非作歹。只是霍光的家人为权力所惑,陷于追求权力的泥潭不能自拔,不满足于已经极盛的权威,却想做皇帝,最后的结局一定是以悲剧收场了。

欲望是很难满足的,莫要贪婪地追逐私欲,那把欲望的双刃剑就磨得越来越锋利,最终会害了自己。因此,做人一定要懂得知足,只有这样,才能给你带来莫大的幸运和福气。